中国における
市場経済移行の理論と実践

The Theory and Practice of the
Transition to Market Economy in China

横田　高明

創土社

目次

はじめに 5

第1章　中国における市場経済移行の理論と方途 13

1. 社会主義体制への飛び越えと発展
2. 毛沢東思想と社会主義国家建設
3. 鄧小平の生産力優先論
4. 社会主義市場経済論と開放政策
5. 中国経済はどこへ行くのか

第2章　工業近代化と技術導入 49

1. 工業近代化とは何か
2. 対外開放政策と既存企業の技術改造
3. 技術水準と技術改造の目標
4. 技術改造推進上の問題点
5. 日本の技術改造協力
6. 技術導入の特徴と問題点
7. 技術導入の今後のあり方

第3章　経済発展と外資系企業の歩み 73

1. 経済発展の推進力
2. 投資環境整備と外資系企業の増加
3. 外資導入の重点項目と投資奨励策

4. 産業分野における外資系企業の位置づけ

　5. WTO 加盟と外資系企業

　6. カントリー・リスクと受容条件

第 4 章　国有企業改革と株式制の導入 ………………………… 95

　1. 改革・開放政策と国有企業の地盤沈下

　2. 国有企業の赤字と破産状況

　3. 国有企業改革の進展

　4. 株式制と新しい企業像の形成

　5. 株式制導入とその変遷

　6. 株式制と株式市場の将来

第 5 章　エネルギー需給と環境問題 ……………………………… 121

　1. 世界のエネルギー需給動向と中国

　2. エネルギー需給動向

　3. 主要エネルギー源の現状と課題

　4. エネルギー消費と環境問題

第 6 章　対外開放政策下の貿易構造変化 ……………………… 155

　1. 貿易体制改革の進展

　2. 為替レートと外貨留保制度

　3. 1980 年代以降の対外貿易動向

　4. 市場経済の進展と新たな貿易動向

　5. 2003 年の対外貿易動向

第7章　市場経済化とWTO加盟 …………………………… 181

1. 申請から15年を要してWTO加盟
2. ハードル高い加盟条件
3. 市場経済移行への道程
4. 対外貿易動向と外資系企業
5. 公平貿易活動と模倣品問題
6. 経済の国際化と自由貿易協定

第8章　東アジアのモノづくり構造と日中産業協力 ………… 209

1. 中国の経済発展は脅威か
2. 拡大を続ける対外貿易
3. 外資系企業の増加と産業発展
4. 日本型生産システムの終焉
5. 東アジアの相互補完的モノづくりの進展
6. 日本のモノづくり構造と日中産業協力
7. 日中産業協力の方途を探る

第9章　中国繊維産業の発展と日本企業の対応 ……………… 235
　　　　──「ユニクロの事業展開を分析する」

1. 中国繊維産業発展の経緯
2. 中国の繊維貿易と国際競争
3. 日本の繊維産業再編と製品輸入拡大
4. 日本企業の中国展開と貿易
5. 「ユニクロ」は全部やるというビジネスモデル
6. 中国で良質・ロープライスを追求

7. 中国との共生を求めて

第10章　日本の対中国政府開発援助の役割と成果……………265

1. 援助大国への歩み
2. 対中経済協力の基本原則
3. 対中経済協力の位置づけと実績
4. 経済協力の新たな理念を求めて

第11章　北東アジアにおける多国間協力の進展……………295

1. 北東アジアにおける変化の兆し
2. 中国・ロシア・北朝鮮の共同開発プロジェクト
3. 中国のエネルギー不足と地域協力システム
4. 北東アジアのエネルギー安全保障と多国間協力
5. ランドブリッジと日韓トンネル構想

主要参考文献……………………………………………………323
あとがき…………………………………………………………329
索引………………………………………………………………331

はじめに

　本書は、低開発社会主義国である中国が、1978 年 12 月に国内経済改革・対外開放政策を採用して以降の試行錯誤の実践過程に焦点を当て、その実態分析と理論的整理を行ったものである。社会主義的生産関係に見合う生産力に到達するため、競争と市場原理を採用するに至った経緯、社会主義初級段階論とさまざまな経済政策との整合性、成果などに論及している。

　さらに、漸進的といわれる経済改革の特徴、外資主導型工業化に依存した経済発展と貿易の動向、また WTO 加盟を契機に規制緩和や国内市場開放に期待する外資系企業の取組み、チャイニーズ・スタンダードからグローバル・スタンダードへの転換状況、日中産業協力や日本の対中経済協力などについて、現場主義に基づいたユニークな内容を展開しているところに特徴がある。

　まず第 1 章「中国における市場経済移行の理論と方途」では、1949 年 10 月の新中国成立以降、社会主義体制のもとで何ゆえに生産力が思うような拡大をみなかったのか。また 78 年末に採用した改革・開放政策は、その後の中国に何をもたらしたか。これらを理論的に解明し、毛沢東と鄧小平の時代を比較検討しながら、中国が主張する「社会主義市場経済」の道程と内容を明確に論じた。

　低開発国である中国は、新中国成立当初、社会主義の生産関係に見合った生産力に早い段階で到達する必要にあったが、貧しさの平等化のもとで政治が過度に優先され、人民の積極性が生まれにくい状態が長く続いた。しかし、鄧小平が社会主義市場経済を標榜、競争と市場原理を取り入れ、外資系企業を積極的に誘致することで経済が大きく発展した。この大転換は、どのようにして実現可能となったのか。さらに、中国はどこへ行こうとしているのかを探り、中国と周辺諸国との相利共生の構築についても検討をくわえた。

　第 2 章「工業近代化と技術導入」は、著者も参加して日本が協力した中国既存企業の診断方式による工場改造事業に焦点を当てている。つまり、製造ラインの整合性や工程管理、品質管理の徹底、さらに一部の技術導入による

生産性向上について提案し、中国との共同事業によって、中国における効率的な技術導入のあり方を模索したものである。

　結論をいえば、中国は財政的制約などを考慮し、最新鋭で大型のプラント・設備のみを追求することより、段階を追った技術を選定し、受容条件を考慮した資源立地型の効率的な設備や技術導入の優先を主張している。既存企業の効率化を図ることが、産業基盤強化のためにも工業近代化のためにも必要であることを明らかにした。

　第3章「経済発展と外資系企業の歩み」では、中国もASEAN主要国などが採用した手っ取り早い工業化の道である直接投資を沿海部中心に導入していく道を選択したが、その妥当性を検証した。当初は、華僑・華人の故郷である広東省・福建省に「経済特別区」を設置して「衣錦還郷」の感情的投資を呼び込み、次第に投資環境を整備して実利追求型投資に変化していくとともに、南から北に外資導入地域を拡大していった。

　経験を重ねる過程で外資優遇政策がどのように変化し、投資制限業種がどのように緩和され、また投資地域がどのように拡大していったかなどを通して、外資主導型工業化の試行錯誤の過程を明らかにした。同時に、そのことによって発生したさまざまな問題点についても検討をくわえた。

　第4章「国有企業改革と株式制の導入」は、中国が個人企業や私営企業、外資系企業など多様な所有形態の企業を容認するなかで、地盤沈下が著しい国有企業を取り上げた。生産効率が悪く多額の累積赤字を抱える国有企業改革は、利潤留保制度や「利改税」（利潤上納制から納税制への切り替え）、生産請負制などの導入を試みたが、工業生産総額に占める国有工業企業のシェアは低下の一途をたどった。

　そこで導入された株式制は、社会主義体制を堅持しつつ自己変革を遂げようと努力を重ねる中国にとって、救世主となりうるのか。国有企業の民営化をどのように理解し、意義をどこに求めるのか。過熱気味の株式ブームをどう処理したらよいのか。このような中国の動きは、1980年代に英国やフランス、西ドイツ、日本など先進資本主義国で発生した私有化（民営化）の波と

どのような関連があるのかなどについても言及した。

　第5章「エネルギー需給と環境問題」では、民営企業や外資系企業を中心に発展する工業生産や沿海部を中心に急速に進む家電製品の普及、自動車保有台数の増加などを背景に、輸入依存が高まりだした石油を中心とするエネルギー問題に焦点を当てて検討した。石炭依存の高い中国は、地球環境保護の観点から、比較的クリーンなエネルギー源である石油・天然ガスに切り替える必要があるが、その需給予測から中国は近い将来、エネルギー消費大国になるとともに、原油などの輸入先確保と対策などが課題となることを明確にした。

　中国が開放政策を採用して以降、対外貿易の発展には目覚しいものがある。第6章「対外開放政策下の貿易構造変化」は、発展を支える貿易体制や為替管理制度の改革と変化の動向をまず検証している。統一管理されていた貿易権限を分散、委譲して積極性を生み出し、多様な為替管理や外貨留保制度を採りいれたことなどが対象である。また、社会主義体制下のチャイニーズ・スタンダードから社会主義市場経済、さらにWTO加盟を目指してグローバル・スタンダードを導入する道程を明らかにした。

　それら状況変化のなかで貿易金額の増加はいうまでもなく、輸出入の品目構成にも大きな変化がみられる。対外開放政策を採用した1978年の対外貿易総額は206.4億ドルであったが、2003年はその約41倍8512.1億ドルまで拡大した。また外資系企業が大きな役割を果たしていることから、委託加工用の中間原材料輸入や工業製品輸出が大きなシェアを占めるに至った。これら構造変化についても分析している。

　第7章「市場経済化とWTO加盟」は、中国が、WTOの前身であるガットに参加申請してからWTO加盟の実現までに、何ゆえ15年余もの時間を要したかを明らかにした。中国がWTO加盟に際して約束した内容は、段階を追って市場経済化をさらに推し進めるものであり、厳しい要求も含まれている。

　外資系企業に対する規制緩和と市場開放のなかで投資件数が増加している

が、同時に模倣品や海賊版が氾濫し、知的財産権侵害による被害も拡大している。それら状況と対策、さらにWTOの新多角的通商交渉が膠着状態にあるなかで、例外的に認められるFTA・EPAの動向についても言及している。

第8章「東アジアのモノづくり構造と日中産業協力」では、東アジアの連鎖的工業化が中国にどのような影響を与え、日中産業協力がどう展開されているかを検証した。1985年以降の急激な円高を契機に、日本の自己完結的モノづくり構造が崩れだし、日本企業が周辺諸国・地域との協力関係強化や海外直接投資を増加させた。さらに世界各国・地域から東アジア向け投資が製造拠点を玉突き的に移動し、同地域内の製品差別化や工程間分業が推し進められ、域内貿易が拡大した。

同時に中国では、労働集約的製品を中心に工業化が急ピッチで進み、近年は外資系企業が主導して情報技術なども含む、多様な産業を同時に抱え込む「圧縮された工業化」の進展がみられる。その結果、米国市場などで中国製品と他の東アジア諸国・地域からの輸出商品が競合しだした。このことは、いわば後発国が先発国との産業同質化を進める過程であり、一方、日本を含む先発国はそれらとの産業異質化の必要性があることを指摘した。

第9章「中国繊維産業の発展と日本企業の対応—『ユニクロ』の事業展開を分析する」は、日中産業協力の具体的な事例研究である。日本はかつて「繊維大国」と呼ばれた時期もあったが、今や「繊維輸入大国」に変貌した。とりわけ急速な円高を機に、日本における繊維関連企業（事業所）や従業員の数が激減していく。

日本の2000年の繊維輸入浸透率は72％である。衣料品に限れば、国内投入量（生産＋輸入－輸出）の86％は輸入品であり、その78％は中国から持ち込まれている。中国には日本の繊維関連企業が多く進出しており、輸入にはそれら企業が関わっている。特に「ユニクロ」は独自のビジネスモデルで、良質かつロープライスの「メイド・イン・チャイナ」衣料品を大量輸入・販売し、成功した。そこで、日本国内の繊維産業にニッチ・ビジネスはあるか、「繊維強国」中国との共生の道はあるかなどについても検討した。

第10章「日本の対中国政府開発援助の役割と成果」では、日本の対中ODAが、1972年9月29日の日中国交回復と両国関係を実質化するための貿易、海運、航空、漁業など実務協定の締結、さらに78年8月12日の日中平和友好条約調印の延長線上にあることを検証し、79年12月に明らかにした経済協力3原則のもとで、中国の近代化努力に対してどのような役割を果たしたかを検証した。
　そのうえで、「顔のない援助政策」といわれる日本の経済協力が、今後の量から質への転換のなか、国民の支持を得ながらどのように展開していくべきかなど、今日的課題を検討した。つまり従来のように経済協力を単なる道義的、経済的観点からのみ捉えるのでなく、援助のもつ「政治性」と外交政策の文脈のなかで構想し、日本が考える「あるべき世界像」が反映される援助姿勢が求められている点を強調した。
　終章は第11章「北東アジアにおける多国間協力の進展」であり、本章では東西冷戦構造の崩壊過程が社会主義諸国の体制転換や市場経済移行をもたらし、ロシア極東地域、中国東北地域、モンゴルを含む北東アジアにさまざまな変化を及ぼした。この地域の国際環境が変化するにともない、各国の経済的変貌が相乗作用をおこし、国境を越えた2国間や多国間の経済交流が生みだされ、経済協力関係が拡大している。その進展状況に焦点を当てて分析している。
　しかし各国や地域が足並みをそろえて、一度に何かを行うところまでには至っていない。可能な範囲で、いわば2地域間や2国間協力を軸にした経済交流や経済協力から開始し、それを段階的に多国間協力、さらに北東アジア地域協力まで高めていくというアプローチが、物流などを中心に始まった。今のところ検討に値する産業協力の進展に大きな成果はないが、北東アジアのエネルギー安全保障や環境問題への対応は不可欠である。
　そのためには各国の国益を超えて、地域としても持続可能な発展を実現していくよう考慮し、協力していく必要がある。また地域内の相互依存関係を促進するには、開発協力と資金確保、食糧の安定供給、効果的な物流を目指

した多国間複合輸送網の整備、人材養成と国境を超えた労働力移動などについても地域益の観点から北東アジア全体で取り組む必要がある。このような状況のなかでこそ、中国東北地域の発展も望めることになる。

なお、本書を構成する各論文は、「中国における市場経済移行の理論と実践に関する研究」(Study on the Theory and Practice of the Transition to Market Economy in China)との課題のもとに、いずれ一書にまとめようと考えて書きためてきたものである。しかし、出版までに思いのほか時間がかかってしまった。その間の変化を埋めるべく可能な限りの調整をしたが、十分に果たせなかった部分もある。また、変貌の激しい中国を相手にして、その時々の執筆の語調や内容に若干の齟齬があるかもしれない。この点はご寛容をお願いしたい。

初出誌は次のとおりである。

第1章「中国の市場経済移行理論と課題」『大阪産業大学経済論集』第6巻第1号、2004年10月。

第2章「工業近代化と技術導入」『東西研レポート』1998年2月号、(財)日本政治経済調査会東西問題研究所。

第3章「経済発展と外資系企業の役割」『東西研レポート』1998年6月号、(財)日本政治経済調査会東西問題研究所。

第4章「国有企業改革と株式制」『世界経済評論』1998年5月号、(社)世界経済研究協会。

第5章「エネルギー需給と環境問題」慶応義塾大学・中国清華大学3Eプロジェクト、日中経済協会編『河南省及び河南省主要工業都市におけるエネルギー需給構造変化及び環境保全対策の今後の動向に関する調査研究』2001年3月。

第6章「対外開放政策下の貿易構造変化」『大阪産業大学経済論集』第6巻第2号、2005年2月。

第7章「中国の市場経済化とWTO加盟」『経済学論纂』第43巻第5・6合併号、中央大学、2003年3月。

第8章「アジアのモノづくり構造の変遷と日中産業協力」大阪産業大学産研叢書18『アジアにおける経済発展メカニズムの再編成』2004年1月。

第9章「中国繊維産業の発展と日本企業の対応―「ユニクロ」の事業展開を分析する」『経済学論纂』第41巻第6号、中央大学、2001年3月。

第10章「日本の対中国政府開発援助の実績と課題」『中国経済』1998年4月号、JETRO。

第11章「北東アジアにおける多国間経済協力の進展」『経済研究所年報』第31号、中央大学経済研究所、2001年3月。

第1章 中国における市場経済移行の理論と方途

1. 社会主義体制への飛び越えと発展

　第2次世界大戦後、かつて列強諸国の植民地・半植民地下にあり、半封建社会であったアジア・アフリカなどの多くの発展途上国が、主権国家として独立を達成していった。そのなかで搾取や支配のない平等な社会を追求し、非資本主義的発展の道、すなわち社会主義体制を選択する国が出現した。そのような国では、社会主義の分配原則である能力に応じて働き、働きに応じた分配が可能なほどに生産力が発展していない。いわば、生産力が低いまま社会主義体制への「飛び越え」が行われた。

　マルクスの伝統的理論からいえば、資本主義の高度に発展した段階で、資本家による労働者階級の支配と搾取が極限に達した状態でプロレタリア革命が起こり、共産主義の第一段階としての社会主義体制に転化していくことになる。しかし、発展途上国の社会主義体制への飛び越えは、資本主義初期段階のはるかに低い生産力水準のまま、社会主義体制に転換したことになる。いわば、低開発社会主義国家の誕生である。そこで、いきおい限られた生産力をなるべく均等に分け合うという方式を採らざるをえない。いいかえれば、貧しいなかで搾取のない平等な社会を追求していくのである。

　しかし、本来の社会主義国家を実現していくためには、その生産関係に見合った生産力をなるべく早い段階で確保する必要がある。多くの先進資本主

義国が激しい競争と市場原理のなかで、急速に生産力を拡大してきたのにくらべ、社会主義諸国は低い生産力水準から出発し、長い期間にわたって低い水準に留まっているのには、何か問題があるといわざるをえない。それはシステムが上手く働かず、経済活動に対してしばしば政治が過剰に介入したためである。1949年10月に国民党との内戦に勝利した共産党政権によって建国された、中華人民共和国もその1つである。

　大陸中国では、日本が戦争で敗北したことで共通の敵を失った共産党と国民党が、かつて日本が占領していた地域の接収と戦後の支配権をめぐって、激しく争うことになった。このようななか、国民党政権は重慶から南京に首都を戻し、新たな国家体制の確立を目指した。一時は重慶で会議を開いて「双十協定」（1945年10月10日に発表されたのでこの名が付く）を結び、46年1月に政治協商会議を開催することが取り決められ、内戦回避と平和的・民主的な中国統一が合意された。しかし同年6月、国民党が華中の新四軍地区に大挙進攻したことで、共産党との間に内戦が再燃した。米国のマーシャル特使による仲介工作が行われたが、46年7月以降は全面的内戦に突入し、国共合作は完全に崩壊した。

　内戦初期には米国の支援を受けた国民党の優勢が続いた。共産党は1947年2月に八路軍、新四軍を人民解放軍に改編したものの、3月には中国共産党中央の所在地・延安が陥落した。だが、毛沢東の進める土地改革は農民大衆を共産党に引き付け、「農村による都市の包囲」作戦が次第に効を奏していった。47年6月を境に戦局が変わり、48年9月から49年1月に及ぶ三大戦役[1]で、長江（揚子江）以北を中国共産党が支配下に収めた。49年4月、毛沢東と朱徳（解放軍総司令）は全国的な進軍を命令、9月の長江渡江戦役で首都南京を手中におさめた。そして10月1日、北京で中華人民共和国（以下「中国」という）の成立が宣言された。一方、国民党幹部は軍人80万人とともに重慶・広州などを経て台湾に逃れ、12月8日に中華民国の台湾遷都を決め、中国大陸での歴史に幕を下ろした。

　ここで中国の社会主義への飛び越えを考察する前提として、人間社会の発

展法則について検討しておくことにしよう。およそ事物は絶えざる変化の過程にある。古代ギリシャの哲学者ヘラクレイトス[2]は、「万物は流転する」と説いたが、流転し変化してやまない事物の「変化」とは、どのように理解したらよいのだろうか。それはすべての事物が生成し、発展し消滅することであり、消滅したものが、さらにまた異なる新しい事物に転化していくことである。これは一定の本質をもった形態から、新たな本質をもった他の形態へ変化する運動を意味している。この運動は、単純なものから複雑なものへ、低い次元からより高い次元のものへの運動である。また事物は、事物それ自体というように抽象的なものとして存在するのではなく、一定の具体的形態、つまり現象形態として存在し、たえず形態を変化していく。このように絶えざる変化のなかで、事物は存在していると考えることができる。したがってすべての事物は運動法則を自分のなかにもち、一定の運動法則、いいかえれば発展法則に支配されているといえよう。

　社会科学は人間相互の関係、つまり社会関係の運動法則すなわち発展法則を探求するものである。人間及び人間社会は自然の一部であるが、独自の発展法則をもつものとして自立化している。社会科学の一分野である経済学は、人間社会の生成、発展、消滅の必然的関係、いいかえれば社会の発展法則を究明することを目的とする。したがって経済学の対象は、社会の経済関係つまり生産関係、あるいは生産上の社会関係を明らかにするものである。人間は一人では生きられず、人間の発生は同時に人間社会の発生である。人間が生存していくためには、衣食住などが必要であり、生活資料の生産をしなければならないが、これは一定の社会関係のもとで行われる。

　このような生産関係のもとに社会は発展し、発展につれて存在様式が変化し、以前の形態とは異なった新しい形態が生まれていく。発展とは、自己を繰り広げていくことであり、その過程では進歩と同時に停滞や退歩をも含み、前向きであるばかりでなく後ろ向きにもなる二重性格をもつと考えてよい。したがって、発展の概念には、その内に矛盾の要素を含んでいる。いいかえれば発展は、単線的かつ直接的な進歩概念を含むものの、複眼的で螺旋的な

概念である。

　人間社会の発展は原始共同社会に始まり、奴隷社会、封建社会、資本主義社会、社会主義社会という形態をとって次々に転化していく。これが社会発展の一般法則ということである。社会は諸形態が異なるにつれて、それぞれ異なった生産関係にあり、それぞれが違った経済法則をもっている。そこで、一般的な生産関係を支配する共通の内的必然関係を明らかにすることが必要となる。

　人間の社会関係は、基本的には生産関係であり、それは経済関係にほかならない。生産関係とは、人間が生活し生きていくために必要な資料を獲得するためにとり結ぶ人間相互間の関係であり、生活資料を得るための活動が生産または労働ということになる。生産または労働は、人間が自然に働きかけて生活に必要なものを直接的または間接的に作りだす目的をもった作業であり、この繰り返しによって人間社会は存続している。この場合の人間は労働力であり、道具は労働手段であり、自然は労働対象として存在し、これらの三要素が揃わなければ生産は不可能となり、人類は滅亡するか野生の動物生活に戻ることになる。この労働力と労働手段と労働対象の3つを生産の三要素といい、労働手段と労働対象を一括して生産手段と呼んでいる。

　人間の欲望を充足させるためには、労働として自然への働きかけが道具によって媒介されることになる。その際、人間はありあわせの自然物を偶然的に道具として使用するだけでなく、生産目的のため自然材料に一定の加工を施し道具をつくっていく。ここに人間本来の特徴があり、自然過程を人間の生活目的に合わせて、社会的労働過程につくりかえていく必要条件がある。この労働過程においてはじめて、人間と道具と自然とが生産のための不可欠かつ十分な三要素としての労働力、労働手段、労働対象となり、労働と生産過程をつうじて人間の存続と発展が確保され、保証される。

　人間社会の発展法則における社会形態には、それぞれに特有の特殊な社会法則がある。原始共同社会にはそれに特有な社会法則があり、奴隷社会、封建社会、資本主義社会には、それぞれにまた特有な社会法則が存在する。人

間の欲望を満たすための労働手段を媒介とする生産過程は、人間に特有な行為であり、人間の存続のために継続的に繰り返されることから再生産過程でなければならない。この再生産過程がいわば発展であるが、発展は内的矛盾を原動力としている。そこで次に、人間社会に特有な再生産過程における基本的な矛盾について明らかにしなければならない。

　再生産過程における基本的な矛盾とは、いうまでもなく生産力と生産関係の矛盾ということになる。先にみたように生産関係は、再生産過程において必然的に結ばれる人間相互間の社会関係であり、生産力は社会関係の内容を構成する生産の三要素としての労働力と労働手段と労働対象のことである。つまり生産過程で一体となって機能する労働力としての人間と生産手段ということになる。この生産力と生産関係は、再生産過程の内容と形式を体現するもので、一定の生産力の状態に応じて一定の生産関係が生まれる。一定の技術的内容である生産力と、それが機能する方法を規定する一定の社会形式である生産関係とは、互いに矛盾するものとなる。この矛盾の統一としての再生産過程は、絶えず発展せざるをえないのである。

　与えられた再生産過程の諸条件のもとで、矛盾の発展の可能性を現実性に変える契機となるものは、労働力としての人間であることはいうまでもない。しかし労働力は、労働手段を媒介とすることなしには生産過程で機能できない。このようなことから労働手段は、社会発展にたいして能動的な作用をはたすことで、社会発展の支点であり物質的な基礎といえる。だが労働手段は、あくまでも人間が自然に働きかけるための手段であり、媒介物であるという性格に変わりなく、そのようなことからも人間が、生産過程において単に能動的ということだけでなく、決定的な契機を握っているということになる。したがって労働力と労働手段は、生産力のうちでも能動的部分であり、労働対象は受動的要素と考えることが可能である。この生産の三要素の全体が生産力であり、生産関係との矛盾の統一が再生産過程ということになる。

　再生産過程は、形式をなす生産関係と内容をなす生産力とが統一されてはじめて成立するものである。一定の内容としての生産力は、一定の社会的形

式としての生産関係によって、その存在および機能の仕方を規定されながら、絶えず発展していく。この運動の原動力は、生産力のうちにある。つまり、労働手段を媒介とする人間と自然との相互作用である生産過程では、労働手段が絶えず発展し、それを媒介に人間の物的生活が変化していく。その結果、労働力としての人間が個体的にも社会的にも変化発展し、新しい社会的人間となり、新たな社会関係、生産関係に身をおくことになる。生産関係は、人間と自然との相互作用において生産力が存在し機能し発展する必然的な社会的形式であるから、生産関係は生産力の性格や形態に照応することになる。

生産力と生産関係との統一がどのようになされるかによって、生産様式は異なる。生産様式とは、生産の三要素、つまり生産力がどのように結びつくか、すなわちどのような生産関係をもつかということである。いいかえれば労働力と生産手段（労働手段と労働対象）がどのように結びつくか、結局のところ人間と自然とがどのように結びつくかにほかならない。この結びつき方の発展につれて、さまざまな生産様式が出現してくる。生産関係は基本的には所有関係、わけても生産手段にたいする所有関係としてあらわれる。したがって生産関係の発展は、生産手段にたいする所有関係の発展としてみることが可能である。そこで、生産関係を具体的な所有関係においてとらえ、生産様式を生産力と所有関係の統一としてとらえるならば、そこに社会経済構成の概念が生じる。

生産関係という所有の形式は、生産力の発展に応じて共有から私有へと発展してきた。最初の共有形式として原始共同体所有があり、この長い歴史的発展のなかから私有形式が出現した。それには奴隷制的所有、封建的所有、資本主義的所有の三形式が段階的に発展してきたもので、これら私有形式の発展の頂点で、所有形式は再び共有原則へ復帰し、社会主義的所有となる。つまり原始的所有の否定の否定として、より高次の社会主義的所有へと所有形式が変化し、発展するのである。

原始共同社会は分業を前提としない協業、つまり原始的協業または単純協業であり、生産手段が幼稚かつ貧弱なために共有で人間と自然が直接結びつ

く階級のない社会であった。社会的共同生産が行われ、生産物は共同で消費された。ほとんど分業のない群の生活形態から、次第に性別や年齢別の分業があらわれる。放浪していた群が一定の地域に定住すると、他の群との間に境界ができ、自分達の共同の場所が群社会の共有となっていった。また、自然的分業は、やがて農業や牧畜の社会的分業に発展していく。生産手段が次第に特定の個人の私的支配下に服するようになり、私有の基礎が生まれた。このようにして原始共同社会における共有と共産の原則は、やがて私有に基づく私的生産へと変化していく。

　分業の発展にともない、労働の個人化が進展していく。労働が個人化したことと労働手段が共有形態をもつことは互いに矛盾し、生産過程の能率的な進行を妨げることから、生産手段は私有に転化し、新たな生産関係が打ちたてられる。これが私有に基づく搾取と支配の階級社会が形成される過程である。奴隷社会では社会の一部分たる奴隷主が、私有する奴隷と生産手段を生産に結合させた。封建社会では基本的生産手段である土地を封建領主が私有し、これを農奴に耕作させた。つづく資本主義社会では、資本家が生産手段を私有し、労働者階級を賃金労働者として雇用し、使用することで生産に結びつけた。この社会を基本的に特徴づけるものは、商品生産である。およそ生産物が商品として売買される社会は商品生産の社会であり、資本主義はそのような典型的な社会である。それはやがて、生産手段をもつものともたぬものとのあいだの搾取・被搾取、支配・被支配の社会的階級関係を生みだすことになる。

　このような過程のなかで、生産力は絶えず変化していく。従来の生産関係が新たな生産力の一層の発展にとって拘束力をもつようになれば、新たな生産力の性格と形態に応じた新たな生産関係がつくられる必然がそこにある。しかし、生産力がつねに生産関係にとって優位性をもち、つねに社会の発展にとって決定的であるとはかぎらない。生産力はつねに優位に立ち決定力をもつが、生産力と生産関係の相互作用において、生産関係が一定の段階では生産力発展の推進力として作用すると同時に、他の段階では阻止する力とし

図 1-1　人間社会の発展法則と中国社会主義市場経済(初期段階)の道筋

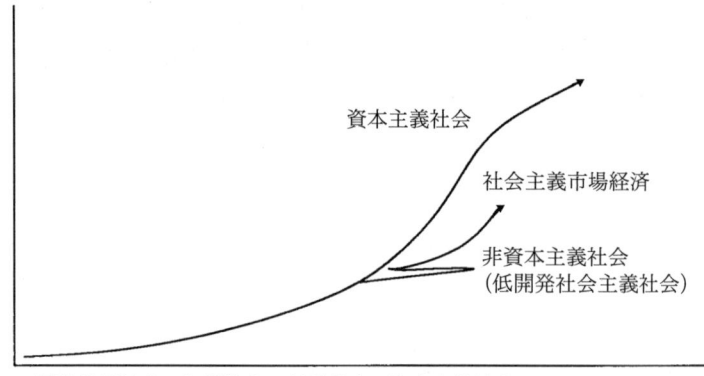

て作用する。

　社会主義体制へ移行した当初の中国では、人民が社会主義建設に燃えて時間を惜しんで労働し、一時的に生産力を高める方向に動いた。しかし、それも長くは続かなかった。一生懸命働いても見返りが少なく、働いても働かなくても分配にあまり差がないということになり、積極性は薄れていった。したがって、生産力に見合った生産関係を飛び越えた中国では、超えがたい矛盾のなかで、低い生産力を強力な政治が介入することで解決しようとしたところに無理があった。中国の経験から明らかなように、新たな社会主義的生産関係が、かえって生産力の一層の発展を妨害してしまったことになる。結局において、生産力に照応した生産関係まで戻らざるをえなかったのである。その様子は、図 1-1 のようになるであろう。

2. 毛沢東思想と社会主義国家建設

　1949 年 10 月に社会主義新中国が誕生していらい、共産党政権では生産手段の公有制と労働に応じた分配を導入することが目標となった。しかし、し

ばらくの間は準備に時間を費やすことが必要と考えていた。当時の毛沢東の行動と政治にたいする考えは、決して急進主義でなく、資本主義の成分をも認めた漸進主義であった。建国に先立って49年9月29日に発表された「共同綱領」では、中国共産党は新中国を社会主義国家へ改造しようとする積極的意図は明らかにしていない。第1条では、多様な階層住民による反帝国主義・反封建・反官僚主義を提起し、次いで2条で民族解放、さらに3条で旧支配層の特権を奪い取って自立経済の基盤を形成しようという建国綱領であった。

人口の8割以上が居住する農村では、耕す農民に土地をあたえるための土地改革が先行して実施された。1950年6月に制定された土地改革法では、富農経済の温存を柱に穏健な内容となっていたが、朝鮮戦争の勃発を契機に、国内の階級敵が国外の敵と手を結ぶことを恐れ、富裕層に対する攻撃が強化された。そのため富農経済温存の原則が無視され、ほとんどの地域で頭割り均分が行われた。土地改革は52年末までに終了したが、1人当たり平均分配耕地は華北で3～4畝（20～26アール）、華南では2～3畝（13～20アール）で、専業農家としては経営の厳しい零細な規模であった。

穏健かつ漸進的な路線はそう長くは続かず、1953年8月の毛沢東の重要指示文書「過渡期における党の総路線」では、はやくも方向転換が図られた。つまり、中国の新民主主義の時代は、建国からわずか数年間で終わりを告げることになった。農村の社会主義的改造が日程にのぼり、まず個別農家間の労働互助組織である「互助組」が形成された。しかし、土地を出資したかたちの「初級合作社」の実現は将来のこととしていたものの、一部の地方農村で「初級合作社」化が急速に進んでいった。このような状況に対して共産党政権は、「焦燥感にかられた冒進」であり、「現実的でなく有害である」と批判した。また毛沢東も「注意し、慎重に、急いではならない」と戒めるほどであった。ところが、零細な小農経営では都市部の社会主義工業化の進展と共存できず、放置しておけば農村で階級分化が進み、再び資本主義化しかねないとの恐れから、毛沢東は冒進を全面肯定することになった。

当初の予定では、土地の私有制に基礎をおいた互助組から出発し、集団労働を特徴とする半社会主義的性格をもった初級合作社を経て、集団所有・統一経営・統一分配という社会主義的性格をもつ高級合作社へと、時間をかけてゆっくりと進めるはずであった。しかし1955年7月、毛沢東が発表した「農業合作化の問題について」を契機に、合作化は一気に進み、55年春には農家の14％程度しか初級合作社に参加していなかったが、年末には約60％となった。高級合作社は、55年7月時点で農家の0.1％にも満たない組織率であったが、56年10月にはほぼ100％に達してしまった。56年には、社会主義への過渡期の総路線が開始されて3年しか経っていないのに、社会主義は基本的に実現したと宣言された。

　一方、1953年から始まる第1次5ヵ年計画は、周恩来、陳雲、李富春らによって比較的穏健な計画が策定されたが、毛沢東の「過渡期の総路線」が提起されると、本格的な社会主義経済建設として位置づけられた。つまり、中国経済の実情をはるかに超えた、国営企業を中心とする重工業化路線であった。55年9月の第7期6中全会における毛沢東の演説では、「われわれは、あと12年あれば基本的に社会主義社会の建設をなし遂げることができよう。そのときには毎年、粗鋼は1800万〜2000万トン、発電量は約730億kW/時、採掘する石炭は2億8000万トン前後、原油は1800万トン前後、自動車は20万8000台、セメントは1680万トン前後、化学肥料は750万トン前後が生産できるようになろう」と述べ、「この水準はソ連の1940年の水準に相当する」[3)]とみなしていた。つまり建国以来18年をかけて社会主義的改造を達成しようと考えていたことになる。

　中国は第1次5ヵ年計画期に、工業建設投資の実に85％を重工業にあてた。また重工業建設694項目のうち、ソ連の援助によるものが156項目に及んでいる。これらの項目は当時、中国の経済建設にとって中核的プロジェクトであり、基本建設投資総額の13.5％に相当した。ソ連の援助は借款形式で米国の対外援助などに比べて金利が高く、中国は1955年から中ソ対立後の60年代の中ごろまで、毎年約2億ドルの返済を続けてきた。それにしても国家基

本建設投資の90％近くは国外から調達しており、遅れた技術水準と低生産性に変わりはなかった。

とはいえ国民経済の圧倒的部分は農業であった。1958年には大衆の「主観的能動性」に依拠した大躍進、人民公社、社会主義の総路線が提起された。生産拡大を目指す大躍進は、57年の食糧生産1億850万トンを翌58年には5億トンに増産可能であり、同じく鉄鋼生産は535万トンから3000万トンにできるという夢のような目標を掲げ、「7年どころか2年で英国に追いつき、15年で米国に追いつく」ことができるとした。人民公社は、経済面の活動に限定した農業生産合作社とまったく異なり、農業・工業・商業・教育・軍事（民兵組織）の「五味一体」としてすべての領域を備え、行政と経済機能を合わせもつ「政社合一」という1つの自立的な共同組織体とみなされた。さらに「一大二公」といわれ、規模が大きくなると集団化と社会主義化に有利であり、公共性が高まるとされた。

人民公社は当初さまざまな名前で呼ばれていたが、毛沢東がパリコミューン（中国語で「巴黎公社」という）を模して名づけた「河南省七里営人民公社」を58年8月に訪問し、「人民公社はすばらしい」と語ったことが報じられると、「人民公社」という名前とともに公社創立の運動が全国に波及していった。同じく8月に開かれた中共中央政治局拡大会議で「農村の人民公社設立についての決議」が採択されると、合作社合併・公社化の勢いは一層加速され、わずか1ヵ月のうちに全国の農家が1郷（村）1社で約2000戸単位の公社に加入していった。全国で約2万6000社余が成立したが、人民公社は共産主義社会へ移行するうえで最適の組織形態であるとされ、私的所有制廃止や分業の否定、さらに必要に応じた分配といった毛沢東の空想的社会主義が増殖していった。

この急激に過ぎた人民公社化や農民の自由意志を無視した強制加入、さらに59年から3年に及ぶ自然災害が加わり、農村は悲惨な状況となった。食糧生産は1959年に対前年比15％減の1億7000万トンであったが、60年も同15.6％減の1億4350万トンとなり、61年は同2.8％増となったものの1億4750

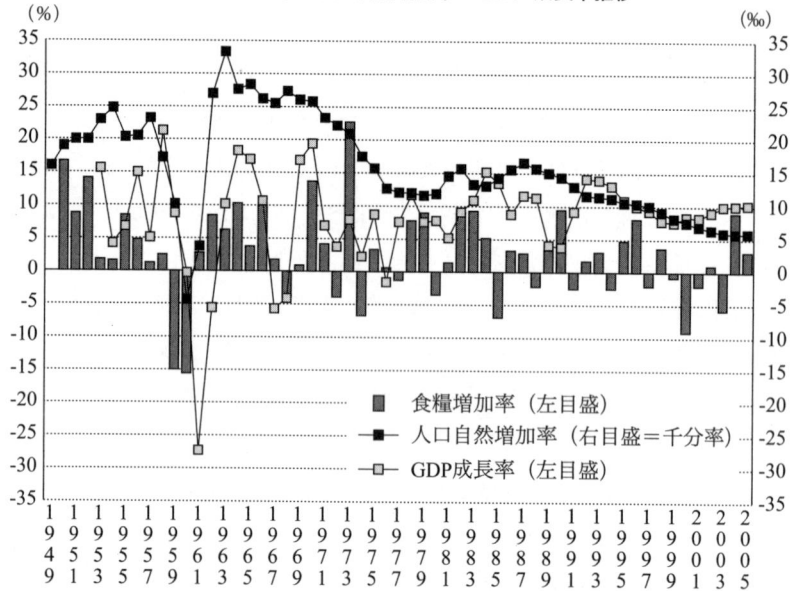

図 1-2 中国の食糧生産増加率・人口自然増加率・GDP 成長率推移

注 :『中国統計年鑑』などから（財）日中経済協会が作成したものに一部修正を加えた。
出所：（財）日中経済協会『中国経済データハンドブック2006年版』2006年8月、52ページ。

万トンにすぎなかった[4]。60年の食糧生産は51年水準まで落ち込み、58年の2億トンを超えたのはプロレタリア文化大革命が始動する66年である。また59年の人口増加は1213万人で増加率10.19‰（千分率）であったが、60年には1000万人も減少して増加率−4.57‰、61年も348万人減で−3.78‰となった。59年から61年までの3年間の餓死者は、2000万人を超えたともいわれている（図1-2参照）。

1958年12月に開かれた党第8期6中全会では、毛沢東が人民公社の行き過ぎなどから次期国家主席を退任し、後任に劉少奇が既定方針に従って指名された。国家主席に任命された劉少奇や党総書記の鄧小平を中心に、大躍進がもたらした経済的困難を克服するための経済調整が実施され、自留地[5]や自由市場、生産請負制などが大胆に採用された。さらに60年3月、後に「農業基礎論」として知られる「農業を基礎とし、工業を導き手とし、重工業の優先的発展と農業の急速な発展を結びつけ、農業、軽工業、重工業の間の関

係を正しく処理すべきである」という明快な論文が出た。農業が工業発展の基礎であることは、中国経済発展の重要なテーマであるが、大躍進期の狂気のなかで、いつの間にか忘れられたことに対する反省を込めたものであった。

　しかし毛沢東は、こうした政策に対して資本主義復活の危機感を次第につのらせていった。毛沢東は大躍進失敗後の1962年1月、「中央の過ちは直接的にも間接的にも私の責任である」と認め、「われわれには大きな盲目性があり」、「経済工作について多くの問題をいまだ理解していない」と自己批判した。ところが同年9月には、中ソ対立を背景に社会主義段階における継続革命の必要性を説き、社会主義教育運動を推進した。同時に、党組織への信頼を失った毛沢東は、林彪を重用して解放軍の支持を固め、党外大衆の自分への個人崇拝を意図的に高めていった。

　毛沢東の危機感と冒進を強めた外部要因としては、ベトナム戦争、とくに1965年2月以降の「北爆」を想起しておく必要があろう。64年10月に開催された党中央工作会議では、国防建設を最重要課題とし、「三線建設」を加速して中国全土の工業配置を急速に再編成することを決定した。三線建設とは、一線が沿海地域と国境地域、二線が北京・広州線沿線などと内陸の中間地域、三線は内陸地域とし、国防戦略上の配慮から三線のいくつかの拠点に重工業や軍需関連工業を建設していった。また各省単位においても小規模鉄鋼工場や兵器工場、機械工場などを移して外敵の攻撃に備えた分散型工業体系の確立を目指した。65年から75年の三線建設投資は、全国基本建設投資総額の43.5％を占めたが、多くの三線地域は工場立地に適さず、経済合理性からいえば極めて効率の悪いものであった。

　さらに毛沢東は1964年5月以降、「農業は大寨に、工業は大慶に学ぶ」運動を提唱した。山西省東部の昔陽県にある大寨人民公社は自然条件に恵まれぬ山村であったが、集団労働で食糧生産が大幅に増し、農民の生活水準が向上した。63年には水害に見舞われたが、自力更生の精神で復興に成功し、さらにその後、驚異的な農業生産高を実現したとされる。しかし、これは真実ではなかった。また油田開発や石油自給の成功を宣伝すべく64年12月には、

大慶がモデルとして取りあげられ、大寨同様に国の内外から参観者が殺到した。これらの運動は、その後の文化大革命期に大いに利用されたが、あまりにも精神主義に走りすぎたものであった。

このようにして実権を失った毛沢東が、状況を打開するために発動した奪権闘争が文化大革命である。学生を中心にした紅衛兵を動員し、党外から「党の司令部を攻撃せよ」と号令をかけ、実権派からの奪権を展開した。1966年8月に開催された党第8期11中全会では、革命的教員・学生も出席する異常事態のなかで、「プロレタリア文化大革命に関する決定」(いわゆる「十六条」)が採択された。同決定では、資本主義の道を歩む実権派の打倒、プロレタリア新文化の創造、教育革命などが提起された。また会議では劉少奇の党内序列第2位から8位への降格、林彪の2位への昇格を決定した。8月18日には天安門広場で毛沢東の第1回紅衛兵接見が行われ、100万人が参加したといわれる。

毛沢東に重用された林彪であるが、彼は文革前から毛沢東個人崇拝の推進者であった。林彪は1960年9月、「毛沢東同志は現代のもっとも偉大なマルクス・レーニン主義者である」として、毛沢東の赤旗を高く掲げることを中央軍事委員会拡大会議で決議させた。国防部長の林彪は64年、忠誠の証として軍内向けに『毛沢東語録』を発行し、その朗読を儀式化していった[6]。文革中に刊行された『毛沢東語録』は、50数億冊に達したといわれる。毛沢東の「焦燥感にかられた冒進」は、再び1966年から76年の10年間にわたって中国を「悲惨な内乱」に追い込み、人々を苦境に立たせることになるプロレタリア文化大革命(文革)を発動し、指導していくことになった。

文革は混迷を深めていった。紅衛兵の動員などによって正規の党組織は麻痺し、劉少奇や彭真ら実権派幹部の追い落としにも成功した。文革指導部内部でも権力闘争の色彩が次第に濃くなっていった。1968年12月には三大差異の撤廃(都市と農村、労働者と農民、知的労働と肉体労働の格差撤廃)という理想主義的なスローガンを掲げ、また都市部の就職難を解決する必要から、78年までに約1600万人の青少年が下放(「上山下郷」)運動と称して、

農村や辺境に送り込まれた。下放した多くの青少年を待ち受けていたものは過酷な労働、知識青年に対する差別的待遇、暴行やリンチといった迫害もみられ、理想とは程遠いものであった。また知識人の下放も推進されたため、国家統計局などでは、ただでさえ少ない人員が半分以下になり、十分な計画が立てられないまま業務が停滞してしまったといわれる。

　このような状況のなかで劉少奇は、1968年10月に開催された党第8期12中全会で「裏切り者」、「毛沢東の権力と権威を脅かす存在」として党除名・全職務解任などの処分を受け、監禁されたまま69年に開封で横死をとげた。一方、劉少奇に代わって「毛主席の親密な戦友」と党規約に明記された林彪にも、やがて同じような運命がおとずれることになる。69年4月の中国共産党第9回全国代表大会で毛沢東の後継者となり、劉少奇失脚以後空席状態にあった国家主席就任を狙ったが、毛沢東から国家主席への野望を抱いていると警戒され、反対された。そして71年9月、林彪は毛沢東暗殺のクーデター計画（「五七一工程紀要」）未遂で旧ソ連への逃亡を図り、モンゴル国境で墜落死したと報じられた。

　林彪事件以後は毛沢東の高齢化もあり、王洪文・張春橋・江青・姚文元の「四人組」は団結し、権力の継承を急いだ。毛沢東は失脚していた鄧小平を復活させ、事態の収拾を命じたが四人組が反対し、さらに「批林批孔運動」[7]などを通して周恩来の失脚を謀った。しかし1976年1月8日に革命第1世代の周恩来が死去すると、人民は四人組や文革への不満をあらわにし、同年4月5日に周恩来を追悼しようとする民衆が天安門広場に集まり、第1次天安門事件が発生した。この事件で黒幕とされた鄧小平が再び失脚し、華国鋒が党第1副主席に就任して毛沢東の後継者となった。同年9月9日に毛沢東が82歳で死去すると、四人組は権力継承を意図してさまざまな行動をおこした。しかし、葉剣英ら一部老幹部は華国鋒を抱きこみ、10月6日午後、一挙に四人組を逮捕した。

　10年にわたって多くの人々を苦しめ、中国の政治・経済・社会・文化に重大な打撃を与えた文革は、このようにして終結した。特別法廷起訴状では、

林彪・江青など反革命集団の弾圧による犠牲者は72万7000人、死者3万4000人と記されている。これには紅衛兵同士の対立抗争による武闘、大量虐殺事件の犠牲者、自殺者は含まれていない。正確な数字は把握しにくいが、一般的には死者1000万人、被害者1億人といわれる。また幹部の90％以上が批判を受け、80％以上が闘争と審査の対象になったとされている。社会秩序の崩壊、風紀の混乱、人間関係の破壊なども深刻であった。さらに経済的損失も甚大で、10年間に5000億元以上といわれる。これは建国以来30年間の基本建設投資に匹敵する金額である。

3. 鄧小平の生産力優先論

　中国では、「翻身（解放）は毛沢東を忘れてはならず、致富（富裕）は鄧小平に感謝しなければならない」[8]といわれることがある。毛沢東は、革命闘争によって西洋列強の侵略から中国を解放し、半封建社会から人民を救済した。しかし社会主義建設においては、中国の実情を無視した空想や精神主義、経済より政治優先に走り、多くの困難をもたらした。一方、鄧小平は1962年7月、すでに「白猫でも黒猫でも鼠をとる猫はよい猫だ」と発言し、現実的で実利を重んじたため、いらい何度か要路の地位を失うことになった。それでもまた復活し、自身の信ずる社会主義の道を歩んできた。そのため鄧小平は「不倒翁」（起き上がりこぼし）などと呼ばれることもあった。

　毛沢東が1976年9月に82歳で死去した後、とくに1978年末に採用された改革・開放政策のもとでは、鄧小平は経済発展を優先し、「温飽水準」（衣食の足りた段階）を確保し、「小康水準」（ゆとりのある生活水準）を目指した。鄧小平は、毛沢東生誕100周年にあたる93年12月26日、「もし毛主席がいなければ、われわれ中国人はなお暗黒のなかで、さらに長い時間模索しなければならなかったであろう」と述べたが、中国の近現代史において決して忘れることのできない2人である。

確かに、毛沢東と鄧小平の2人の思想と行動は対照的である。毛沢東は一種の精神主義者で、物的刺激より人間の意志が大事だと主張する人物であった。1960年代初めに書いた『ソ連《政治経済学》読書ノート』には、次のような文章が掲載されている。「本書（《政治経済学》）は機会あるごとに個人的物質利益を語り、このシロモノを用いて誘惑しているようだ。これはかなり多くの経済担当者・指導者の精神状態を反映し、政治・思想工作を重視しない情況を反映している。この情況下では物質刺激に頼らなければほかに方法はない……このように物質刺激を宣伝したのでは資本主義に勝てなくなってしまう」[9]。つまり毛沢東は、政治や思想によって人々はいくらでも動かせると考えていた一面がある。それゆえに、彼は革命家として神格化され、絶対的権威者となって社会主義建設を独善的に推し進めてきた。そのような極左的な傾向を抑えようとする勢力は、「右翼日和見主義者」や「修正主義者」として、容赦なく切り捨てた。結果として、毛沢東の冒進を論して経済発展に力を注ぐよう忠告する実務派と対立し、それらの人々をしばしば階級敵として処分することもあった。

　このような毛沢東に対して、鄧小平は現実主義的かつ柔軟で、われわれには想像できないような考えをしばしば披露してきた。鄧小平がとりわけ強調することは、「生産力優先主義」である。彼は次のように述べたことがある。「社会主義の優位性は、その生産力が資本主義にくらべてより高く、より速く発展することにあります。もし建国後、われわれに欠陥があったとすれば、生産力の発展に対し、ある種の軽視をしてきたことでしょう。社会主義は貧困を根絶します。貧困は社会主義ではなく、まして共産主義ではありません。社会主義の優位性は、生産力を次第に発展させ、人民の物質・文化面の生活を次第に改善することにあります。中国のいまの立ち遅れた状態のもとで、いかに生産力を発展させ、いかに人民の生活を改善するのか、この問題がいまわれわれの前に提起されているのです」[10]。

　このような生産力優先論は、明らかに毛沢東の社会主義思想に対する反立である。鄧小平の関連発言としては同じ1984年4月15日、「毛沢東同志は偉

大な指導者で、中国革命は彼の指導のもとに成功を収めたのです。しかし、彼には 1 つの大きな欠陥がありました。それは社会的生産力を軽視したことです」と述べ、さらに「マルクス主義によれば、社会主義は共産主義の第 1 段階であり、非常に長い歴史段階です」と発言している[11]。つまり生産力の発展、人民生活の向上に寄与するものが、鄧小平の社会主義論である。したがって階級敵の発生という視点は希薄である。

　さらに加えれば、「中国共産党を離れて、はたして誰が社会主義の経済・政治・軍事・文化を推進していくのか。はたして誰が中国の『4 つの現代化』[12]を推進するのか。今日の中国では、党の指導を離れて大衆の自然発生性を賛美するようなことは絶対にしてはならない」とも発言している。かつての中国では、社会主義や共産党の指導に対する信念が動揺し、民主化運動が活発化して共産党の一党支配体制を揺るがせたことへの反省から、鄧小平は 1979 年 3 月に開催された中央理論工作会議で、「4 つの基本原則」を提示し、その堅持を国民に求めた。それは①社会主義の道、②人民民主（プロレタリア）独裁、③共産党の指導、④マルクス・レーニン主義と毛沢東思想――の堅持ということである。これは憲法や党規約にも盛りこまれ、急進的な政治改革を牽制し、ブルジョア思想の浸透を防いで反体制活動を取り締まる根拠となっている。

　鄧小平の主導による経済体制改革の推進は、1978 年 12 月の第 11 期 3 中全会において、国内経済改革、対外開放政策が採用されて以降である。このことは、とりもなおさず中国が市場経済移行へ踏み出していく契機となった。とはいえ彼は、最初から完全に市場重視論者として出発したわけではない。80 年代初めの「計画を主とし、市場を従とする」鳥籠論[13]で有名な陳雲たち保守的計画論者から、84 年の第 12 期 3 中全会で確認された「計画的商品経済」にいたるまで、市場と計画の共存と調和を図ってきた。そして、さまざまな試行錯誤をくりかえし、やがて社会主義と市場経済を「結合」することに到達した。

　第 11 期 3 中全会では、「農業発展を速めるいくつかの問題にかんする決定

（草案）」と「農村人民公社工作条例（試行草案）」を採択、毛沢東時代末期の国家的搾取によって疲弊した農村の農業生産向上を図るべく、農村人民公社の改革に乗りだした。もう1つ画期的な契機となるのは、1992年1月に鄧小平が中国南方の諸都市を視察し、「南巡講話」[14]と呼ばれる談話を発表したが、そこでは「改革・開放と経済発展」の2つの加速を訴えている。このような状況のもとで同年10月に開催された中共第14回党大会では、市場経済を容認する「社会主義市場経済論」が、公認された。

まず人民公社の改革であるが、結局、改革では収まらず解体してしまった。1978年の全国1人当たり食糧は56年水準に留まっていたし、農業人口1人当たりの年間所得は70元余で、4分の1の農民所得は50元にも満たなかった。解体のきっかけは、78年に安徽省鳳陽県で生産増加のため発生した生産請負制が、翌年に同省の党書記・万里が容認したことで、瞬く間に広がっていった。当初の生産請負制は「作業組」が請負う方式が多かったが、次第に各農家へと普及していった。さまざまな方式のなかで「各戸（農家）生産請負制」（包産到戸）から「各戸経営請負制」（包乾到戸）という各農家が農業経営まで請負う制度に進んでいった。79年9月に開かれた第11期4中全会では限定的に認めたものの、農民に有利な方式は党や政府首脳の予想をはるかに超える速さと規模で全国に拡大し、集団農地を各戸に分割貸与する請負制は、83年までに全国農村の95％に普及した。

人民公社は1984年末までに全国で98％余が解体され、最後まで残っていたチベット自治区の人民公社も89年中に解体された。53年以降全国で展開された集団農業体制、さらに58年以来中国社会主義のシンボルといわれた人民公社制度は、ここに完全に幕を閉じた。82年当時約5万4000あった人民公社は、解体過程で「政社分離」が進んで郷鎮制度が復活し、解体後は約4万7000の郷・鎮政府となった。公社のもとに存在した約72万の生産大隊は約74万の村民委員会に、さらに生産隊は村民小組へと組織変化した。95年実績で、1つの郷（村）または鎮（町）の平均的規模は、管轄下の村民委員会が15.7、管内の農家戸数4939戸、農村人口1万9449人となった。1つの村民委

員会は管内の農家戸数315戸、農家人口1239人となっている。

　鄧小平は1983年10月、次のように発言したことがある。「農業で大規模な請負をやることに、私は賛成である。いまはまだ思い切ってやらせる大胆さが足りない。要するに、中国の特色をもつ社会主義の建設に役立つかどうか、国の繁栄と発展に役立つかどうか、人民の富裕と幸福に役立つかどうか、これがわれわれの諸活動が正しいかどうかをはかる基準なのである」と請負制の大胆な試行に号令をかけた。つまり実験をし生産力拡大に役立つものは、積極的かつ合理的に活用していく強い姿勢がうかがえる。つづけて以下のような発言がみられる。「農村でも都市でも、一部の人がさきに豊かになるのを認めねばならない。勤労によって富を築くのは、正当なことである。一部の人、一部の地区がさきに豊かになるのはよい方法であり、皆が支持する新しい方法である。古い方法よりは新しい方法がよい」[15]と経済発展を優先し、一時的な経済格差はやむをえないとした。

　このような考えは後に「先富論」と呼ばれるようになるが、単なる競争原理の導入ということでなく、さきに豊かになった人や地区が、経済発展の遅れた人々や地区を援助し共に豊かになることを目指したものである。とはいえ農民の積極性が増し、食糧生産は変動はあるものの年々増産傾向がみられた。1978年の食糧生産量は3億477万トンであったが、82、83年は対前年比で9％以上の増加率をしめし、84年も同5.2％の伸びで4億731万トンとなり、6年間に1億トンも増加した。さらに96年には5億トンを超えたが、国内で食糧余剰が増加したり、自然災害、さらにWTO加盟で安い穀物が輸入しやすくなったことから、2003年の食糧生産量は4億3067万トンに低下した。しかし、食糧自給率は02年で102.7％と発表されている。

　このようななか、国際情勢も大きな変化を遂げていった。1980年代後半にソ連でゴルバチョフが試みた「ペレストロイカ」政策は、東欧諸国にも影響を与えて民主革命をもたらし、ドミノ現象のように社会主義政権が崩壊していった。91年にはソ連邦も解体し、それらが中国にも少なからず影響をもたらした。保守派は伝統的社会主義に回帰しようとし、社会の閉塞感が高まり、

「社会主義か、資本主義か」といったイデオロギーをめぐる論争が横行した。鄧小平は、このような不毛な論争に終止符をうつべく、生産力の発展に役立つことが正しい政策であるとし、改めて経済優先を確認した。

「南巡講話」では、保守派によるイデオロギー優先の論議を批判し、「計画経済イコール社会主義ではなく、資本主義にも計画はある。市場経済イコール資本主義ではなく、社会主義にも市場がある。計画と市場はともに経済手段である」とし、社会主義か資本主義かの論議（「姓社姓資」）を否定した。また、右の脅威より左を防ぎ、社会主義の目的を生産力の発展におき、「生産力の発展に有利か」「総合国力の増強に有利か」「人民の生活向上に有利か」の3つを是非の判断にすべきと主張した。ここに伝統的社会主義理論からは想像もつかない、社会主義と市場経済が「結合」した「社会主義市場経済論」が登場することになった。

中国は低開発国であり、生産力を拡大するするために市場経済や競争原理を導入したわけだが、その理論化の前提には、中国が社会主義の初級段階にあるという認識がある。これが大胆な市場経済化推進の根拠である。初級段階だからこそ、西側先進諸国がかつて豊かになるために用いたあらゆる経済的手段を利用して、生産力を拡大してよいという理屈となっている。初級段階認識を最初に明示したのは、1981年6月に開かれた第11期6中全会で採択の「歴史決議」[16]であった。この観点は、その後の党大会や「中共中央の決議」でも受けつがれたが、明確な理論と重要な政治的役割をになって登場したのは、87年10月25日から11月1日にわたって開催された中共第13回党大会における趙紫陽報告である。

報告で明らかにした社会主義初級段階の任務としては、次の5点に概括される。第1は、貧困と遅れた状態からの離脱、第2は、農業人口が多数を占める手作業を主とする農業国から非農業人口が多数を占める近代的工業国への移行、第3は、自給自足が大きな比重を占める状態から高度に発達した商品経済への移行、第4は、活力に満ちた社会主義の経済、政治、文化システムの樹立、第5は、中華民族の偉大な復興を実現していく過程ということで

ある。中国の国情と自己認識を明確にしたことで、それまで資本主義固有のものとみなされていた私営企業や株式配当の合法化などが確認された。

しかし、1989年6月の天安門事件とその責任をとって趙紫陽が失脚した影響もあって、社会主義初級段階論は影をひそめてしまった。これが復活するのは、97年9月の中共第15回党大会の江沢民報告においてである。その報告では、所有制の多元化と株式制の推進が大方針として打ちだされた。また、初級段階論のつづく期間について、蘇星（中央党学校副校長）は約100年間としている。つまり49年10月の新中国成立から2050年までは、社会主義の初級段階にあるというものである。

かつて稲山嘉寛（元経団連会長）は、北京で鄧小平に会見した際、初級段階の次には何がくるのか、中級か高級か、あるいは別の名称か訊ねたことがある。鄧小平は「私には知恵がないので分からない。後の世代の優秀な人たちに任せます」と応えた。末席で大物同士のこのやりとりを聞いていた著者は、その柔軟な思考とユーモアに深い感銘を覚えたことを今でも鮮明に記憶している。このような「改革・開放の総設計師」であり、中国の新しい地平を切り開いた鄧小平は、1997年7月1日の香港返還を見届けることなく、同年2月19日に92歳の生涯を閉じた。

4. 社会主義市場経済論と開放政策

1970年代末から始まった中国の改革・開放政策は、鄧小平の経済発展戦略のもとで、活性化、市場化、国際化を促進した。毛沢東時代の政治優先の経済運営を脱して、効率主義、個人主義、自由主義的考え方が人々のあいだに広まり、それが政治や社会にも大きな影響を与えていった。農民や労働者の勤労意欲が喚起され、農村の改革に引き続いて84年10月に開かれた第12期3中全会では「経済体制改革に関する決定」を採択、改革の重点は都市へと移っていくことになる。このような改革を推進する過程で、さまざまな所有

形態の企業がつぎつぎに出現した。

　農村では食糧を中心に農業生産が拡大し、食糧が市場に出回るようになるとともに農家所得も上昇した。また農民はより豊かな生活を求め、巨大なエネルギーとなって、大都市や沿海地域へ向かって多数移動する状況が発生した。「盲流」のちに「民工潮」と呼ばれる出稼ぎ現象である。そこで政府は、「離土不離郷」（農業は離れても土地を離れない）政策をうちだし、農村で「郷鎮企業」の設立を奨励した。人民公社体制のもとでは、農民が農業以外の職に就くことは不可能であったが、各戸（農家）経営請負制の導入による農家所得の向上で、蓄財を元手に企業設立の道が開かれた。

　郷鎮企業には、人民公社の社隊企業を引き継いだものもあるが、その数は少ない。1978年時点でその企業数は152.4万社、従業員2826.6万人、総生産額493.1億元であったが、95年段階ではそれぞれ2202.7万社、1億2862.1万人、6兆8915.2億元[17]となり、爆発的な成長をとげたことがわかる。この時点での平均従業員数は5.8人だが、なかには数千人を雇用する企業もあらわれた。これらには集団所有制ばかりでなく、集団と個人の共同出資企業、農民個人が所有・経営するものなど、多様な形態がみられる。

　80年代にはモノ不足状況を補完する重要な役割を担って発展した郷鎮企業であるが、90年代には競争と市場原理が徐々に働くようになり、次第に翳りがみえてきた。品質や納期などの点で大企業に負けて倒産するところも現れ、環境汚染の拡散で問題となる企業も続出した。さらに工場用地への転用による耕地減少なども問題視された。そこで競争力ある郷鎮企業の振興や株式制の活用、中小都市への郷鎮企業の適切な集中など、新たな政策措置がとられることになった。

　都市部でも個人企業や従業員8人以上の雇用が可能な私営企業、さらに外資系企業の誘致が奨励された。その結果、工業生産額に占める国有企業のシェアは、78年の77.6％から85年64.9％、95年34％と低下し、2002年にはついに22％まで落ち込んでしまった[18]。国有企業同士の合併や民営企業によるM&A（Merger and Acquisition、企業の合併・買収）、業績不振による倒

図 1-3　中国の工業付加価値額と伸び率推移（1978～2005 年）

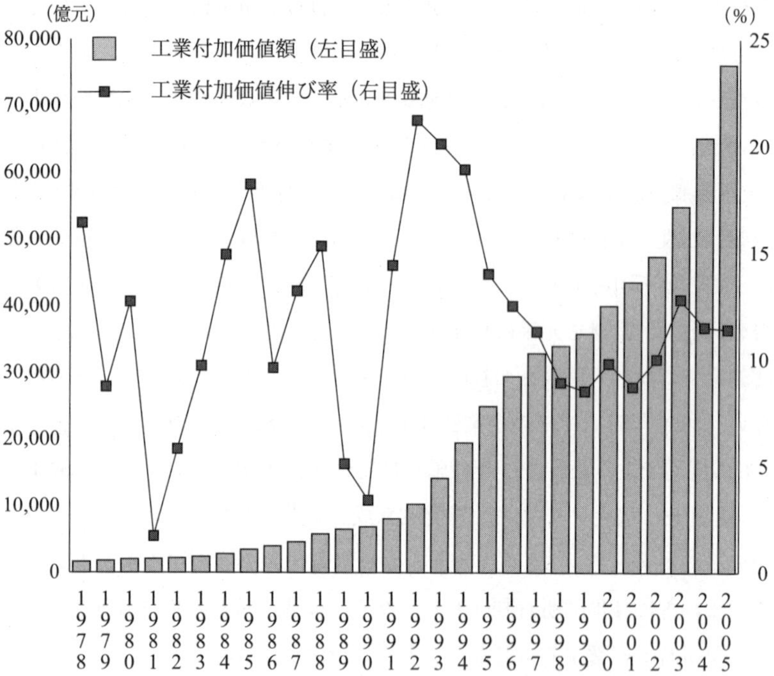

出所：『中国統計年鑑』2006 年版から作成。

産などが増加しているためである。ちなみに香港・マカオ・台湾を含む外資系企業の工業生産額シェアは約 30％となっている（図 1-3 参照）。

　外資系企業には、合弁企業（「合営企業」）・合作経営企業（「合作企業」）・外資 100％企業（「独資企業」）のいわゆる三資企業があり、合弁企業の外資側出資比率は 25％以上という条件があるものの、合作企業に制限はない。出資対象は現金、建物、機械設備、原材料、占有技術、工業所有権、土地使用権などであるが、一般的には中国側が土地使用権や建物、外資側が建設資金や運転資金を出資することが多い。対中投資には、今までに 3 回ほどの投資ブームがおこっている。第 1 回目は、80 年代後半とくに趙紫陽総書記が「沿海地域経済発展戦略」を打ち出した前後で、89 年 6 月の天安門事件までつづ

いた。

　しかし投資ブームに結びつくまでには、さまざまな投資環境の整備が行われてきた。1979年7月に「中外合資経営企業法」を公布したのを皮切りに、華僑・華人の故郷にまず投資を呼び込む目的で、広東・福建両省の深圳・珠海・汕頭とアモイ（厦門）に経済特区を設置した。84年には大連・秦皇島・天津・煙台・青島・連雲港・南通・上海・寧波・温州・福州・広州・湛江・北海の14都市を沿海開放都市に指定、翌85年珠江・長江・閩南の3大デルタを沿海経済開放区とした。88年4月には海南島の全島を経済特区に指定した。さらに91年、上海浦東地区開発を決定、92年には鄧小平の「南巡講話」で改革・開放と経済発展の2つの加速が打ち出され、沿海地域に加えて沿江（河川沿い）、沿辺（国境沿い）の「三沿開発政策」が発表された。ここでまた、第2回目の投資ブームとなった。

　1996年は内陸開発の強化を打ち出し、IMF8条国に移行し、国際決済銀行（BIS）にも加盟した。鄧小平死後の97年9月に開催された第15回党大会では、江沢民総書記が「鄧小平理論」を党規約に明記し、党の指導思想とする方針を明らかにした。さらに国有制主体の社会主義「公有制度」の範囲を広げ、株式制度を本格的に導入することとした。中国は長年の懸案であったWTO加盟が2001年12月11日に実現したが、加盟が確実視された2000年以降は第3次投資ブームとなっている。「世界の（共同）工場」に、規制緩和と市場開放による「世界の巨大市場」が加わることになったからである。

　ここで新中国成立以降の毛沢東時代の低開発社会主義計画経済、鄧小平時代の社会主義市場経済、そして生産力拡大の過程で将来の目指す方向をしめすと、およそ図1-4のようになるであろう。毛沢東時代は中央集権的システムであり、中央の指令にもとづいて生産活動を行うが、積極性が発揮されなくなると権限の一部を地方政府や企業に譲り、インセンティブを与えて労働行動を喚起した。その結果、生産力が高まるとともに統制枠からはみだす部分が生じてくる。そうなれば統率力が低下するので、いったん渡した権限と利益を再び取り戻してしまう。そこに、社会主義計画経済の周期性がみられ

図1-4 中国経済運営の概念的変化

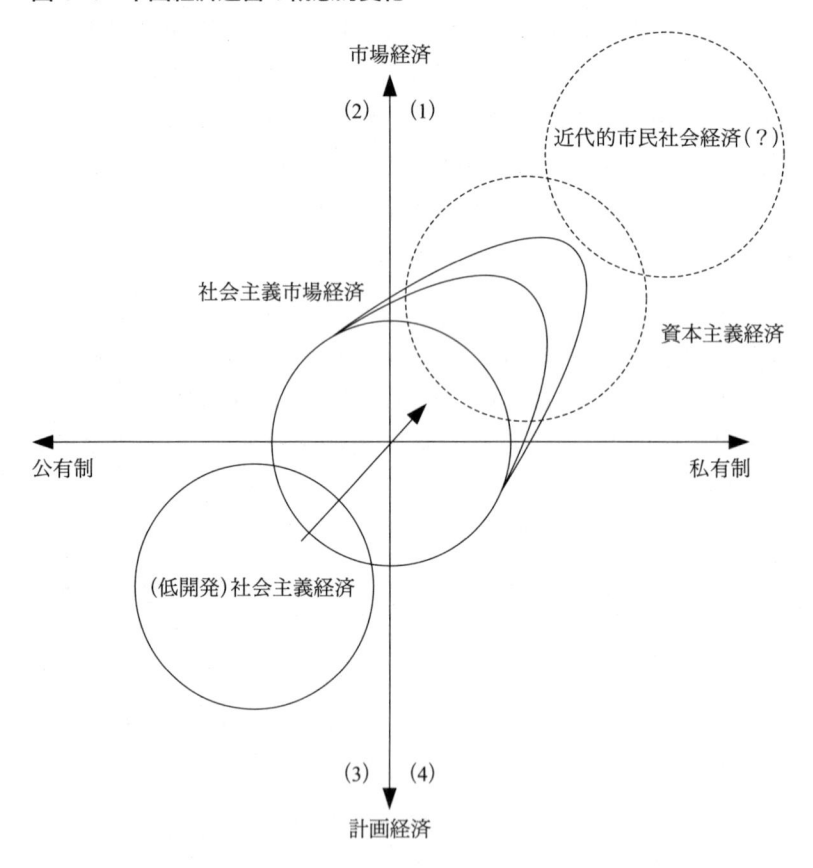

市場経済

(2) | (1)

近代的市民社会経済(？)

社会主義市場経済

資本主義経済

公有制 ——————————— 私有制

（低開発）社会主義経済

(3) | (4)

計画経済

注：象限をまたいでいることはもとより不安定なもので、一段と資本主義の方向（第1象限）へ近づいたりすると、政治力によって人為的に元に戻されることになる。「社会主義市場経済」を維持するためには、政治体制が強い権威主義体制にならざるを得ない。

た。したがって、結果として図の第3象限の範囲内に留まっていたことになる。

　次いで採用された改革・開放政策のもとでは、社会主義市場経済の実施過程で個人企業や私営企業、外資系企業など非公有制経済を容認した。市場原理を導入するということは、右上の第1象限の方向へシフトすることである。現実の中国経済は、改革・開放政策のなかでかぎりなく市場経済に近づき、

これを一般的にいう伝統的社会主義と認めることが困難な領域にまで踏み込んでいる。しかし、低開発国であり社会主義市場経済ということから、横軸と縦軸の交点上に位置することになる。そして社会主義初級段階にある中国は、ここに長期間にわたって留まり、あらゆる手段を使って生産力拡大に励むわけである。
　そこに留まらせる力は、いうまでもなく共産党の指導という一党支配体制にある。それも強い権威主義的な政治体制が必要である。この強い政治的な一元化のもとで、経済の限りない多元化を進めることになる。いうまでもなく交点上は不安定であり、放置すると自由な第1象限方向にいってしまいかねないので、ある程度の大きさの「鳥籠」に入れ、「4つの基本原則」から大きく逸脱することになれば交点近くまで、政治の力で連れ戻す方針である。そこに社会主義を標榜する意味がある。
　中国で生産力が拡大し経済が発展していくことはよいことである。しかし一方で、1980年代には縮小した農村と都市間の所得格差は、90年代以降ますます拡大傾向にある。地域間経済格差や個人間所得格差の拡大、人材不足、失業問題、70年代末からの一人っ子政策などの影響で急速に進む少子高齢化、財政赤字、水やエネルギー不足、環境破壊、食糧、少数民族問題など、影の部分も近年目立ってきた。これらの問題を段階的に解決していかなければ、錯綜した中国が長期に安定発展していくことは困難である。
　中国が、さまざまな困難を乗り越えて経済が安定発展していくことになれば、それは政治にも多大な影響を与える。経済的多元化は当然、政治的多元化の道を提供することになる。中国が社会主義初級段階にあるということで、当分の間は共産党の一党支配を堅持するにしても、国内外の情勢から党の体質や体制の中身が変化していかなければ、そこに大きな齟齬がうまれる。つまり柔軟な思考を持つ「共産党」が要求されるわけだ。
　そのような状況のなかで、土台である「富づくりとしての経済」と「国づくりとしての政治」「人づくりとしての教育」がうまく連関していけば、国民にとって優しい国家となるにちがいない。確かに所有制や経済システムの問

題が存在するものの、図では中国の理想的な将来像を描いているかもしれない。このような道を歩んでいくかどうかを含めて、現時点では「中国社会主義はどこへ向かうのか」に、著者はいまひとつ自信がもてないのである。

5. 中国経済はどこへ行くのか

　そこで中国が公表した文献などを中心に、経済体制改革や当面の発展目標についてまとめておくことにする。国務院は、1978年末に改革・開放政策を採用するに際して座談会を開催し、農業・工業・国防・科学技術の「4つの現代化（近代化）」を速める問題を討議したが、そのなかに経済管理体制改革が含まれていた。社会主義経済体制の議論では、「社会主義と市場経済を結びつける」との課題を見いだすことができる。

　1982年9月の第12回共産党大会では、「計画経済を主とし、市場調節を従とする」との原則が提起された。さらに84年10月、第12期3中全会では、社会主義経済は「公有制を基礎とする計画性ある商品経済」であると、一層明確な表現をつかっている。また、「商品経済の十分な発展は社会、経済の発展で飛び越えられない段階であり、経済近代化を実現する必要条件である」とした。これによって経済改革の目標は、「社会主義の計画性ある商品経済」を打ち立てることであるとの観点が確立された。

　1987年10月の第13回党大会は、計画性ある商品経済の新体制を計画と市場を内的に統一した新体制と概括し、計画調節と市場調節の1つの手段を運用し、「国が市場を調節し、市場が企業を導く」メカニズムを徐々に確立することを提起している。また1989年6月の第13期4中全会では、計画性ある商品経済の発展に即応する計画経済と市場調節を結びつけた経済体制、運営メカニズムの確立を提起した。

　1990年末に鄧小平は、「資本主義と社会主義の違いは計画、市場という内容にあるのではない。社会主義にも市場調節があり、資本主義にも計画による

コントロールがある。市場経済を少しやっただけで資本主義の道を歩むと考えてはならない」と明確に指摘した。さらに92年初め鄧小平が中国南部を視察した際、「計画経済イコール社会主義ではない。資本主義にも計画はある。市場経済イコール資本主義ではない。社会主義にも市場はある。計画と市場はともに経済手段である。計画が少し多いとか、市場が少し多いとかは、社会主義と資本主義の本質的違いではない」とさらに明確化した。これによって理論面で、長年の市場経済に対する束縛がとけ、社会主義市場経済体制確立の理論的枠組みがつくられた[19]。

中国共産党が社会主義市場経済の構築を公式に打ち出したのは、1992年10月に開催された第14回党大会である。同時に、中国の特色ある社会主義を築き上げるには、社会主義市場経済体制が重要な構成要素だと位置づけた。そのうえで、翌93年11月開催の第14期3中全会では、その目標と原則に関する「社会主義市場経済体制確立に関する党中央の決定」を採択した。この「決定」について、1993年11月15日付け「人民日報」社説は、旧経済体制から新経済体制への橋渡しを実現する壮大な青写真であり、発展を速める行動綱領であり、社会主義市場経済体制を社会主義基本制度に結びつける画期的事業であると評価している。

「決定」で示された経済発展の20世紀末の目標である「小康」（いくらかゆとりのある生活水準）に到達するため、社会主義現代化の第2段階の戦略目標として、党大会では次の6点を打ちだした。

①国有企業のメカニズムを転換し、近代的な企業制度を構築する。
②市場体系を育成し発展させる。
③政府の機能を転換させ、健全なマクロコントロールシステムを築き上げる。
④合理的な個人収入の分配と社会保障制度を構築する。
⑤農村の経済体制改革を深める。
⑥対外経済体制改革を深化し、対外開放をさらに推し進める。

これらは何れも1992年の鄧小平の「南巡講話」と同年の第14回党大会の

内容を具体化したもので、社会主義商品経済からさらに一歩進めた市場経済化を本格的に目指すものであった。

さらに1990年代に都市と農村の経済格差が拡大するなかで、1998年10月に第15期3中全会が開かれ、「農業と農村工作のいくつかの重大問題に関する決定」が採択された。この決定は、1978年末の第11期3中全会以来の20年間の農村改革の経験を総括し、97年の第15回党大会の戦略目標を実現するためのもので、農業と農村の現代化の方向や2010年までの目標が示された。つまり、

①公有制を主体とする多種類の所有制を共に発展させ、農村の生産力を不断に高める。

②家族経営請負制を基礎とし、農業社会化サービス体系、農産物市場体系と政府の農業への支持・保護体系を支柱とする農村経済体制を構築する。

③農業技術、設備レベルと総合生産力を顕著に向上させ、国民経済、人口増加と生活需要のバランスをとる。農村の産業構造を合理化し、都市化を順次に進める。

④農民収入を不断に増加し、農村でいくらかゆとりのある社会の建設を全面的に推進する。

⑤中国の経済体制改革は農村から始まり、都市部の国有工業企業改革へと展開してきた。1998年に開催された第15期3中全会は、21世紀に向かって20年間の農村改革の経験を総括し、新しい農村建設の構想を打ちだし、新たな経験を積みながら引き続き経済体制改革を模索していく。

中国が段取りを追って社会主義市場経済化を進めるなかで、2002年11月開催の第16回党大会で江沢民総書記（当時）が、「いくらかゆとりある社会を全面的に築き上げ、中国の特色ある社会主義事業の新局面を切り開こう」と題する報告を行った。いわゆる20世紀末の「総体的な小康社会」から21世紀最初の20年間で「全面的な小康社会」建設を目指すことになった。

鄧小平は、かつて「三歩走」戦略を発表し、第2歩の20世紀末までに所得を1980年の4倍増にし、1人当たりGDPが800米ドルに達する社会を「小

康」と考えた。この考えからいえば、目標年を3年繰り上げ、97年には4倍増を達成している。したがって中国は、2000年には総体的に「小康水準」に達し、第3歩の段階に入ったと宣言したが、同時に「小康社会」にはいくつかの段階があるとの認識も明らかにした。2003年の平均1人当たりGDPは1090ドルとなったものの、広大な中国では300ドル程度の地域も依然として存在しており、社会主義の分配原則に照らして、新たな経済発展戦略を検討する必要が生じたのである。

　全面的な「小康社会」の建設について、江沢民は報告のなかで、「いくらかゆとりある社会を全面的に築き上げるのにもっとも重要なことは、経済建設を中心にすることを堅持し、社会生産力を絶えず解放し、発展させることである」と述べている。さらに2020年までの経済建設と改革の主な任務を次の7点に要約した。

①社会主義市場経済体制を充実させる。
②経済構造の戦略的調整を推進する。
③工業化を基本的に実現する。
④情報化を大いに推進する。
⑤近代化建設を加速する。
⑥国民経済の持続的で快速かつ健全な発展を維持する。
⑦国民の生活水準を絶えず高める。

　また2010年までは、「第11次5ヵ年計画と2010年までの目標を全面的に達成し、経済総量、国力と国民生活水準をさらに1つの大台に乗せるようにする」、「残る2020年までの10年間の大いなる発展のための基礎固めをする」。そのため当面する5年間は、以下8項目に力を傾注するとの方針を打ちだした。

①新たな工業化の道を歩み、科学と教育による国家振興戦略と持続可能な発展戦略の実施に大いに力を注ぐ。
②農村経済を全面的に繁栄させ、都市化の進展を速める。
③西部大開発を積極的に推進し、地域経済の均衡発展を促進する。

④基本的な経済制度を堅持し、それを充実させ、国有資産管理体制改革を深化する。
⑤市場体系を健全化し、マクロ規制を強化し、完全を目指す。
⑥分配制度の改革を進め、社会保障体系を健全化する。
⑦外資導入と海外進出を結びつけ、対外開放の一層の促進をはかる。
⑧あらゆる方策を講じて就業の機会を増やし、国民の生活を絶えず改善する。

中国が社会主義市場経済化に積極的に取り組む過程で、2003年10月14日に開かれた第16期3中全会では、「社会主義市場経済体制整備のいくつかの問題に関する党中央の決定」を採択した。この決定は10年前の第14期3中全会の「決定」と枠組みはほぼ同じだが、表題が「構築」から「整備」に変化している。同年10月15日付「人民日報」の社説では、この「決定」が「経済体制改革の深化をさらに進め、経済と社会の全面的発展を促進する綱領性の文書であり」、「社会主義市場経済体制を整備する目標、任務、指導思想と原則を明確に提起し、たいへん重大な意義を持っている」と評価した。さらに「いくらかゆとりのある社会を全面的に築き上げる体制上の保障」であると力説した。つまり2003年を契機に、中国は新たな「小康社会」を全面的に築き上げる目標に向かって動き出すことになった。

「全面的な小康社会」の具体的な基準は明らかでないが、第16回党大会では2020年の1人当たりGDPは、2000年目標であった800ドルの4倍増を提起している。毎年の平均伸び率が7.2％で10年間続いた場合に、GDP規模は計算上では2倍になる。したがって、2020年の1人当たりのGDPは3200ドル程度になることが目標である。さらに「人民日報」2004年3月18日付けでは、「全面的な小康社会」の到達目標として、政府見解ではないが次のような目安を発表している。

つまり2020年の都市住民1人当たり平均可処分所得1万8000ドル、農村部住民1人当たり純収入800ドル、住民家庭エンゲル係数40％以下、都市住民1人当たり住宅建築面積30m²、都市化率50％、大学進学率20％などであ

る[20]）。ちなみに2003年の都市住民1人当たり平均可処分所得は8472元（1ドルは約8.27元）、農村部住民1人当たり純収入2622元、住民家庭エンゲル係数は都市部37.1％、農村部45.6％、大学進学率17％となっている[21]）。

すでに明らかなように第16期3中全会の「決定」は、経済体制改革を深める指導思想と原則にについて、今後のバランスのとれた発展の道筋を示したものである。新機軸としては、次のような指摘がみられる[22]）。

「鄧小平理論と『3つの代表』（先進的生産力発展の要請、先進的文化の前進方向、もっとも広範な人民の根本的利益の3つを代表すること）の重要思想を導きとし、党の基本路線、基本綱領、基本経験を貫徹し、第16回党大会の精神を全面的に実行に移し、思想を解放し、事実に基づいて真理を求め、時代と共に前進する」。

「社会主義市場経済体制の改革方向を堅持し、制度づくりと体制改革に力を入れる。大衆の創意工夫の精神を尊重し、中央と地方の2つの積極性を十分に発揮させる。改革、発展、安定の関係を正しく処理し、重点的、段階的に改革を推進する。統一的に計画し、全体に配慮し、改革過程での各種利害関係の調整を図る。人を基本とし、全面的、協調的、持続可能な発展観を樹立し、経済、社会と人の全面的発展を促進する」。

さらに社会主義市場経済体制整備の目標と任務について、次のように指摘している。

「都市と農村の発展、各地域の発展、経済と社会の発展、人と自然の調和のとれた発展、国内発展と対外開放を統一的に企画する要請に従い、資源配分における市場の基礎的役割をより大胆に発揮させ、企業の活力と競争力を強め、国のマクロコントロールを整え、政府の社会管理と公共サービスの機軸を整備し、いくらかゆとりのある社会の全面的建設を体制面から強力に保障する」。

任務としては、「公有制を主体とし、複数の所有制経済が共に発展する基本経済制度を整備する。都市と農村の二元経済構造の段階的改造に役立つ体制を樹立する。地域経済の調和のとれた発展を促すメカニズムを形成する。統

一的で開放された、競争と秩序ある近代的市場体系をつくる。マクロコントロール体系、行政管理体制、経済法律制度を整備する。雇用・所得分配・社会保障制度を整える。経済・社会の持続可能な発展のメカニズムを確立する」。

　これら諸課題を達成していく過程では、人口の流動化、つまり農村人口の都市部への流出を段階的に認め、余剰労働力を第2次、3次産業で吸収していく必要がある。これが経済格差是正にも役立つはずである。また、農村の土地制度の健全化を図るとともに農業、農村への財政投入を増加し、農村金融体制改革を推進し、いわゆる「三農」(農村・農業・農民)問題を早急に解決し、都市と一体化した発展へと向かっていくことが肝要である。したがって中国の正念場は、とりもなおさず「経済」「政治」「教育」が三位一体となってバランスよく連関し、発展していかなければならないことになる。

注
1) 遼瀋、淮海、平津の3戦役をいい、中国共産党の勝利を決定的なものにした。
2) Herakleitos、紀元前535-475年頃の古代ギリシャの哲学者。万物は根源的実態である火の変化したもので、永遠の生成と消滅のうちにあり、生滅は相互に転化しあう相対立する緊張的調和関係の不変秩序にあるとした。
3) 東京大学近代中国史研究会訳『毛沢東思想万歳(上・下)』三一書房、1974年、1975年。
4) 『中国統計年鑑』各年版より。
5) 集団労働以外の時間で農家が自主的に経営できる集団から分配された小規模農地、自家用野菜や副業用に利用した。人民公社化運動の間や文革期には生産隊に返還させられたこともあった。
6) 毛沢東の著作から抜粋して編集した小冊子。1966年に文革が発動されると林彪は、同年12月に自らの「再版前書き」を加えて全国で大々的に出版した。「再版前書き」には「毛沢東思想は全党、全軍、全国のすべての活動の指導指針である」と書かれ、一層の個人崇拝が推進された。日本の友好商社の社員が、広州交易会で『毛沢東語録』の一節を朗読するだけで、商取引が成立したという笑い話のような事実も見受けられたといわれる。

7) 林彪と孔子を合わせて批判する政治運動だが、実際の攻撃目標は当時の国務院総理・周恩来であった。
8) 「人民日報」1993 年 12 月 22 日。
9) 毛沢東（矢吹晋訳）『毛沢東政治経済学を語る』現代評論社、1974 年、75 ページ。
10) 鄧小平が 1984 年 6 月 30 日に「第 3 回日中民間人会議」日本側委員代表団に面会した際の発言、「中国の特色をもった社会主義を建設する」『現代中国の基本問題について』外文出版社、1987 年所収。
11) 「政治面では民主を発展させ、経済面では改革を実行する」『現代中国の基本問題について』外文出版社、1987 年所収。
12) 工業、農業、国防、科学技術の 4 つの近代化をいう。提起された背景には、中国が先進資本主義諸国の生産力水準と技術進歩に比べて、著しく遅れているという認識がある。
13) 1982 年に陳雲が主張した計画経済主体論。経済の活性化や市場調節は計画の許す範囲内で行うべきで、計画指導を離れることはできないとした。これを鳥と鳥籠の関係で説明し、鳥は経済の活性化で、籠が小さすぎると運動不足で元気がなくなるし、大きすぎたり籠がなければ、混乱したり統制がとれなくなるとした。
14) 1989 年 6 月 4 日の天安門事件以降の経済低迷、ソ連での 91 年 8 月のクーデター失敗と共産党解体の兆しなどにより、国内では再び保守派の勢いが強まった。このような情勢を打開するため、鄧小平は 92 年 1 月 18 日から 2 月 21 日にかけて武昌・深圳・珠海・上海を視察し、講話を発表した。これがその後の改革・開放政策に大きな影響を与え、92 年 9 月の党大会では社会主義市場経済が公認された。また、市場メカニズムを容認することで、計画経済を巡る議論に終止符が打たれた。
15) 鄧小平「組織戦線と思想戦線における党の差し迫った任務」『現代中国の基本問題について』外文出版社、1987 年。
16) 正式の名称は「建国以来の党の若干の歴史問題に関する決議」、内容は文化大革命を否定し、毛沢東の歴史的評価を行った決議。毛沢東は偉大な指導者であり、文革で重大な誤りを犯したとはいえ、中国革命に対する功績は、誤りをはるかにしのいでいるとした。全文は「建国前 28 年の歴史の回顧」から「団結して、近代化

した社会主義強国を建設するために奮闘しよう」まで 8 章 38 節からなる。
17) 1995 年以降、生産額は粗産出額表示から付加価値表示に変更になった。この数字は旧計数であり、付加価値表示に直すと 1 兆 4595 億元である。
18) 国有企業改革と株式制導入に関しては、横田高明「中国の国有企業改革と株式制導入」、中央大学経済研究所編『市場経済移行政策と経済発展―現状と課題』中央大学出版部、1998 年があるので参照されたい。
19) 「新華社」電子版、2003 年 10 月 21 日。
20) 岳増瑞「実現全面建設小康社会宏偉目標的関鍵」「人民日報」2004 年 3 月 18 日。
21) 「中華人民共和国国家統計局の 2003 年国民経済・社会発展に関する統計公報」2004 年 2 月 26 日発表。
22) 「人民日報」2003 年 10 月 22 日、「経済日報」2003 年 10 月 22 日参照。

第2章

工業近代化と技術導入

1. 工業近代化とは何か

　「工業近代化」ということばは、一般的な近代化理解からすれば、一面的な表現といわざるをえない。なぜならば近代化は、工業や経済の分野ばかりでなく、政治や教育、学問・文学・芸術・宗教など、あらゆる領域の総体としての歴史的概念だからである。それにもかかわらず、経済面での近代化が、実感として一番目につき、関心のもたれるのも事実である。経済活動は、政治や教育、さらに上部構造を形成すると思われる学問・文学・芸術・宗教などの上部構造に対する下部構造と考えることができる。したがって、「衣食足りて礼節を知る」ということばが示すとおり、衣や食に対する心配が薄らぎ、比較的安定した生活ができるようになって初めて、政治や学問・芸術など次元の異なる分野へも考えが及び、関心が高まっていくと考えられるからである。

　経済活動はそれのみが独立して存在することはできず、政治の安定や政治力が経済活動にも大きな影響を与え、さらに道徳心や正義、名誉と恥辱とをわきまえるような近代的思想を備えた人間の存在が重要な要素となってくる。それをいいかえれば、主体的に行動できる人間の存在ということになる。

　したがって経済の発展は、次元の異なるさまざま分野に大きな影響を与えるとともに、政治や学問なども経済活動に大きな影響を与えるのである。こ

れら次元の異なる諸分野は、たんに縦に並立するだけでなく、相互に影響を与えながら発展していくのである。つまり位層的に連関しあいながら、社会は発展し、近代的国家が形成されていくと考えることができる[1]。

　近代化ということばは、たしかに魅惑的である。かつての日本ばかりでなく、現代の多くの発展途上国、さらに中国においても、近代化（中国では「現代化」という）ということばが1つのブームとして広く使われ、ひとり歩きをはじめている。しかし、目指される近代化とは何か、どのような意味を包含するのか。人々は、このことばで何を語ろうとしているのか。先進国からの技術・設備や資本の導入よって推進する工業化のことなのか、工業化よりも広い概念として用いられる産業化のことなのか、さらに人間を取りまく環境をも含めた市民社会化のことなのかが問われることになる。

　また近代化は、経済効率の追求や合理主義の貫徹によって求められるのか。それも突きつめるところ日本や先進諸国のあいだで近年検討されているように、非合理主義の復活によって近代は超克されるのか。さらに、風景や自然と共生、共存する人間や文化の問題も含めて、総合的に理解すべきものなのか[2]。この近代化という一見明瞭にみえそうで、実際は内容のきわめて複雑なこのことばが、氾濫しているのである。

　日本において考えるならば、近代化は明治維新以来の100年余として設定できる。この間の日本は、西欧先進国を目標としモデルとして、真剣になってその後を追いかけてきた後進国日本の歴史でもある。それゆえ日本の過去100年余りを近代化の時期としてとらえることが可能である。この間、維新政府は当時の先進国英国から、なけなしの金をはたいて繊維機械や製鉄設備などを導入したが、それらは運転ミスや操作ミスでことごとく失敗した。

　日本はさらに技術・設備の導入をくりかえし、高い授業料を支払ったが、この失敗の経験を生かし、良質の資源を海外に多く求めるとともに、国際環境も日本の工業化の味方をする格好となって、最後の20年間に劇的ともいえる高度経済成長に結びつくのである。高度成長に結びつくまでの赤字は、主として農業と手工業的在来産業の発展が支えた。そして、繊維、鉄鋼、造船

などの分野では、急速に欧米の技術水準に近づいていった。したがって、日本の近代化は、とりわけ1955年以降の目まぐるしい技術革新と経済の高度成長の波動と切り離すことができない。

　日本の経験から、近代化は次のように総括される。つまり第1には、後発国の実践的態度として、先進国の技術や文化などの導入の総体ということになる。その場合、近代化は1つの政策目標となり、どのような近代化が望ましいかという価値判断を含む。さらに、西欧の前近代に対する近代の導入という意味では、歴史的概念ということになる。つまり、複合的で内容の不確定な歴史的社会的な現象なのである。これを具体的にみると、技術革新や組織の体質改善、さらにそれらの構造的契機としての人間主体の確立ということがあげられる。これらが総合的に連関することによって、いわゆる近代化は達成されていくわけである。

　日本の経済高度成長期が、先進技術の導入や技術革新によってもたらされたことは明白である。だが、技術が決して中立的でないことも心しておかなければなるまい。技術は、少なくともそれが醸成された国の体制や経済制度、資本蓄積の多寡、労働条件、産出資源の品質や稀少性などを少なからず反映しているからである。

　発展途上国は、先進技術を導入する際、それをできあいのものとして先進諸国から調達することができる。組織もある程度は、形式を受け入れることで、体質改善のかたちを整えることが不可能ではない。しかし、もっとも難しいのは人間の問題である。近代化を達成していくためには、少なくとも近代的エートスをもった、生産の主体となることができる人間の存在が必要である。

　発展途上国が近代化していくためには、主体的な人間を養成していくことが、是非とも必要である。そこに、発展途上国の教育の重要性が認識されるわけである。多くの人口があれば、それだけで近代化が達成されるというものではなく、かえってマイナス要因としてはたらくことが多い。一国の人口規模としては、5000万人から1億人前後が、一般的には適当と考えることが

できる。それゆえに、「経済圏」という考え方も生まれてくるのである。したがって、富づくりである経済活動が、国づくりとしての政治や人づくりとしての教育とうまくバランスをとりながら、進展していくことが求められる。

　つまり近代化とは、とりあえず社会体制とは別個のものとして理解するとともに、具体化する過程では、当然のことながら資本主義体制や社会主義体制との結びつきのうえで理解する必要がある。このことを念頭において議論を展開していくことが肝要である。技術進歩や人間関係の合理化、主体性の確立との総体のもとに、ダイナミックな生産力体系として、その名にふさわしい社会制度を打ち立てていく必要がある。その過程が、いわゆる近代化なのである。そこで、中国において近代化を考える手段としては、とりあえずは工業発展の現状と政策のいくつかを中心にみていき、そのうえで社会の変容や体制の変化を検討するのが妥当なことと思われる。

2. 対外開放政策と既存企業の技術改造

　中国は、「社会主義的現代化[3]」ということばのもとに、近代化を推進してきた。改革・開放政策を採用したのは、1978年12月に開催された中国共産党中央第3回中央委員会全体会議（3中全会）であるが、これを契機に各方面にわたるさまざまな新政策が打ちだされた。国内的には、行政・財政面での改革や農業における生産請負制の実施、工業・交通企業における管理制度改革など、経済活性化のための政策がつぎつぎに発表された。対外経済関係では、外国からの資金や技術の導入、経営管理技術の吸収などに積極的に取り組むとともに、通常貿易と並行して国際的に広く行われている加工貿易や補償貿易など多様な方式を採用た。

　中国が多様な貿易方式を採用する利点としては、第1に外貨の節約とその効率的利用が可能となり、第2には、短期間に工業企業における設備の改造、生産の拡大ができ、第3には、効果的に技術の習得が可能となり、第4に貿

易が順次拡大することによって外貨の獲得ができるなど、列記することができる。

　1982年9月に開催された共産党第12回全国代表大会では、20世紀末までの約20年間に中国の工農業生産総額を80年の7100億元から4倍の約2兆8000億元に増加し、国民の生活水準を安定した水準に到達させるという「戦略目標」を提起した。この目標を達成するにあたっては20年間を2段階に分け、最初の10年では「主として基礎を固め、力をたくわえ、条件をつくり」、後の10年で「新たな経済振興の時期に突入する」というものであった。

　工業分野でこの目標を達成するためには、既存企業の技術改造や外資との合弁企業設立などによる経済効率化と活性化が重要な役割をはたすと、中国政府は考えたのである。そこで、まず最初に実施されることになった既存工業企業の技術改造事業からみていくことにする。

　1981年末時点の中国工業企業総数は38万1500で、うち全人民所有制いわゆる国営企業が22％に当たる8万4200、残りが集団所有制企業となっている。工業企業数の推移は、58年からの大躍進運動により59年の31万8000をピークに減少を始め、65年の15万8000を底に66年からの文化大革命期にはしばらく停滞し、その後再び増加するという波動をみせている。これは、政治的混乱や経済調整を進めた結果でもある。

　政治的混乱は、経済発展の成果を一挙に相殺してしまうものである。したがって政治的安定が、経済発展を推進する重要な要件であることはいうまでもない。経済発展は、発展過程のさまざまな不均衡を均衡化させようとする力関係のなかで実現する。中国では、農業と工業、軽工業と重工業、また価格体系、輸送やエネルギーバランスなどの面で不均衡が目につく。その不均衡が、均衡化が可能な範囲内でないと、かえって発展を妨げる要因ともなりかねない。例えば石炭を生産しても輸送手段が確保できなければ輸送網を整備するか、石炭生産を輸送可能な範囲に縮小せざるをえない。

　中国では、工業企業総数の99％近くが小型企業であるが、その分類基準は表2-1のとおりである。大中型企業は1.3％で、その工業生産総額に占める

表2-1　国有小・中・大型企業の分類基準

		小型	中型		大型	
			中Ⅱ	中Ⅰ	大Ⅱ	大Ⅰ
鉄鋼コンビナート	万t	〜10	10〜30	30〜60	60〜100	100〜
非鉄金属コンビナート	万t	〜0.5	0.5〜1	1〜1.5	1.5〜3	3〜
酸化アルミニウム	万t	〜5	5〜10	10〜20	20〜40	40〜
石炭採掘	万t	〜90	90〜120	120〜300	300〜500	500〜
油田採掘	万t	〜15	15〜50	50〜100	100〜150	150〜
合成繊維	万t	〜1	1〜2	2〜4	4〜7	7〜
合成ゴム	万t	〜1	1〜2	2〜3	3〜6	6〜
エチレン	万t	〜3	3〜7	7〜10	10〜20	20〜
冶金鉱山設備	万t	〜0.5	0.5〜1	1〜1.5	1.5〜3	3〜
石油化学設備	万t	〜0.5	0.5〜1	1〜1.5	1.5〜3	3〜
自動車製造	万台	〜0.5	0.5〜1	1〜3	3〜6	6〜
電機	万kW	〜30	30〜60	60〜100	100〜150	150〜
製紙	万t	〜1	1〜2	2〜3	3〜7	7〜
冷蔵庫	万台	〜10	10〜20	20〜30	30〜60	60〜
セメント	万t	〜20	20〜30	30〜60	60〜120	120〜
造船	百万元	〜20	20〜60	60〜100	100〜150	150〜

注1：A〜BはA以上B未満を表す。
注2：1978年公布、85年改正。
注3：単位＝百万元は固定資産当初取得価格、その他は年産能力。
出所：『中国工業経済統計年鑑1994』、463-479ページ。

割合は、81年で42.3％[4]となっている。なお98年末に、工業企業の大中小の分類区分が大きく変更され、従来は中小型企業に分類されていた多くの企業が小型企業に変更されたが、ここでは、従来の区分にしたがって説明していく[5]。

　業種別にみると、鉄鋼業では中小企業数の比率は不明であるが、1979年の生産量に占めるシェアは銑鉄27％、粗鋼14％、鋼材29％となっている[6]。化学工業では、生産総額の31.9％を大型企業が占め、中型企業が20.4％、小型企業が47.7％[7]となっている。県級以上の化学工場は、80年末で6300あり、うち大型企業1％、中型4％、小型95％となっている[8]。さらに合成アンモニア工場では、小型が1300余あり、81年の生産量は779万トン、全国窒素肥料に占める割合は53％[9]である。

　石炭鉱区については、県級以上の炭鉱が2200余あり、うち中央統配炭鉱が

580[10]となっている。小型セメント工場は、80年で全国に5700余あり、なかでも超小型の年産2万トン以下のものが60％近くの3400余で、その生産量も全量の3分の2を占めている[11]。電力工業では、80年末の大型発電所が74ヵ所で発電容量3196万ｋＷ、中型が同210ヵ所、1942万ｋＷ、小型2580ヵ所、1164万ｋＷ[12]である。

　このような工業企業の状況下にある中国では、既存企業の技術改造が工業近代化の重要な課題となった。とりわけ小型企業の改造が、数からみても中心となっていく。1981年5月21日付け「人民日報」は、「大部分の小型企業は、いずれもエネルギー多消費型で浪費が大きい」し、小規模企業が大部分を占める産業構造自体が不合理であり、企業管理、工程管理、技術水準などの面で著しく立ち遅れている、と指摘している。

3. 技術水準と技術改造の目標

　1980年頃の中国工業企業の技術レベルは、どのように理解したらよいのだろうか。82年12月8日に東京で開催された日中経済シンポジウム「中国経済の現状と展望」の席上、中国社会科学院工業経済研究所の呉家駿副所長（当時）は、「中国工業的技術改造和企業的整頓」（「中国工業の技術改造と企業の整頓」）と題して報告を行い、当時の工業企業技術設備の状況について次のように述べた。

　①技術が比較的先進的で、1960～70年代の水準を有するものが約20％である。そのうち、かなりのものは70年代に外国から技術・設備の導入を行っている。

　②設備状況は基本的に良好で使用に耐えうるが、技術水準がすでに時代遅れになっているもので、これが20～25％のシェアである。

　③技術設備がすでに老朽化していて加工精度が低く、無理に稼働しており、技術・設備の更新や改造の時期にきているものが、全体の20～25％である。

④技術・設備が極端に古く、製品が要求水準を満たすことができず、エネルギーや原材料の消耗度も高く、早急に改造ないし廃棄処分しなければならないものがほぼ35％である。

ここにみるように、中国工業企業の技術・設備は、その半分以上が旧式で生産性が低く、エネルギーの浪費が激しいことから、技術・設備の更新や廃棄が必要とのことである。企業数が多く、資金力にも限度があり、また労働力が豊富な中国では、プラントや設備を新たに導入して工場を新設したり、規模の拡大をするということよりも、既存企業の技術改造に力を集中した方が効果的と判断したことも頷ける。

中国は過去において、利潤や僅かな設備償却積立金を含めて国家がすべてを吸い上げてしまい、これを産業分野に再投資する場合は、新たに工場を建設することに振り向けてきた。いわば外延的な拡大に重点をおいてきた。企業の内延的発展、つまり研究開発投資、技術・設備の改造や更新には、ほとんど注意を払わなかったのである。このような状況が長期にわたってとられた結果が、企業活動の停滞を生んだ大きな原因の1つである。

そこで新政策では、企業の設備償却率を高めてそれを企業内に基金として留保し、この資金をもとに技術・設備の改造を推進していこうというものであった。しかし、これによってすぐに効果が発揮できるというものではなく、企業管理制度や企業組織、例えば工場長の資質や権限範囲の拡大、製品の市場への販売方式と価格体系など、多くの関連する環境整備が必要であった。

趙紫陽首相（当時）は、「第6次5ヵ年計画（1981～85年）についての報告」で次のように述べている。

「国務院は、いますぐ所管部門が製品別に地方と合同の強力な指導グループをつくって業種別計画を作成し、企業調整案を提出するべきである」[13]と。さらに、既存企業の技術改造を大いに重視し、生産技術の進歩を推進することは、工業の振興をはかるうえで差し迫った戦略的任務であると位置づけた。

まず効率の悪い工業企業の閉鎖、業務停止、合併、転業ということを実行していこうとする場合、それに該当する企業条件としては次の3点をあげて

いる[14]。
　①原材料の浪費が多く、製品の品質が劣り、経営がまずく長期間の欠損企業。
　②生産過剰で、大量の在庫を抱えている企業。
　③エネルギーや原材料、輸送力、販売市場を先進企業と争奪している立ち遅れた企業で、劣悪な製品により他企業の良質製品を締め出している企業。

　そこで各地区と各部門は、2年間を期限として企業の閉鎖、業務停止、合併、転業計画を作成し、閉鎖、業務停止企業のリストと実施措置の提出を義務づけた。また経営管理上のミスで欠損を出した企業は、期限付きで赤字を黒字に転換させ、これができない場合は一律に生産を停止し、廃業することにした。

　これら一連の仕事を推進していくためには多くの抵抗を克服し、さまざまな問題を適切に解決していかなければならず、中央・地方各級の経済委員会が責任をもって実行していく考えを明らかにした。

　既存企業の整頓は段階的に行っていく方針で、85年までの第6次5ヵ年計画中ひとわたりの整理を行うというものである。そのためには、まず優れた指導グループを設置し、第2には各種の管理規則や責任制度を改善し確立していく。第3には、エネルギーや原材料の節約を重点とする技術改造計画を定め、合理的な製品の発展方向を決める。また、既存企業を整理する過程では、まず大企業を重点としているが、経営管理水準や経済効果を高めるうえで、これら大企業を先頭に立たせなければならないわけである。

　そこで中国では、技術進歩を積極的に推進し、必要に応じて先進技術を導入し、経済建設に対する科学・技術の促進的役割を十分に発揮させることにした。既存企業の改造推進母体である中国国家経済委員会（当時）は、関係部門と共同で1983年から85年の3年間に3000項目の先進技術と設備導入計画を打ち出した。導入項目の詳細は明らかでないが、改造資金は第6次5ヵ年計画期間中に1300億元を計上した。83年は240億元を計上しているが、

5ヵ年平均では年260億元となる。このうち国家資金は20〜25％で[15]、残りは地方資金や企業の積立金に頼ることにした。

4. 技術改造推進上の問題点

中国が経済発展していくためには、当然のことながら工業企業の近代化が重要な課題である。1978年12月の党3中全会以降、工業発展の指導思想は確実に転換したといえる。従前の企業の新設や工場の拡張といったことから、既存企業の技術改造や設備更新へと大きく変化した。その根底には、経済効率の追求を重視した政策への転換がみられる。 82年9月に北京で開催されたシンポジウムの席上、企業改造担当責任者の朱鎔基国家経済委員会技術改造局長（当時、元首相）は、次のように述べた[16]。

「基本建設の主な目的は製品の生産能力を拡大することであり、一方、技術改造の主な目的は製品の品質向上、品種の増加、エネルギーおよび原材料消耗率やコストの低下、労働生産性の向上ということで、最終的には社会の総合的向上につながる」とし、既存企業技術改造の内容については、「プロセスの改革、技術革新、設備更新、工場再建と必要な設備・計測機器・補助施設の補填である」とした。

企業の改造や設備更新は生産と密接に結びついたもので投資が少なく、その効果も上がりやすい方式であるが、朱鎔基局長は具体的に次のように発言している。

「一般に、同規模の企業を新規に建設するのに比べて3分の2の資金、半分の設備と材料で済み、短期間で生産性が大いに高められる。多くの地区においては、最近の3年間に工業生産額増加の半分以上が既存企業の潜在力発掘と技術改造によってもたらされた。……ただし欠点もみられないわけではない。それは生産量の増大に走り、品質の向上を軽視したこと、また工場の拡張にともなって補助用地を工場用地へ、倉庫用地を補助用地へ、道路を倉庫

用地へといった身勝手な転換がみられた。また単に既存技術水準の向上というよりも設備の量的な増大にとどまり、企業の遅れた技術水準については予定どおりの顕著な改善がみられなかった」。

　中国が推進してきた既存企業の技術改造の重点業種として紡織、電子、食品、医薬品、包装やその他軽工業、建材、冶金、化学、エネルギー関連工業、交通関連工業があげられている。また38万余りの工業企業のうち、第6次5ヵ年計画期間の技術改造対象工場はおよそ3000であり、その割り振りは83年500、84年1000、85年1500ということになった。さらに3000企業のうち300については国家経済委員会が直接指導し、必要な資金の一部についても国家が面倒をみる。残り約2700については、各工業部（省）や地方人民政府の責任で進められた。

　いずれにしても資金源は、原則として企業の自己資金と銀行融資などに頼り、設備更新については企業の自己資金を用いることになった。したがって企業や地方人民政府および各部門は、減価償却、利潤留保といった自己資金としての生産発展基金や銀行融資、あるいは外資などを十分に活用しなければならないわけである。

　中国の経済制度改革のなかで、企業の技術改造のために開拓された資金源としては、次の4つの方法がある[17]。

①原価償却引当金の50%は企業内留保とし、設備更新や改造資金に充当する。

②残りの減価償却引当金のうち20%は地方、30%は中央へそれぞれ上納され、同資金は基本建設に回されることなく、技術改造の統一計画に基づき、大部分が国家給付という形をとって技術改造の重点項目に振り向けられる。

③銀行の専門融資を既存企業の技術改造に用いる。

④企業の利潤留保の一部を生産発展引当金に充当する。同資金は任意に生産能力拡大のために用いることはできず、主として企業の技術改造に振り向ける。

銀行融資に関連して、当時つぎのような報道がみられた。1つは、中国銀行が中小企業の技術改造を行うために、第6次5ヵ年計画期に10億ドルの外貨を低利で融資することにしたというものである[18]。中国銀行の金徳琴行長（頭取、当時）は、「一企業100万ドルとして1000企業の改造ができ、資金の回転を3年で1回とすれば、90年までに3回転すると3000企業の改造が可能である」[19]と述べた。さらに世界銀行は、中国投資銀行に対して7000万ドルの借款を供与することにし、この資金も企業、主として中小企業の改造のために貸し出すことにした[20]。

　設備更新や技術改造用の資金としては、具体的にどの程度振り向けられたのであろうか。『北京週報』1982年第51号によれば、1953年から80年にいたる28年間には、固定資産投資総額の約20％であった。しかし、第6次5ヵ年計画期には、この比率が36％に引き上げられた。既存企業の設備更新や技術改造への投入資金を高めることによって、中国工業企業の生産技術を高め、品質を向上し、生産量を拡大することによって国民経済全般の近代化の速度を早めることができると考えた結果である。

5. 日本の技術改造協力

　既存工業企業の技術改造に対して、その推進母体である中国国家経済委員会から日本に協力要請が寄せられたのは、1980年9月のことである。国家経済委員会の馬儀副主任（当時）から日中経済協会の土光敏夫会長（当時）に、生産効率向上のために既存企業の技術改造に対して、専門家の派遣と経営管理や生産技術診断および指導協力の要請をしたのがきっかけである。

　しかし38万余の工業企業をかかえる中国で、他国の協力に依存するには限度がある。ほとんどの技術改造は、中国自身が主体的にその改造を進めていかなければならない。そこで技術改造は、まず中心となる企業から取り組み、とりわけ北京、天津、上海の各直轄市や江蘇・山東・遼寧各省の大都市重点

企業と大型中核企業から着手し、それらを効果的に行って都市再開発などとも有機的に結びつけていくことにした。この過程で専業化を進め、生産任務と技術改造をうまく結合していくものである。さらに既存企業の技術改造重点対象地域については、1983年からは浙江・安徽・四川・黒龍江の各省にまで拡大していくことを打ち出した[21]。

　日本の対中国技術改造協力は、具体的には1981年後半から動き出している。81年は、日中経済協会を窓口とする民間ベースで11人の専門家が訪中し、10企業を対象に診断を行った。政府ベースでは、国際協力事業団（JICA、当時）が窓口となり、6企業を対象に12人が派遣されている。82年には、民間ベースで25工場、政府ベースで8工場を対象に診断した。

　民間ベースで診断を行った業種としてはテレビ、腕時計、ミシン、計器、衣服、麺類製造など、政府ベースでは電気冷蔵庫、洗濯機、プラスチック袋製造などであり、改造計画案の提出、さらに中国技術輸入総公司と機械や技術の輸出契約について、順次商談を進めてきた。しかしその過程で、工場診断の対価はないのか、技術料の支払いや機械買い付けの際に診断と技術改造協力企業を優先的に扱うかどうかという問題が表面化した。

　また、従来の方式では、商談成立までに1年以上の時間がかかり、本事業の推進を急ぐ中国側との間に改善策が検討された。そこで1983年度案件からは、日中双方が協議して、混乱をなくし早期に効果をあげるために、まず中国側で初歩的改造案を作成してもらい、中央あるいは地方政府の認可を受けたうえで、日本企業の協力を得る方式に改めることにした。

　ともあれ1981年以降、日本から訪中した企業診断専門家が指摘した問題点としては、おおむね次のようなことであった[22]。

　①中国側とくに改造対象企業自身が、どこをどのように改造するかという主体的目的意識に欠ける。
　②企業の品質管理が十分でなく、不良品率が高い。
　③一般的に、製造技術レベルが低い。
　④企業の役・職員や労働者が技術改造の意味をよく理解していないためか、

積極性に欠ける。

⑤企業の現場管理が不十分であり、特に現場責任者の養成が必要である。

⑥企業の基本となる整理、整頓、清掃が不十分である。

また、日本企業に対中国企業の診断協力の決断を渋らせている主な要因として、次のような点をあげる専門家もいた。

①協力する際のソフト面の価格評価が曖昧である。

②中国が日本企業から設備の一部を導入した場合でも、運転や全製品に対する品質と生産量保証を要求されることがある。

③技術・設備を輸出した際に、補償貿易や製品の一部引き取りを条件とされることがある。

これらは本事業を推進していくうえで、日中当事者双方の話し合いを通じて順次解決していかなければならない基本的な問題である。

たとえ中国がどのような企業改造の方針を採用するにせよ、企業に生き生きとした活力を生みだしていく必要があった。そのためには、計画経済という枠内に縛りつけることなく、企業に自由な活動を保証することも重要な施策の1つである。日本や資本主義諸国にみられるほどではないにしても、中国に企業間競争が取り入れられないかぎり、品質を向上することも生産性を引き上げることも困難である。中国の企業に大幅な自主権が与えられて自発性が発揮され、競争原理も生まれ、その社会的能力に合致した経営がうまく機能していくなら、結果として大きな効果をもたらすことになる。

中国既存企業の技術改造調査・診断協力の実施状況は、日中経済協会が1981年から83年までに63件、84年に23件で合計86件、JICAが20件プラス8件で28件、両者合計114件が実施された。81年から83年については、企業改造案件合計83件のうち、50件が技術あるいは設備の輸出契約に結びつき、うち47件は日本企業が成約するという良好な成果をあげることができた。その後にさらに成約に至った案件もあり、商談が中断したものもあるが、その詳細は不明である。

中国が企業技術改造協力を日本に依頼した案件を地域別に分類してみると、

1981〜84年の114件では次のとおりである。江蘇省が24件で一番多く、全体の21％を占めている。次いで上海市23件（20.2％）、天津市11件（9.6％）、山東省10件（8.8％）、北京市9件（7.9％）、湖北省8件（7％）、以下江西省、遼寧省、湖南省、黒龍江省、河北省などの順である。

　また改造対象企業の業種別分類では、114件のうち電気機械器具製造が第1位で30件（26.3％）、続いて一般機械器具21件（18.4％）、化学工業10件（8.8％）、精密機械器具9件（7.9％）、繊維工業とプラスチック製品がそれぞれ7件（各6.1％）、以下食料品、窯業・土石製品、出版・印刷とその関連産業の順である。

　中国では、1986年からの第7次5ヵ年計画でも引き続き、既存企業の技術改造事業を重点政策の1つに掲げて、国家経済委員会は毎年全国から20〜30の企業を選定することにした。しかし、本事業はあくまでもモデル事業として、国家経済委員会による必要外貨の保証と直接の指導・監督のもとに進められてきた。日本企業は、81年以降87年度案件までで180件余の案件に協力し、87年末までに80件余が商談に入り、70件余が成約、その金額は220億円余に達した。この時点では、民間ベースで進める案件は、企業診断を行う企業と商談相手企業を原則として同一にすることにした。

　本事業は、日本の対中協力分野のなかでは、比較的うまく進められたものの1つである。しかし本事業をすすめる過程で、次のようないくつかの問題の解決を迫られたのも事実である。例えば、中国との設備や技術移転交渉に時間がかかりすぎる。設備の選択権や契約決定権をどこがもっているのか不明である。何度も中国を訪問したり、中国から視察団を受け入れたりで、手間と経費がかかりすぎる。ソフトに対する評価が低すぎる。日本企業に対して、過大な期待をもちすぎるなどである。

　さらに、技術移転によって得られる最終効果は、中国企業における長期の吸収や消化能力が不可欠であるにもかかわらず、安易な道を求めすぎる。日本企業が多くの資料を提供し、工場を開示し、オファーをだし、ほぼ内容が詰め終わった段階で、突然連絡が来なくなったり、来ても計画の変更という

ことで、案件の取り消しを受けることがあるなどである。これらのうち多くの問題については、日中当事者双方の努力によって、そのつど善処されたが、すべてが解決されたわけではなかった。

　1980年代の後半には中国側の外貨不足などにより、本事業に対する外貨手当てが十分にとれず、各企業への割当外貨枠が縮小される事態が発生した。さらに急激な円高によって日本の診断協力企業が価格競争力を失い、設備や技術輸出の成約が難しくなるなどにより、次第に協力依頼案件も減少していった。そして、89年に発生した「天安門事件」のころには、本事業は自然消滅のかたちになり、合弁企業など外資系企業の誘致と、それによる工業近代化へと移行していくことになった。

6. 技術導入の特徴と問題点

　中国が改革・開放政策を採用する以前の技術導入は、主としてコンプリート・プラントが中心であった。しかし、その後は少しずつユニット・プラントと生産ラインなどを加えた多様な方式を採用するように変化してきた。例えばライセンスやノウハウ契約、コンサルタント・技術サービス、合弁生産などが加わってきた。同時に特許法や対外経済契約法、技術導入契約管理条例など技術導入に関する一連の経済関連法規をたて続けに公布してきた。これは中国の技術導入を国際的取引慣行に近づけるためにも重要な意味をもつものであった。さらに日本を中心とする技術・設備の導入方式を順次改めて、欧州、北米、アジア、大洋州など40余の国と地域にまで拡大することになった。その結果は、表2-2に見るとおりである。

　また、ソフトの導入を重視する方向に変わってきた。技術導入全体に占めるソフト契約のシェアは、金額ベースで1978年が1.3％であったが、85年には13.4％にまで上昇している。中国が、長いあいだの設備・技術の導入を経て、自国の技術水準が次第に高まり、設備・機械の自給能力が部分的に向

表2-2 技術導入先の5ヵ年計画別シェア推移（1971～95年）　　単位：％

5ヵ年計画	日本	米国	ドイツ	英国	フランス	イタリア	左記以外の西欧・北欧	東欧	その他の国・地域	合計
第4-5次（1971-80）	49.7	6.9	22.0	3.7	7.0	-	8.2	2.4	0.1	100.0
第6次（1981-85）	24.4	24.7	21.2	2.3	9.3	4.8	14.1	2.3	1.7	100.0
第7次（1986-90）	13.6	13.5	9.8	6.7	15.8	13.4	14.7	10.6	15.3	100.0
第8次（1991-95）	18.9	14.6	14.4	3.7	7.8	11.8	19.2	7.2	14.1	100.0

注　：1981年以降は、複数国の企業が共同受注する場合があるため、合計は100を超えている。
出所：『対外経済貿易年鑑』各年版。

上し、プラント輸入のシェアが相対的に低くなってきたのも事実である。

　中国の技術導入は、1970年代末までは機械や冶金、電子分野に集中していたが、80年代以降はエネルギー、運輸、通信、化学、軽工業、紡織、農業など多様な部門に新たな展開をみせている。とりわけ発電プラントは、86年の大量契約について88年にも南京、重慶の両市と湖南省向け大型発電プラントを旧ソ連、フランス、英国などから導入し、その契約額は8億2000万ドルに達した。

　電話交換設備は、同じく1988年に北京、武漢両市と四川、江西、雲南、浙江、山西の各省向けとして14セットが契約され、その金額は1億1000万ドルにのぼった。また天津、上海の両市向けシームレス・パイプ製造の大型プロジェクトが、旧西ドイツをはじめイタリア、米国との間に導入契約を結び、その金額は約4億ドルとなった。

　原材料関連の石油化学と肥料プラントは、イタリアとの間にエチレン・プラント、プラスチック・プラント、肥料プラントを合わせて4億ドル以上契約し、フランスとの間でも3億ドル以上、カナダと2億ドル弱、スペインと合成洗剤原料高級アルコール・プラントを1億4500万ドルで契約した。他には旧西ドイツと北京地下鉄第3期プロジェクト、フランスと天津東郊外汚水処理プラントの契約をみている。

　中国が今後さらに設備・技術の導入をスムーズに推進していくためには、交渉が長期にわたり、費用がかかりすぎる取引慣行を改めていく必要がある。

それには、中国が国際的かつ合理的な入札方式を採用していくことであろう。また、ソフトに対する正当な対価を認めていくことでもある。ここで付け加えておきたいことは、中国が1979年7月に「中外合資経営企業法」(合弁法)を公布・施行して以降、諸外国・地域の対中国直接投資が、とりわけ80年代後半から顕著な増加をみせた。このような状況下、国内の技術水準や品質の向上ばかりでなく、中国が国際商慣行に対して習熟しつつある状況も見逃すことはできない。

中国が外国・地域から導入する技術の基準について、1985年5月24日に公布した「技術導入契約管理条例」では、次のなかの1項目以上を満足させるように義務づけてきた。

①新製品の開発とその生産ができる。

②製品の品質と性能の向上、生産原価の引き下げ、エネルギーや原材料の節約ができる。

③自国の資源を利用するうえで役立つ。

④製品の輸出を拡大し、外貨収入が増加できる。

⑤環境保全に役立つ。

⑥安全操業に役立つ。

⑦経営管理を改善するのに役立つ。

⑧科学技術を向上するのに役立つ。

また、中国における合弁企業が導入する技術については、1983年9月20日公布(87年12月に改正)の「中外合資経営企業法実施条例」第44条で、「実用的、先進的なもので、その製品が国内で著しい社会的、経済的効果を与えるか、また国際競争力を有するものでなければならない」と規定している。さらに外資側は、工業所有権やノウハウを出資できることになっているが、その満たさなければならない条件として、同条例第28条では次の3点をあげている。

①中国で必要な新製品、または需要の多い輸出品を生産できる。

②既存の製品の品質や性能を著しく改善し、生産能率を高めることができ

る。
③原材料、燃料、動力を著しく節約できる。

このように中国では、一般の技術導入においても合弁企業の設備、技術についても、一定の基準を満たさなければならないことにした。このようなことも含めて、対中技術移転における問題点としては次のようにまとめることができる。

①技術やソフトに対する評価が低すぎる。特に日本の最大の強みであるオペレーション・ノウハウが評価されにくい。また中国側では、登録されていない技術について理解がない。日本企業などが、かつてプラント売りこみのために積算上のソフト価格を安くしたことにも原因があるが、近年みられるようにプラントのバラ買いが一般的になってくると、ソフト部分だけを切り離して交渉してくる。その際、かつての見積りを根拠にソフトの対価を安く買いたいてくる。

②中国の技術導入計画、事業計画が不明確なために商談を進めにくく、不確定要素が多くて損益計算が困難である。またランニング・ロイヤルティを取りにくいため、頭金を多く取らざるをえない。

③契約交渉の当事者が輸出入公司、ユーザー、認可機関など多岐にわたり、その連絡が不十分なために混乱する。

④契約交渉に出てくる中国側幹部は、現場を理解していないことが多くみうけられ、交渉が噛み合わない。

⑤技術移転にともなう無形の貢献が評価されにくい。セミナー、トレーニングなどは日本側企業負担で行う場合が多いが、これが評価されない。

⑥教えた技術が広く伝播せず、研修の効果があがらない。その結果、ランニング・ロイヤルティが取れなくなる。また、研修を受けて帰国した人が、自分でノウハウを抱えこんで他の人に教えないというケースがしばしばみられる。また、外国に研修に出かける者のなかには、全く専門知識をもたなかったり、専門分野の異なる者も多く見うけられ、本当に技術を習得しようとしているのか疑問視せざるをえないケースもある。

⑦中国の実情からかけ離れた先端技術を求め、導入しても使いこなせないケースが多い。電力、用水、原材料供給がネックとなって、設備が放置されているケースもある。

⑧なまじ一定の素地があることが障害となって、円滑に技術が吸収されにくい場合がある。特に繊維産業のノウハウは中国なりの伝統があるため、外国側が教える近代的技術と衝突し、素直に受入れられないケースがある。

さらに中国における法制上の問題点としては、国務院が1985年5月24日に公布した「技術導入契約管理条例」と対外経済貿易部（省、現・商務部）が88年1月20日に公布した「技術導入契約管理条例施行細則」をみるかぎり、次の三点が指摘できる。

①技術目標への到達保証（条例第6条、細則第9条）

　　導入技術が当初の目標どおりの効果が発揮できるように、供給側は保証しなければならないとしている。しかし、実際に技術目標どおりに効果を発揮するかどうかは受け手側の能力や原材料、インフラ等の条件に大きく左右される。この「保証条項」を厳格に運用されることへの不安があるかぎり、供与側は先進技術の移転には躊躇せざるをえない。「どのような条件下で、どこまで保証する」ということを契約時に明確に決めておく必要がある。

②導入技術の権利侵害紛争の処理（細則第11条）

　　導入技術により生じた第三者の権利侵害に関する紛争の処理は、技術の供与側が行うとしている。しかし、移転技術と第三者の権利との抵触関係について、あらかじめ完全な調査を行って、抵触のおそれがないと保証することは一般的に困難である。過度の保証要求は、供与側に技術移転を躊躇させることになる。過去に日本の技術導入時においては多くは無保証であったが、無保証であったからこそ欧米の供与側は、安心して日本が必要とする技術を提供したという一面もみられる。

③契約期間満了後の取扱い（条例第9条、細則第15条）

技術移転をする場合、一般的には契約期間満了後もその技術は勝手に使えないが、中国の法令では契約期間満了後に当該技術の継続使用を禁止する条項を定めてはならないとしている。つまり契約期間満了後、導入技術は自由に使えることになるため、関係部門から契約期間をなるべく短くするように指導があるといわれる。契約期間は原則10年以内に限定しているが、10年以上技術的価値が継続するものを供与すると損失になるため、10年以内に陳腐化する技術しか供与したがらない傾向を生むことになる。ただし特許権については、その存続期間は保護されている。

　このような規定をもつ国は、決して中国ばかりではない。中進国や発展途上国の多くが規定していることでもある。しかし、多くの国は運用上において、中国ほど厳格に実施していないのが実情である。ロイヤルティ率についても中国は通常3％以下に抑える傾向がつよく、またその所得に対する課税も10％である。タイではBOI（Board of Investment）の承認をえた場合は、5年間はロイヤルティに課される所得税は免税となるし、韓国などでも減税措置がある。このような措置は、技術の供与側にとって有利なことであり、受入れ国への移転を促進することにもなる。中国でもケース・バイ・ケースで柔軟に運用していく必要があろう。

7. 技術導入の今後のあり方

　技術の進歩・発展が急速な現代において、工業化に遅れてスタートした中国は、日本が過去に経験した発展段階のすべてを抱えこんだような複雑な形態をもっている。つまり、日本の過去100年余りの技術導入と産業発展の歴史を振り返ってみると、まず外国からの技術導入がうまく消化できず、したがって投資資金が回収できずに不経済に終始する時期があった。次いで導入技術と在来技術との間に生じる技術的二重構造ないし二極分化の時期、さら

に両者のリンケージがうまく動きだし、技術の導入が効果的に進展する時期を経て、国産技術の向上と国際的技術進歩競争への参入の時期へと至っている。

広大かつ多様な現在の中国では、外資系企業の参入などにより、これらが混在していて整理がつかないかのような状況にある。そこで、どのようにしたら中国にとってもっとも効果的な技術移転が行われるかを検討し、中国の受入れ条件整備のなかで、有効な道を探しださなければなるまい。日本にあるような企業実体をもたない、また競争原理の働きの少ない中国が、「後発性の利益」[23]を生かして、効率的な技術導入をいかに行っていくかは、経済発展を進めていくうえで重要なカギである。

技術移転には、いくつかの方法がある。貿易契約による設備や技術にともなって移転していくもの、研修を受けることにより人間を介して移転していくもの、合弁企業に外資側から移入された多様な経営管理技術を吸収することによって移転していくものなど、さまざまである。そして受け入れ国の技術レベルが順次高まってくると、ハード類からライセンシングの割合が多くなっていくのが一般的である。

中国では、特許法や対外経済契約法、技術導入契約管理条例など順次に整備されてきており、技術導入先や技術導入分野、さらにその導入方式も多様化しつつある。とりわけ技術導入内容の多様化が始まった1985年以降は、技術導入契約が急増した時期でもある。中国の技術導入の具体的状況からいえることは、発展途上国の多くに共通することだが、自国の現状から飛びこえて、少しでも先進的なトップ・レベルの技術を導入する傾向が強いということである。そのような場合、導入技術に対して消化不良をおこす。このようなことから、その国の在来産業との関連を考慮しない技術導入や技術開発は、かえって中間財や中間原材料まで外国に依存することになる。

それゆえ中国は、たんに最新鋭で大型のプラント・設備だけを追求することなく、資源立地型の効率的な設備や技術を追求していくことも大切である。また、既存設備の十分な使いこなし、あるいは改造を加えることによって、

現状よりもさらに生産性の向上が望める場合も多いわけである。ともあれ考えられることは、無駄足を踏むようでも段階を追った技術を選定し、中国サイドの受容条件を考慮した技術選択を行っていくことが、工業近代化の近道といえるであろう。

注
1) 高島善哉『民族と階級－現代ナショナリズム批判の展開』現代評論社、1970年9月、336-341ページ。
2) このような問題を扱っているものとして、例えば内田芳明『風景とは何か－構想力としての都市』朝日新聞社、1992年3月がある。
3) 中国語は「現代化」である。中国は1840年のアヘン戦争から1919年の五四運動までを近代史として扱い、この時代を含めて1949年の新中国成立までを「屈辱の歴史」ととらえている。したがって「近代化」ではなく「現代化」ということばを意識的に使用しているともいわれる。いわば近代の超克という意味で、「現代化」ということばを用いていると思われる。中国の紙誌においても、いわゆる概念としての「近代化」と「革命化」を統一したかたちで、新たな発展の時期における全般的任務として「現代化」を用いるのと、単に生産力や技術の領域で「現代化」を用いる場合など様々である。しかし「現代化」は、日本語としてはなじまないので、ここでは「近代化」を使用する。
4) 馬洪主編『現代中国経済事典』中国社会出版社、1982年8月、328ページ。
5) 1999年1月18日に北京で開催された中国国有企業改革に関する日中合同研究会における中国側発言による。資産総額と販売収入による区分で、特大型企業が両者とも50億元以上、大型企業が同5億元以上、中型企業が同5000万元以上、5000万元に満たないものが小型企業となっている。
6) 馬洪・孫尚清主編『中国経済結構問題研究』人民出版社、1981年12月、315ページ。
7) 同上359ページ。
8) 『財貿経済』1981年第5期、経済管理雑誌社。
9) 「中国財貿報」1982年7月24日。

10）『中国経済年鑑1981』経済管理雑誌社、1981年、IV61ページ。
11）『中国百科年鑑1980』中国百科全書出版社、1980年8月、329ページ。
12）『中国百科年鑑1981』中国百科全書出版社、1981年7月、252ページ。
13）趙紫陽「第6次5ヵ年計画についての報告」、『北京週報』1982年第51号、27ページ。
14）同上27ページ。
15）1982年9月6日、中国国家経済委員会からの聞きとりによる。
16）朱鎔基「関於中国現有企業的技術改造問題」、以下はシンポジュームへの提出原稿と発言内容による。
17）1982年12月8日の日中経済シンポジューム「中国経済の現状と展望」での呉家駿「中国工業的技術改造和企業的整頓」の報告を参照している。
18）『北京週報』1982年第48号、4-5ページ。
19）同上5ページ。
20）「日本経済新聞」1982年12月28日夕刊。
21）1983年1月10日、中国国家経済委員会からの聞きとりによる。
22）日中経済協会『日中経済交流1981年－実務協力の基礎固めをめざして』1982年3月、99-104ページ。
23）advantage of backwardness、米国の経済史家ガーシェンクロン（A. Gerschenkron）が、19世紀のヨーロッパ世界における後発国の経済発展経路から導きだした命題で、周辺国は中心国の開発した最新の技術、蓄積した資本を「後発性利益」として受容しながら工業化を進めることができるというもの。つまり後発国は、先進国が高い費用と長い時間をかけて開発した先進技術でも、段階を追って上手く導入すれば時間を短縮して急速な工業化を達成することができるが、在来技術を考慮せず、先進技術のみを追求して技術の飛びこえをすれば、消化不良をおこすとともに、その効果は発揮できない。*Economic Backwardness in Histrical Perspective*, The Belknap Press of Harvard University Press, 1962. を参照。

第3章

経済発展と外資系企業の歩み

1. 経済発展の推進力

　中国は、1978年末に決定した経済改革・対外開放政策のもとで、国内生産総額（GDP）の年平均実質成長率が、天安門事件の発生した89年とその後遺症で落ち込んだ90年を除けば、10％前後の高い水準を維持してきた。90年代に入ってからは、92年の14.2％をピークに6年連続して低下し、98年は7.8％を記録している。78年から98年まで21年間の平均伸び率は9.8％で[1]、長期間にわたってこれだけの高い経済成長を維持している国は、世界でも稀である（図3-1参照）。

　経済改革が始まった時点では、労働力人口の7割以上が農業に従事する農業国であったが、このことがかえってその後の高い成長率を達成する原動力となった。まず政府は、貧しい農村住民を豊かにするため、コスト割れしていた農業・副業生産物の政府買い上げ価格の大幅引き上げを実施した。さらに各種請負制を導入し、農民に積極性を出させることで生産力を拡大してきた。また農家経営請負制を普及することで、集団農業組織である人民公社が解体した。一方、かつての人民公社とその下部組織である生産大隊が運営してきた「社隊企業」は、郷鎮政府や村民委員会が所有するものとなった。その結果、第1次産業の総生産額の増加率は、1981年7％、82年11.5％、83年8.3％、84年12.9％という驚異的な伸びを記録した。

図3-1　GDP（実質）成長率と1人当たりGDP推移

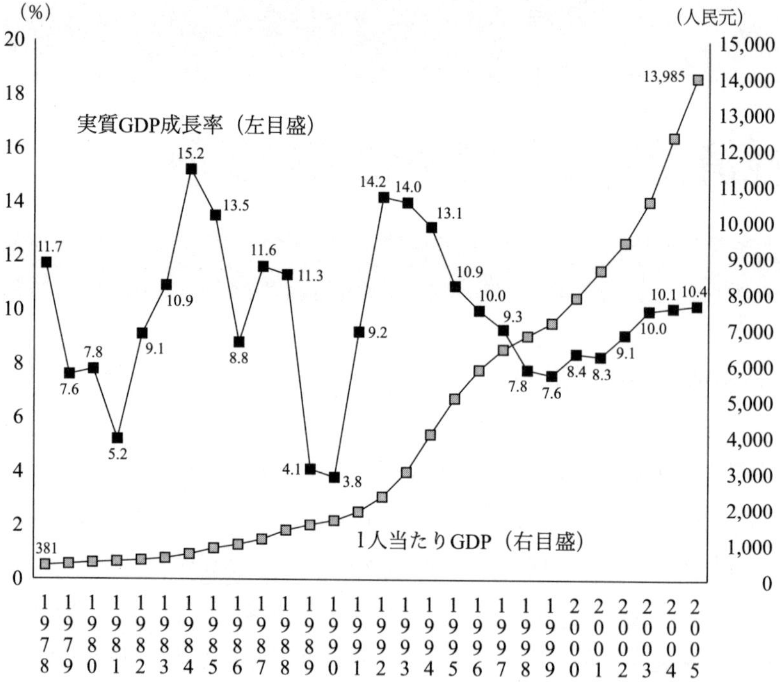

出所：『中国統計年鑑』2006年版。

　1978年から84年の間に中国のGDPは70％拡大したが、年平均の成長率は9.2％である。同年間に第1次産業の生産総額は52.6％成長し、年平均7.3％の伸びとなった。この伸び率はいうまでもなく極めて高く、中国経済改革の第1段階としての農村改革がいかに成功したかを示すものである。またGDPの増加に占める第1次産業の割合は36％であり、第2次産業は38.4％、第3次産業は25.6％となっている。

　効率を追求するなか農村では、工業部門を振興することによって余剰労働力を吸収していった。1984年には、「社隊企業」の名称を「郷鎮企業」に変更するとともに、農民の個人企業や共同経営企業もそれに含めて集計することにした。農業を離れても土地を離れない（「離土不離郷」）という政策のもとで、

企業数は78年の152万から96年末は15.3倍の2336万社へ、従業員数は同じく2828万人から4.7倍の1億3508万人へ、販売総額は431億元から158.5倍の6兆8343億元へと激増した。97年以降は赤字企業が増加して企業数、従業員数とも減少をみており、販売総額は増加しているものの、利潤総額は伸び悩んでいる。

　1984年10月に開催された中国共産党第12期3中全会では、経済改革の重点を都市部へ移すことが決定されたが、これを契機に改革は第2段階に入っていく。都市部においては、国有企業（従前は「国営企業」と呼んでいたが、所有と経営の分離をより徹底させることから93年3月に名称を改めた）を中心に改革をすすめてきた。企業自主権を拡大するとともに利潤留保制度の導入、利潤上納制を納税制に、また国から企業への資金投入を銀行貸付に改めた。さらに工場長責任制や経営請負責任制、小型国有企業でのリース経営の導入などを行ってきた。株式制の導入、企業集団化の実験を重ねるとともに、「破産法」、「公司（会社）法」、「労働法」、「証券法」など関連法規の整備も進めてきた。

　しかし、国有企業の相対的地位の低下には著しいものがある。工業生産総額に占める国有企業のシェアは1978年の77.6％から98年には22％に低下したが、一方で他の多様な所有形態のうち、集団所有工業は同じく22.4％から38.3％へ、ほぼゼロから出発した個人工業は18.9％へ、同じく外資系企業などは19.9％へ拡大した。

　集団所有工業は、一般に郷鎮企業といわれる鎮（町）営・郷（村）営、農村連営企業を含む。また個人企業には、郷営企業の一部である農村個人企業を含む。1991年の集団所有工業の工業生産総額に占める郷鎮企業の割合は63.8％、個人工業生産額に占める農村個人工業の割合は92％となっている。このように工業化の初期段階では、郷鎮企業が大きな役割を果たした。

　中国は1979年7月に合弁法（「中外合資経営企業法」）を公布したが、当初の諸外国・地域からの対中国直接投資はあまり積極的とはいえなかった。過去に指令的かつ硬直的な計画経済のもとで、「経済の季節」が軌道に乗りだす

第3章　経済発展と外資系企業の歩み

と「政治の季節」の出現によって、それまでの経済的成果が台無しになるという経験を幾度となく繰り返してきたからである。したがって、中国の経済改革と対外開放政策の進展状況を見極めたうえで、企業進出をしようと考えた結果である。

　中国は直接投資受入れに際して、1980年には香港に隣接する広東省深圳、マカオに隣接する珠海、また汕頭(スワトウ)、台湾対岸の福建省アモイに経済特別区を設置し、インフラ整備や税制面での優遇措置を導入した。この4つの経済特別区はいずれも華僑・華人の故郷であり、中国の経済建設に際しては、その資金力と企業活動に期待したのである。華僑・華人の投資も、故郷の経済建設への協力という初期の感情的投資から、次第に実利追求型の投資に移行していく。その背景には、当然のことながら投資環境の整備がみられる。

　このように試行錯誤をくりかえし一歩一歩すすめる漸進的改革のなかで、高い経済成長を推進する主役の交代がみられる。1980年代前半には農業の発展が重要な推進役であったが、後半には郷鎮企業、とりわけ工業と商業面での伸長が重要であった。90年代には都市と農村の個人経営企業が加わり、92年初めに鄧小平が中国南方の経済特別区などを訪問した際に発した「南巡講話」で、改革・開放と経済発展の2つの加速を打ち出したのを契機に、外資系企業が勢いを増してくるのである。外国・地域からの直接投資を積極的に受け入れるということは、輸出主導型の経済発展であり、とりもなおさず市場経済システムへの移行を推進することになった。

　1978年の中国対外貿易は、輸出97.5億ドル、輸入108.9億ドル、総額206.4億ドルであったが、97年には19年間でそれぞれ18.7倍の1827.9億ドル、13.1倍の1423.7億ドル、15.7倍の3251.6億ドルにまで拡大した。97年の外資系企業の輸出は対前年比21.7％増の749億ドル、輸入2.8％増の777.2億ドル、合計で中国対外貿易総額の47％のシェアとなっている。外資系企業全体の入超額は、96年の141億ドルから28.2億ドルへと急速に縮小しているが、これはアジア通貨・金融危機の影響を受けて、アジア諸国・地域からの直接投資実行額が縮小しており、資・機材や原材料の輸入減が貿易面でもうかがえる。

1998年の対外貿易は、総額が前年比0.4％減の3239.5億ドルとなり、ドルベースで82年以来の減少となった。人民元ベースでも、改革・開放政策採用以来で初めての減少を記録した。輸出額は1837.1億ドル（前年比0.5％増）、輸入額は1402.4億ドル（同1.5％減）、貿易黒字は同7.9％増の434.7億ドルである。同年の国有企業の輸出、輸入はいずれもマイナス成長であったが、外資系企業の輸出は、伸び率は低下しているものの増勢を維持した。外資系企業の輸出は、前年比8％増の809.6億ドルで輸出総額の44％を占め、輸入は同1.3％減の767.2億ドルで輸入総額の54.7％を占めた。輸出入合計では、中国対外貿易総額の48.7％で、外資系企業が引き続き重要な地位を確保していることは明らかである。

2. 投資環境整備と外資系企業の増加

　中国の直接投資受入れ状況は、表3-1に見るとおりである。合弁法を公布・施行して以降1982年までの対中国直接投資は、契約ベースで累計922件、60.1億ドルであった。その後、「合弁法実施細則」の公布や関係法令の整備、さまざまな分野での投資環境の改善などが少しずつ進展し、中国内の経済活性化政策と結びついて投資の増加がみられる。しかし86年には、対前年比で件数、金額ともに半減した。その原因は、中国がアジア諸国などに比較して法律の整備が不十分であり、手続きや運用面で不透明感が目立ち、エネルギーや通信などのインフラ部門でも未整備なところが改めて問いなおされるなど、投資環境に内在する諸問題が露呈したためである。さらにこの間、それまで増加していたホテルなどサービス部門への投資を抑制する措置がとられたことも、大幅減の要因の1つとなった。

　そこで中国政府は、1986年10月11日に製品輸出型や先進技術型企業への直接投資を促進することを目的に、「外国投資者の投資奨励に関する規定」（22ヵ条）を公布した。これに関連して従業員の採用や賃金、資金や外貨の管

表 3-1 直接投資の年別推移 (1979～2005 年)

	契約件数 (件)	投資契約額 (億ドル)	投資実行額 (億ドル)
1979～1984	3,724	97.50	41.04
1985	3,073	63.33	19.56
1986	1,498	28.34	18.74
1987	2,233	37.09	23.14
1988	5,945	52.97	31.94
1989	5,779	56.00	33.93
1990	7,273	65.96	34.87
1991	12,978	119.77	43.66
1992	48,764	581.24	110.07
1993	83,437	1,114.36	275.15
1994	47,549	826.80	337.67
1995	37,011	912.82	375.21
1996	24,556	732.76	417.26
1997	21,001	510.03	452.57
1998	19,799	521.02	454.63
1999	16,918	412.23	403.19
2000	22,347	623.80	407.15
2001	26,140	691.95	468.78
2002	34,171	827.68	527.43
2003	41,081	1,150.69	535.05
2004	43,664	1,534.79	606.30
2005	44,001	1,890.65	603.25

出所：『中国統計年鑑』2006 年版などから。

理、企業コストの低減、各種審査基準や手続き規定の明確化などを定めた実施細則を公布した。さらに外国投資企業の審査・認可権限が省・直轄市・自治区・経済特別区や計画単列都市（日本の「政令指定都市」に相当する）などの各地方政府や機関に移管された。沿海開放地区（北京・天津・上海の 3 直轄市、広東・福建・江蘇・浙江・遼寧・山東・河北・海南の 8 省と広西チワン族自治区）では、1 件当たり 3000 万ドル以下、その他の地区と計画単列都市、国務院関係部・委員会では、自主裁量権限が 1000 万ドル以下まで引き上げられた。

　このような中国投資環境の改善とともに、国際的な産業構造調整、有望な投資先であったアジア NIEs や ASEAN 諸国の労賃上昇などの外的要因も重なり、1987 年から対中投資は再び拡大をみることになった。契約金額ベースでみると、87 年は対前年比 31％増の 37.1 億ドル、88 年は同 42.9％増の 53 億ドルとなった。89 年になると、中国が 88 年秋以降の経済調整政策による引き締め強化、89 年 6 月 4 日の「天安門事件」で、それまで経済改革と開放政策を積極的に推進してきた趙紫陽総書記が失脚したことなどを理由に、対中直接投資は同年の前半は大きな伸びをみたものの、後半は伸び悩んだ。年間の契約件数は対前年比 2.8％減 5779 件となったものの、投資契約額では製造業

分野で大型投資案件が成約をみたことなどにより、前年比5.7%増の56億ドルとなった。

1990年の対中直接投資は、契約件数が対前年比25.9%増の7273件、投資契約額は同17.9%増の66億ドルであった。この中で、とりわけ独資企業(外資100%)の伸びが著しい。90年末までの独資企業累計は3386件となり、投資契約額は55.8億ドルである。また79年から90年までの合弁・合作・独資の三資企業を中心とする対中直接投資の累計は、契約件数が2万9049件、投資契約額が403.6億ドルとなった。

対中直接投資の国・地域別内訳は、79年以降89年までの累計をみると、香港・マカオが契約件数でも投資契約金額でも圧倒的なシェアを占め、それぞれ全体の73%、58%となっている。米国は件数で4%のシェアで第3位、投資契約額で12%程度のシェアの第2位である。また日本の対中直接投資は米国と順位がそれぞれ入れかわり、契約件数ではシェア5%で第2位、投資契約額が8%の第3位となっている。79年から98年までの累計では香港・マカオのシェアがそれぞれ57%、53%に低下しているものの相変わらず第1位であり、後発の台湾からの投資が近年著増して同13%、7%となり、いわゆる「融合する経済、反発する政治」の様相を一段と色濃くしている。米国は双方ともに8%、日本はそれぞれ5%、6%のシェアである。

中国への直接投資を業種別にみると、当初はホテルや飲食業などのサービス業、リースなどの非製造業への投資が大きな比重を占めていたが、1987年以降は中国が製造業への投資を奨励・優遇した結果、製造業分野のシェアが拡大傾向にある。大まかな予測では79年以降90年末までの累計で、製造業部門への直接投資は契約件数で約70%、投資契約額が58%のシェアとなっている。

また中国のなかで直接投資受入れの多い省・市は、広東省(深圳を含まない)が香港・マカオからの投資を反映して、件数、金額ともに第1位であり、次いで件数では台湾からの香港経由投資が増加したことなどの影響をうけて福建省、さらに深圳市(経済特別区)、海南省(1988年4月に経済特別区に指

定)、江蘇省の順である。投資契約額では、第2位が深圳であり、次いで福建省、上海市、北京市、遼寧省の順となっている。遼寧省は、とりわけ大連経済技術開発区に日本企業が集中し、一時期は増加がみられたが、現在は一段落している。いずれにしても、直接投資が沿海地域に集中していることは確かである。

　90年代の対中直接投資の特徴は、投資奨励業種であるインフラ整備、エネルギー開発、運輸関連部門にも多額の投資が振り向けられている。1990年以降93年までに急増した不動産関連への投資は抑制されたものの、その後の投資の重点は工業関連投資に移行している。94年の対中直接投資契約件数は4万7549件、投資契約額は826.8億ドルで、93年の8万3437件、1114.4億ドルに比べて大幅減となった。しかし、投資実行額は、93年の275.2億ドルから94年には337.7億ドルに増加した。95年のそれぞれの数字は3万7011件、912.8億ドル、375.2億ドルである。

　また1993年には、外資系企業が全社会固定資産総額の13％、工業生産総額の11％、国家税収の4.8％を占めた。さらに94年に就業者数は労働者総数の9.4％に相当する1400万人に達した。だがすべての外資系企業が順調に経営されているわけではない。94年4月に安徽省合肥市で開催された「全国外資企業登記管理工作会議」では、過去14年間に不適格な7500の三資企業が免許の取消しまたは取り上げ処分を受けたことが明らかにされた。この数字は、その時点の三資企業契約総数の4.3％に相当する。

　処分の理由は、外資側が契約どおりに資金を出さないもの、国内企業が外資分も出資して三資企業に与えられた優遇条件を利用するもの、外資側が質の悪い設備を高値で持ち込んでいるもの、違法経営を行ったり大赤字を出しているものなどである。赤字企業は1990年以降には毎年、新規開業企業数の40％を占めており、なかでも92年の赤字率は42.5％とそれまでの最高値を記録した。

　このような問題が生じる原因はさまざまで、外資側に起因するものもあれば、中国側に原因がある場合も多い。一部の地方は案件の数を増やすことだ

けを考えて質を重視せず、国家の産業政策を軽視し、やみくもな拡大を図っている。また政策・法規を勝手に制定・実施して優遇条件を張り合い、越権で認可したり、制限業種や賭博的なものなど禁止業種の事業を登記させるなどした案件がみられる。

　96年に新たに認可された対中直接投資案件は、前年比33.7％減の24556件であり、93年をピークに連続して減少している。投資契約額も同19.7％減の732.8億ドルに止まったが、投資実行額では増加を続け、前年比11.2％増の417.3億ドルに達した。同時に投資項目は着実に大型化し、1件当たりの投資契約額は95年の247万ドルから96年には298万ドルに拡大している。さらに広東省の1件当たりの投資契約額が293万ドルなのに対して、上海市は525万ドルで、対中投資の重点が華僑・華人の故郷の華南地域から徐々に北上し、とりわけ上海市及びその周辺に移っていることがわかる。96年には内陸各省・自治区で投資額を独自に認可できる金額が、従来の1000万ドルから3000万ドルに引き上げられた。このような政策措置の影響から、中西部地域への直接投資も若干の増加がみらるようになった。

　96年末までに認可された外資系企業は、累計で28万3344件、投資契約額4691.4億ドル、投資実行額1748.8億ドルになった。この時点で、すでに14万社を超える外資系企業が操業を開始し、それとともに中国経済における外資系企業の役割も高まってきた。外資系企業の分野別構成は、工業78％、インフラ整備0.6％、農業2％、サービス19.4％となっており、外資系企業が中国の産業構造転換を促進するのに大きな勢力となっている。

3. 外資導入の重点項目と投資奨励策

　中国で1994年3月に採択された「90年代の産業政策要綱」は、農業、インフラ・基礎産業（エネルギー、交通、通信、原材料）、基幹産業（機械・電子、石油化学、自動車、建築）を90年代の重点分野と位置づけている。これ

にともない外資導入の基本方針も、従来の経済特別区や沿海地区を優先する「沿海地区傾斜」から、重点産業分野を優先する「産業傾斜」に変化していくこととなった。この方針は、95年6月に公布された「外商投資方向指導暫定規定」、および同規定に基づき外国投資の奨励、制限、禁止項目を明示した「外商投資産業指導目録」において確認された。

さらに1996年には、前年から持ち越しとなっていた外資優遇政策の見直しが具体化した。重要な措置としては、4月1日に実施された外資系企業の輸入設備免税措置の撤廃がある。外資系企業の設立に際しては設備輸入が不可避であり、その免税措置は重要な外資優遇政策の1つであったので、外資系企業はこの見直しに反発し、大量の設備の駆け込み輸入が行われた。結局のところ、投資規模に応じた猶予期間を設定することで、免税措置の撤廃が実現した。中国は96年7月1日から外資系企業を対象に、貿易など経常取引での人民元の兌換を正式に認め、同年12月にはIMF8条国への移行を果たした。このような外資系企業に対する内国民待遇の一部付与は、同時に中国のWTO加盟をにらんだ措置でもあった。

1997年は、後半に顕在化したアジア諸国の通貨・金融危機の影響などにより、新たに認可された外資系企業が前年比14.5%減の2万1001件、投資契約額も同30.4%減510億ドルに止まった。また1件当たりの投資契約額も、前年の298万ドルから243万ドルに縮小した。しかし、投資実行額は前年までに契約された案件が実行に移されたこともあり、同8.5%増の452.6億ドルに達した。同年末の開業済み外資系企業数は14.5万社を突破し、そこに勤める従業員も1750万人になった。

90年代後半の対中直接投資の特徴としては、独資（100%外資）企業の増加があげられる。1997年の新規契約件数の内訳は、独資企業9602件で、初めて合弁企業（9001件）、合作企業（2373件）を上回った。残り25件は、外資系株式制企業との共同開発などである。投資実行金額をみても合弁企業が前年比5.7%減の195.8億ドル、合作企業が同10%増の89.2億ドルであるのに対し、独資企業は同28.1%増の161.5億ドルを記録している。

外資系企業が中国市場に参入するには、かつて中国側パートナーが重要な役割を果たしたが、徐々に原材料市場や労働市場、さらに販売にいたっても市場経済が浸透するにともない、外資側が独自で行動できるようになった。さらに中国側パートナーと経営方針などで対立することを避けるとともに、技術やノウハウの拡散、知的所有権の侵害を懸念する外資系企業にとっては、独資企業が有効な選択肢と考えられるようになった結果である。　中国政府は、1997年12月末に全国外資工作会議を開催し、12月31日に外資優遇措置の部分的復活を発表した。対中直接投資の減少に歯止めをかけるのが目的である。これによると、98年1月1日から外国企業の対中投資にともなう輸入設備の関税と付加価値税を免除することにした。対象は、①農業、エネルギー、交通、原材料工業、②ハイテク産業、技術改造・製品開発・資源節約型産業、③新市場開拓、輸出志向型産業、④資源利用型産業、環境汚染防止技術、⑤中西部の人的資源・鉱物資源開発項目などである。逆にテレビ、エアコン、冷蔵庫、洗濯機などの家電製品や生産過剰品目は対象から外された。
　中国の外資系企業は、産業別では一般加工業に50％、不動産・ホテル業に30％、地理的には沿海地域に90％が集中している。外資系企業のこのような偏在を是正するために「外資目録」では奨励項目として、①農業、エネルギー、交通、原材料案件、②先進技術を有し、性能向上・省エネ・技術水準と経済効率向上に資する案件、③製品のグレードアップと輸出・外貨獲得を拡大する案件、④資源を総合的に利用でき、環境汚染を防止できる案件などを取り上げている。
　一方「外資目録」のうち制限項目は甲・乙に分類し、甲類は中国国内で開発済み、導入済みの技術案件であり、家電製品のように生産力がすでに国内市場の需要を満たしている分野が対象である。乙類は自動車、VTR、金融・サービスなど、中国政府が直接に誘致・認可する分野である。また進出企業数、地域や事業内容などに関して、さまざまな制限を課している分野となっている。ただし、沿海地域で制限されている分野でも、内陸中西部地域では奨励項目とされる場合がある。

表 3-2　国・地域別対中直接投資状況（1995～98 年）

	香港・マカオ						台湾			
	件数		外資契約額		外資実行額		件数		外資契約額	外資
1995	17,713	(-31)	421	(-14)	205	(2)	4,847	(-22)	58　(8)	32
1996	10,682	(-40)	285	(-32)	213	(4)	3,184	(-34)	51　(-12)	35
1997	8,671	(-19)	186	(-35)	210	(-1)	3,014	(-5)	28　(-45)	33
1998	7,880	(-10)	165	(-11)	188	(-10)	2.937	(-3)	31　(11)	80
1979～98 累計	184,847	(57)	3,051	(53)	1,416	(53)	40,984	(13)	405　(7)	214

	韓国						英国			
	件数		外資契約額		外資実行額		件数		外資契約額	外資
1995	1,975	(7)	30	(66)	10	(44)	457	(17)	36　(30)	9
1996	1.895	(-4)	42	(41)	14	(30)	326	(-29)	25　(-29)	13
1997	1,753	(-7)	22	(-49)	21	(50)	304	(-7)	15　(-43)	19
1998	1,307	(-25)	16	(-30)	15	(-29)	218	(-28)	17　(-16)	13
1979～98 累計	11,177	(3)	148	(3)	73	(3)	2,322	(0.7)	151　(3)	67

注：1998 年までの累計値は 97 年までの累計値（経貿部発表）に 98 年単年発表値を加算した。単純合計値とは一致しない。（　）：95 年、96 年、97 年、98 年は対前年比（％）、79～98 年累計はシェア（％）。

　1998 年の対中国向け直接投資は、契約件数が前年比 5.7％減の 1 万 9799 件、投資契約額が同 2.1％増の 521 億ドル、投資実行額が同 0.4％増の 454.6 億ドルで、中国が、米国に次いで 5 年連続世界第 2 位の直接投資受け入れ国になった。アジア主要 10 ヵ国・地域からの投資は、契約額合計が 281.6 億ドル、実行額合計が 310.3 億ドルで、それぞれ 13.4％、9.3％の減少をみた。また、それらの全体に占めるシェアは、前者が 63.8％から 54.0％へ、後者が 75.5％から 68.1％に低下した。中国対外貿易経済合作部外資管理司（当時）の公表資料によれば[2]、日本からの投資も減少しており、98 年の投資実行額は前年比 27％減の 31.6 億ドルであった。

　一方、EU からの投資契約額は 59.1 億ドルで前年比 39.8％の大幅増を示し、投資実行額も同 3.6％増の 43 億ドルであった。また、米国からの投資も契約金額が前年比 25.8％増の 62.1 億ドル、投資実行額が同 20.8％増の 39.1 億ドルとなり、アジア地域からの投資の落ち込みを、EU と米国からの大幅増が補った形になった（表 3-2 参照）。

　さらに新たな動きとして注目されるのは、バージン諸島を中心とする一部

単位：件・億米ドル・％

	米　国								日　本						
実行額	件数		外資契約額		外資実行額				件数		外資契約額		外資実行額		
(-7)	3,474	(-18)	75	(24)	31	(24)			2,946	(-2)	76	(71)	31	(50)	
(10)	2,517	(-28)	69	(-7)	34	(12)			1,742	(-41)	51	(-32)	37	(18)	
(-5)	2,188	(-13)	49	(-29)	32	(-6)			1,402	(-20)	34	(-34)	43	(18)	
(-7)	2,215	(1)	62	(26)	39	(-21)			1,188	(-15)	27	(-21)	32	(-27)	
(8)	26,651	(8)	463	(8)	214	(8)			17,592	(5)	325	(6)	217	(8)	

	ドイツ								全世界合計						
実行額	件数		外資契約額		外資実行額				件数		外資契約額		外資実行額		
(33)	355	(13)	17	(-35)	4	(-50)			37,011	(-22)	913	(10)	375	(11)	
(42)	256	(-28)	10	(-40)	5	(-34)			24,556	(-34)	733	(-20)	417	(11)	
(43)	221	(-14)	6	(-39)	10	(92)			21,001	(-14)	510	(-30)	453	(8)	
(-31)	207	(-6)	24	(-289)	10	(-1)			19,799	(-6)	521	(2)	455	(1)	
(3)	1,931	(0.6)	84	(1)	37	(1)			324,667	(100)	5,725	(100)	2,675	(100)	

所：『中国対外経済貿易年鑑』各年版、98年は対外貿易経済合作部外資管理司資料。

自由港地域からの投資増加である。前年比29.2％増の73.5億ドルの投資契約がみられ、とりわけバージン諸島は、98年には香港、米国に次ぐ第3位の投資国・地域に踊り出た。

中国は、外資導入においても引き続き投資対象範囲を拡大し、サービス業の対外開放を段階的に進め、多国籍企業を積極的に誘致する方針である。また、外資に対する中央の投資奨励策を実行し、不法な費用の徴収を改めるとともに、法律の整備や投資環境の改善を行い、外資導入の適度な規模を維持していくことにしている。

中国では1994年に流通税の改正を行ったが、その際に従来の工商統一税を増値税、営業税、消費税などに分割している。93年12月31日以前に設立認可された外資系企業に対しては、新税制で不利益が発生した場合、その救済措置として5年間に限り工商統一税に比べて税負担が増加した部分の還付を行う制度を採用してきた。99年1月1日からは、これら旧企業と94年1月1日以降に設立された外資系企業（新企業）とが同じ取扱になる予定であったが、加工輸出型企業の多い旧企業の税負担が増加するのではないかとの懸

念が出されていた。そこで旧企業に対しては、新たに2年間の経過措置が採用されることになった。それは、新企業の輸出還付制度を適用せず従来同様に輸出売上は免税とし、輸出取引にともなう国内原材料の仕入れ税額は企業の原価負担とする方式を延長することにした。中国にとって最大の輸出商品である機電製品の輸出については、それを支援するという目的もあり、輸出戻し税率を引き上げて増値税全額の17％が還付されることになった（注：増値税のその後の変化は第6章を参照）。

旧外資系企業に対する輸出戻し税率は、次のとおりである[3]。
① 機械・設備、電器・電子製品、輸送機器、計測機器は17％
② 農業機械は13％
③ 紡織原料・同製品、時計、靴、陶磁器、鋼材・同製品、セメントは13％
④ 有機化工原料、無機化工原料、塗料、染料、顔料、ゴム製品、玩具、スポーツ用品、プラスチック製品、旅行用品・カバンは11％
⑤ これまで6％だったものは9％
⑥ 農産物は5％

4. 産業分野における外資系企業の位置づけ

とりわけ90年代以降は各産業分野において、外資系企業の生産シェアが高まってきた。表3-3は、主要産業における外資系企業の生産比率を1985年と96年で対比したものである。85年に外資系企業の生産比率がもっとも高かったコンテナ製造でも29％どまりであり、他はほとんどが10％未満となっていた。しかし96年になると、インスタント食品、ソフトドリンク、アパレル、乗用車、通信設備、コンピュータ、集積回路、カメラ、コピー機械などで、外資系企業の生産比率が50％を超えるまでになり、他の産業分野でも軒並みその生産比率が高まっている。

このような状況から、外資系企業による中国市場への浸食が国有企業の低

迷や不振につながっているとの批判を呼び、外資導入を制限すべきであるとか、民族産業を保護する必要があるとの主張がみられるようになり、活発な論争にまで発展した。とりわけ、前国務院政策研究室主任で保守派イデオローグといわれる袁木は、民族産業保護の具体策として、①国内で既に生産可能な大衆消費製品を製造する機械設備の輸入制限、②外国資本による一部重点産業の買収や合弁の禁止、③宣伝や教育で国産品愛用の社会的ムードを醸成する、などを強調した[4]。

さすがに、外資系企業の進出を搾取と捉えるような主張は少なくなったものの、民族産業保護の主張が急速に高まった背景には、外資系企業によって市場が軒並み席巻されてしまうのではないかといった危惧が大きく働いている。例えば、庶民にとっても身近な商品であるビールや洗剤、化粧品、カメラ、写真フィルム、携帯電話、ファーストフードなどの外資系企業生産比率の急上昇がみられる。

携帯電話では、天津モトローラ、武漢NEC、南京エリクソンなどの外資系企業5、6社の市場占有率は90％以上である。特に天津モトローラの市場占有率は群を抜いている。ビールは20％余、洗剤・粉石鹸、化粧品などは各々40％弱の外資系企業生産比率であるが、今後の急速なシェア拡大がみこまれ、2000年にはそれが60％を超えると予想されている。

自動車産業では、長いあいだ「東風」と「第1汽車（自動車）」の2大国有企業が、生産台数で第1位、2位を誇ってきたが、1996年には「東風」が第4位に転落し、代わっ

表3-3　外資系企業の生産比率
（1985、1996年）

単位：％

	1985	1996
飼料製造	6.5	32.2
インスタント食品	−	66.0
ソフトドリンク	4.6	63.1
アパレル	0.3	50.1
医薬	0.1	19.6
プラスチック製品	0.5	33.4
コンテナ製造	29.0	33.4
パワーシャベル	5.3	31.9
乗用車	−	83.9
モーターバイク	10.8	49.0
照明器具	0.6	35.3
通信設備	0.8	62.8
コンピュータ	8.0	71.9
集積回路	−	88.4
カメラ	1.7	78.3
コピー機械		75.5

注：第2次、第3次工業センサス結果による。
出所：『中国工業発展報告　1998年』94ページ。

て「第1汽車」「上海フォルクスワーゲン」「天津汽車」(ダイハツ)が上位を占めるようになった。「上海フォルクスワーゲン」は、85年の設立以来わずか10年で20万台を超える生産台数を確保し、現在では第1位の「第1汽車」に並ぶまでに成長した。このほかにもGM、フォード、日本企業ではトヨタ、ホンダ、スズキ、富士重工などが進出している。

　電子産業のうちカラーテレビでは、5大国有企業の上海広電、長虹、熊猫(パンダ)、天津通信、牡丹のほか、康佳電子(香港・港華公司)や日系の華強電子(三洋)、福建日立電子、さらに蘇州電視、青島電視、無錫虹美電器などの国有中堅メーカーなどの間で、激しい市場競争が繰り広げられている。四川省にある軍需工場から転身した「長虹」は、97年のカラーテレビ生産量が668万台で国内市場の35％を占めるまでに躍進した。その後、激烈な価格競争を背景に家電部門の外資系企業は次第に敗退していくことになる。

　このような状況のなか中国では、産業分野によっては投資を奨励しない業種もみられるが、多くの分野で外資の力を借りながら、国際競争に耐えられるような産業の再編成と構造改革を押し進めていくことにしている。したがって外資系企業では、中国の産業政策や対策に注意深く対処していく状況がみられた。

5. WTO加盟と外資系企業

　中国は、WTO (世界貿易機関) 前身のガット (関税貿易一般協定) への参加を申請してから、長期的にわたる交渉を辛抱強く続けてきた。この裏には、国内の産業構造調整を外圧によって押し進めようとの狙いがあった。また、加盟によって国際的地位が確保され、WTOスキームのもとで、通商上の問題解決の場が得られるなどの利点がある。　1999年4月に米国を訪問した朱鎔基首相は、「黒髪も白くなった。もう終わらせてもいいころだ」と年内加盟実現に強い意欲をみせた。クリントン大統領との首脳会談に先立つ次官級の詰

めの交渉で、中国側はかんきつ類、食肉製品、小麦などの輸入禁止措置撤廃や通信機器、保険、金融の一層の市場開放で譲歩を示したといわれる。

　加盟は市場経済が前提であり、米国内では、中国の国有企業が民営化されないかぎり認めるべきではないとの強硬意見が根強くみられた。さらに、先進国並みの条件を要求したことは、市場経済移行段階にあり、発展途上の中国には苛酷すぎた。

　中国にとっても加盟が2000年以降に持ち越されることになれば、新ラウンドの開始によって加盟交渉が一時棚上げになる恐れがあり、さらに農業やサービス、また投資自由化のハードルが高くなって、一層の条件整備を求められることにもなる。そこで勢い、歩み寄りと妥協の機運が生まれた。

　米中首脳会談でクリントン大統領は、中国が1999年中にWTOに加盟することを強く支持した。残存する重要問題に満足する結果を出し、商業的条件についての合意を早期に妥結するため、2国間協議を継続することで両国は一致をみた。さらに両首脳は、中国のWTO加盟が米中両国と多角的貿易体制の利益になることを確認した。中国のWTO加盟は、交渉の進展状況からみて、99年11月末にシアトルで開催される第3回閣僚会議までに決着をみる可能性が高いとみられたのは当然のことであった。

　米国が発表した実質的進展（significant progress）の内容は、概ね次のとおりであった[5]。

農産物の市場アクセス

①中国は、農産物の関税を2004年までに平均17％に引き下げる。

②大豆油、小麦、トウモロコシなどの輸入には関税割当制度を導入する。

③中国政府は農産物に対する輸出補助金を供与しないなど。

工業品の市場アクセス

①中国は、平均関税率を97年の24.6％から9.44％に引き下げる。3分の2の品目は2003年までに、残りの品目は2005年までに実施する。

②ITA品目（半導体、コンピュータ、通信機器など）の関税（平均13.3％）は2003年から2005年までに0％にする。

第3章　経済発展と外資系企業の歩み　　89

③自動車の関税（80-100％）は、2005年に25％となるよう段階的に引き下げる。自動車部品は10％に引き下げるなど。

サービス分野

①中国は、流通サービス分野にかかるすべての規制を3年以内に撤廃する。
②流通関連サービス（エクスプレス・デリバリー、航空運搬、貨物運送、貯蔵・倉庫業、広告、技術検査・分析、梱包サービスなど）に関しても、規制を3－4年で撤廃し、100％子会社も可能とする。
③保険はプルデンシャル基準のみに従いライセンスを付与する。
④加盟時に損保が全国レベルの保険を取り扱うことを認める。2－3年で主要都市へのアクセスを認め、5年で地理的制限を撤廃する。
⑤自由職業サービスでは、中国法に関するものを除き、外資マジョリティを認める。
⑥ビデオ、録音の流通に関し49％の外資参入を可能とする。
⑦ホテル経営に関しては、3年以内に外資自由化を認めるなど。

また外資系企業に対しては、貿易バランス、外貨バランス要求を撤廃する。さらに技術移転では、ローカル・コンテント要求の撤廃が合意をみた。協定の実施確保、セーフガード、ダンピング、繊維貿易、銀行、証券などについては、問題が持ち越された。

中国は、米中首脳会談に先立つ1999年3月の第9期全国人民代表大会（国会に相当）で契約法を制定し、契約関係法規を国際基準に沿った形で一本化し、内外無差別を明文化した。これにより外資も安心して、中国への投資ができる環境がひとわたり整ったことになる。

中国のWTO加盟にともなう大幅な市場開放は、短期的にみて中国の産業、とりわけ国有企業、金融界に大きな試練をもたらすことになる。関税率が大幅に下がる自動車、化学品などは、外国からの輸入品が増加し、国内企業に大きな打撃を与えるにちがいない。中国国内の自動車産業では、外資系企業を含めた再編が進められているが、2005年に関税率が25％に下がれば、国内メーカーが競争力を失う可能性は高い。機械、電機・電子、医薬品分野でも

競争の激化が懸念される。

　外国銀行が人民元、外貨の商業取引を取り扱い、外国人に加えて中国人へのサービスを提供すること、さらに投資自由化が実現すれば、国内銀行にとっては大きな脅威となる。中国沿海地域に比べて発展が遅れている内陸地域を中心に、今後、消費が順調に拡大していくならば、それらさまざまな分野への外国からの企業進出、製品輸出拡大の可能性は大きい。また、進出している外資系企業にとっても、中国の市場開放にうまく対処していければ、内販の大幅増加に期待がもてる。

　いいことづくめのようだが、国際システムのなかで競争力ある企業と産業を育てていこうとする中国に対して、外資系企業としては一時的な利益にとらわれず、中・長期的視野に立ち、共存共栄とグローバル・イシューを考慮した対応が必要とある。このような状況下にあったが、中国のWTO加盟はさらに延期されることになった。

6. カントリー・リスクと受容条件

　外国企業が対中直接投資を行う際に考慮することは、カントリー・リスクということであり、それがないにこしたことはないが、そのような国はありえない。したがって、あってもなるべく少ないところ、原材料やエネルギーなどが長期かつ安定的に確保されるところ、政治、経済が安定しているところ、企業の採算がとれるところなど、何を重視するかはあるものの総合評価で進出の意志決定を行うのが一般的である。

　それには次のような項目があげられる[6]。
　①税制、金融面での優遇政策が他国と比較して有利か。
　②インフラストラクチャーが整備されているか。
　③外資の出資比率規制が厳しいか。
　④許・認可手続きが煩雑で時間がかかるか。

⑤原材料の現地調達比率や輸出入規制、金融・為替管理などの規制が厳しいか。
⑥現地雇用比率など現地化政策が厳しいか。
⑦人材や技術者養成が十分になされているか。また、そのような養成機関が整備されているか。
⑧長期的にみて、一貫性ある経済政策がとられているか。
⑨政情や治安などに不安はないか。
⑩税制等の国内法規は整備されているか。
⑪国内の金融や資本市場は整備されている。
⑫市場としてのポテンシャリティはあるか。
⑬技術移転や経営ノウハウの受入れと評価が十分に行われるか。
⑭通貨価値の急激な変動はないか。
⑮輸入規制により、部品や原材料調達が困難でないか。
⑯経済が安定的に発展していく見込みがあるか。
⑰ビザ規制はないか。
⑱現地での企業間競争は激しいか。

　一方、直接投資の受け入れ国である中国にとってもメリットがなければなるまい。直接投資は、もとより資本や経営能力、技術知識といった経営資源が一体となって、受け入れ国に伝播されていくわけである。経営資源とは、企業経営上の多方面にわたる能力を発揮する主体であり、これは経営者を中心として発揮されるものである。

　したがって直接投資は、外資側にとっても単なる資産運用ではなく、経営権、つまり企業経営上のコントロールを伴った資本移動ということになる。発展途上国が経済成長を遂げていくためには、企業経営上の知識と経験、パテントやノウハウをはじめマーケティングの手法などを含む広い意味での技術的・専門的知識、販売方法、資金や原材料の調達、さらに新製品開発のための研究組織が必要である。

　発展途上国や外資系企業が外貨を獲得するためには輸出の増加が必要とな

るが、そのためには国際競争力の強化が前提となる。輸出競争力が強化された場合には、単に経済成長が促進されるという面だけでなく、国際収支の天井が高くなるため、中間財や資本財の輸入拡大等により供給面での制約が解消されていくことにも期待がもてる。そこでは、投資受け入れ国の受容条件が問題となる。受け入れ国が製品の輸出力を高めるためには、外資側の力を最大限に活用し、工業企業の生産性や品質を向上し、輸出競争力を強化していくことにほかならない。さらに、企業が生き生きとした活力をもち、主体的に行動し、企業間競争のなかで切磋琢磨していくことが必要である。

　一般的にみて、発展途上国が工業近代化を急ごうとすれば、それは先進国などからの直接投資や技術・設備を導入することになる。初期段階では、いわば「外国に依存した工業化」ということになる。外国の企業などから先進的な経営管理手法や技術・設備を導入するわけである。これらを導入する際に、その消化能力とともに普及・発展のシステムが課題となる。プラントや技術、管理手法などは、それらが醸成された国の経済制度や資本蓄積の程度、労働力や製造技術の水準、資源の賦存状況、風土や文化、価値観などのあらゆる条件を少なからず反映しているからである。

　したがって発展途上国は、先進諸国から時間をかけ、努力して学びとれる分野と努力しても消化不良をおこしてしまう分野があるわけで、それらを十分に考慮し、効率的な工業近代化の道を主体的に選択することが肝要である。発展途上国は外貨の制約や焦りから、導入技術に対して少しでも先進的レベルのものを自国の現状から飛び越えて要求する傾向が強い。

　導入する経営管理手法や技術が先進的であればあるほど、自国のそれらとの間に二極分化を引き起こしてしまう。二極分化現象のなかでは、導入した管理手法やトップレベルの技術は、普及技術とはなかなかなりにくいことは、すでに第2章で指摘した。その国の在来産業との関連を考慮しない外資系企業の設立や技術導入は、かえって中間財や部品までも外国に依存することになりかねない。無駄足を踏むようでも受容条件を整備するなかで、段階を追った産業選択や技術を導入していくことが、先進国の「飛び地」とならな

いためにも重要なことである。

注
1）ここで扱う数字は、国家統計局編『中国統計年鑑』各年版、中国統計出版社と国家統計局編『中国統計摘要1999』中国統計出版社、1999年5月などによる。
2）中国対外貿易経済合作部と国家統計局の双方の公表資料のあいだには、同一項目の数字でも差異がみられる。
3）中国税務総局政策法規司資料（財税字〔1998〕184号）による。
4）「経済日報」1996年7月11日。
5）The WHITE HOUSE OffICE of the Press Secretary: For Immediate Release, April 8, 1999.
6）横田高明「日本企業の経営戦略としての対中投資」、商事法務研究会編『最新・日中合弁事業』(社)商事法務研究会、平成3年10月、9-10ページ。

第4章

国有企業改革と株式制の導入

1. 改革・開放政策と国有企業の地盤沈下

　中国における国有企業改革は、1978年末の改革・開放政策採用以降、国有工業企業[1]を中心に「利潤留保制度」や「利改税」(利潤上納制から納税制への改革)、「生産請負制」の導入など、さまざまな実験が長期間にわたって進められてきた。しかし、工業生産総額に占める国有工業企業のシェアは、78年の77.6%から85年64.9%、90年54.6%、95年34%と年を追って低下し、98年は28.5%まで落ち込んでいる。一方、集団所有制企業やほとんどゼロから出発した個人企業と私営企業、外資系企業などがシェアを拡大してきた（図4-1参照）。

　1992年10月に開催された第14回共産党大会で、「社会主義市場経済」という新たな概念を正式に提起した中国は、それまでみられた市場経済化に対する消極論や反対論に終止符をうつとともに、その方向を理論的にも確認した。93年秋の中国共産党第14期中央委員会第3回全体会議（3中全会）の「決定」では、「社会主義市場経済体制は、社会主義の基本制度と1つに結びついているものである」として、「全人民所有制（国有制）と集団所有制を含む公有制経済を主体」とすることを明らかにしている[2]。そして個人や私営企業（従業員8人以上を雇用する企業）、外資系企業（合弁・合作・独資企業のいわゆる三資企業）などの非公有経済は、あくまでも「主体」である公有制経

図 4-1　工業生産額に占める所有形態別企業のシェア

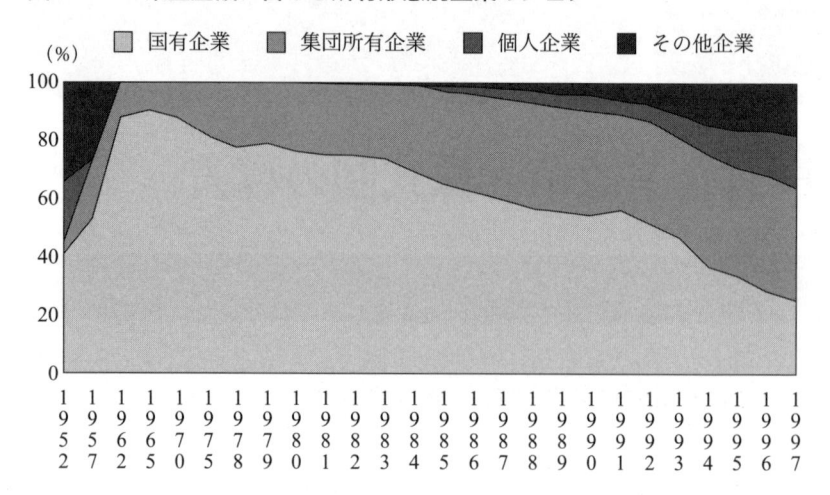

出所:『中国統計年鑑』各年版から作成。

済を補うものとして位置づけられた。

　そこで、「国有企業の経営メカニズムを転換して現代企業制度を打ち立てる」ことが、経済体制改革の当面の重点課題として取り上げられるに至った。国有企業は、現代的な企業制度のもとに改編すべきことが確認され、長期にわたって赤字で、資産で債務支払い不能の企業は、法により破産させるべきであることも打ち出された。「全人民所有制工業企業の経営メカニズム転換条例」(1992年7月23日公布)と「中華人民共和国公司法(会社法)」(93年12月29日公布)により、国有企業が行政から独立し、市場メカニズムに適合する企業組織に転換するための条件が、法律面でも整備された。

　国有企業の資産所有権は国家に属し、企業は国家を含む出資者の投資によって形成される全体としての法人財産権を有する。したがって企業は民事的権利を有し、民事責任を負う法人となる。企業は、その全法人財産について、法に基づいて自主経営し、損害を自己負担し、規定どおり納税し、出資者に対して資産の保持増殖の責任を負う。出資者は、企業に投入した資本額に相応する資産受益、重要政策の決定、管理者の選択など所有者の権益を得

る。さらに企業は市場の需要に応じて生産活動を行い、労働生産性と経済効率を高めることを目的とし、政府は企業の生産・経営活動に直接関与しない。また、科学的な企業指導体制と組織管理制度の確立などが明確にされた。

　現代企業制度を打ち立てることは大きな、かつ複雑な任務であり、経験を蓄積して条件を創造し、段取りを追って推進することにした。企業の権利と責任を明確にし、経営メカニズム転換と企業組織の構造調整の進展を速め、順次に企業資産をはっきりと計算し、所有権の境界を定め、債権・債務を清算し、資産の評価を行い、企業法人の財産占有量を確定する。断固として企業に対するむやみな資金集め、負担の押しつけ、費用の徴収（これらを中国語で「攤派」という）を抑止し、企業が社会的機能を果たす負担を軽減する。

　とりわけ国有大中型企業は国民経済の支柱であり、現代企業は、その財産構成によって多様な組織形態をもつことができるとし、会社制度（公司制）を実行することは、有益な試みであると考えている。規定に基づく会社は、出資者の所有権と企業法人財産の所有権の有効な分離を実現でき、政府と企業を分離し、経営メカニズムを転換し、企業が行政機関への依存から脱却し、国家の企業に対する無限責任を解除するのに便利である。また資金を集め、危険を分散するにも有利である。

　会社にはいくつかの形態がある。条件を備えた国有大中型企業は、単一投資主体のものは法律により独資会社に改組することができ、投資主体が多いものは有限責任会社、もしくは株式有限会社に改組することができる。株式有限会社の上場は少数のみが可能であり、必ず厳格な審査を経なければならない。国家株（国有株）が会社においてどのくらいの比重を占めるのが合理的かは、産業により、株券の分散の程度によって処理するべきである。特殊な製品を製造する会社や軍需関連企業は国家の独資企業によるべきであり、基幹産業と基礎産業の中核企業は、国家が持ち株会社となって非国有資金を株式として吸収し、公有経済の主導作用と影響範囲を拡大していく。

　条件のない企業を無理に会社に改造する必要はなく、すでにある会社はルール化の要求に従って整頓する。全国的な専業総公司は順次に持ち株会社

に改組し、共有制を主体として、財産権の結合を主なつながりとする地区、業種にまたがる大型の企業集団を発展させることを目指す。

　一般の国有小型企業は、あるものは請負経営、リース経営を実行してもよいし、あるものは株式合作制（中国語は「股份合作制」、従業員が資金・物資・技術などを投資して共同経営を行うもの）に改組してもよく、あるいは集団と個人に売り渡してもよい。企業または株券を売り渡した収入は、国家により発展が急がれる産業に投資される。

　工場長（社長）責任制を堅持するとともに完備し、工場長の法律による職権行使を保証する。企業における党組織は政治的中核を発揮し、党と国家の政策・方針の貫徹と執行を保証し監督する。また国有資産の管理を強化する。国有資産の管理が無責任で、それが流出している状況を重視し、国有資産が低価格で株式化されたり、安値で売り出されたり、甚だしくは無償で個人に分配されることを厳禁する[3]。

　このような方針のなかで共有制を主体とし、多様な所有形態の企業がともに発展していくことが、社会主義初級段階を標榜する中国では重要な課題となっている。

2. 国有企業の赤字と破産状況

　国有企業の改革には、それ相応の時間が必要となる。社会主義体制のもとで3人分の仕事を5人でやり、国家がやるような仕事まで単位主義として企業が負担してきた状況をひとつひとつ検討し、整理していくことは簡単なことではない。中国では、企業が学校や食堂、診療所、商店など多岐にわたる非生産部門を有し、住宅や年金制度などを備えて従業員と家族の生活を丸抱えで面倒をみるという小社会が維持されてきた。改革と開放の時代を迎えて競争と市場原理が導入されるなか、それら重荷を企業から切り離していくことは、なかなか困難を伴うものである。

国有企業の改革は積年の課題であるが、多くの問題を抱えており、なかなか思うように進展しないのが現状である。改革の過程で、むしろ国有企業の地盤沈下が目立っている。中国では1996年1月、「第3次全国工業センサス」が734万社余の多様な形態の工業企業を対象に実施されたが、国有企業8万7905社の34％にあたる2万9668社が赤字企業である。その規模別内訳は、大型企業29％に対して中型企業36％、小型企業35％となっている。業種別では紡績45％、飲料43％、電子38％、自動車35％などが高くなっている[4]。なお96年末では、国有工業企業6万9500社のうち38％にあたる2万6200社が赤字であり、大中型企業でみると1万4800社の40％、5900社が赤字企業との報告がある[5]。国有企業の赤字経営に改善が見られず、赤字額は年を追って増え続けてきた。

　このようなことから中国では、すでに1986年12月に開催した第6期全国人民代表大会常務委員会第18回会議において、「中華人民共和国企業破産法（試行）」を採択している。破産制度導入の背景には、不採算企業の存続が国家財政を圧迫し、経済の非効率が表面化しだしたためである。88年から94年までに公的所有企業の破産申立て件数は1522件となっている。うち国有企業の占める割合が40％弱で、残りの約6割が集団所有制企業である。結審数は743件で、全申立て件数の49％である。国有企業の破産は年を追って増える傾向にあり、92年は88件で全体の33％、93年は171件で同36％を占めた[6]。しかし、国有工業企業総数（94年では10.22社）の3.4％の企業が破産条件を満たしているとの予測があるなかで[7]、実際の破産件数は少なすぎるといえる。

　また国有企業の破産は、政府の行政的関与がなければ不可能である。現状では、赤字のままでも破産させずに、そのままおいたほうがよいとの考えが多く見受けられる。1993年5月には、「国有企業職員・労働者待業（実質的には失業と同じ）保険規定」が施行されたが、保険システムが未整備で、破産企業の従業員の生活救済を行うところまで至ってない。とりわけ地方政府は、破産に必要な環境が未整備のもとでは苦労のみ多いとして、国有企業の破産

に反対である。労働者は企業が破産しても、生活や再就職の保証がないので反対である。社会保障制度や労働市場が未整備なため、国有企業の破産はなかなか簡単にはいかない。

　銀行も国有企業の破産に反対している。破産させれば、銀行に巨額の損失をもたらすからである。さらに実際の破産において、破産企業の資産移転後の破産申立てや資産を使い尽くしてからの破産申立て、政府関与のもとでの売却資産の過少評価などが行われており、銀行の損失が拡大する場合が多々おこっているからである。現在、国有企業の負債の約70％を専業銀行が抱えており、専業銀行自体の商業銀行への転換も簡単には進まない[8]。しかし、商業銀行への全面改革はいずれ踏み切らざるをえず、それにともなって赤字国有企業への支援システムは、しだいに消失していくことになろう。

　中国政府は94年9月、「若干の都市での国有企業破産試行に関連する問題についての通達」を出し、上海・天津・青島・武漢・重慶など18都市を国有企業の「破産モデル都市」に指定した。同年11月には、18都市に対して国務院名で「国有企業破産のモデルと破産実施通達」が出され、年内に赤字の深刻な国有企業40社以上を破産させるよう通知した[9]。ここでは、破産企業の従業員再雇用の問題に配慮し、大企業を破産対象から除外し、中小の国有企業に限定することにした。

　18都市の国有企業破産状況については、1995年半ば時点で「破産手続きあるいは破産の準備段階に入った企業は合わせて150社、そのうち13社が破産の準備段階、45社が破産の申立て段階、41社が破産手続き段階、51社がすでに結審した。これら企業の資産総額は38億元、負債総額は47.85億元、従業員総数は約6万人である」との発表がある[10]。しかし、その後の進展状況については、破産が難航しているのか不明である。

　江沢民総書記（当時）は、95年5月22日に上海市、6月26日に吉林省長春市で開催された企業座談会の席上、「信念を固め、任務を明確にし、国有企業改革を積極的に推進させよう」と演説した。そこでは「企業改革の過程において、合併を多くし、破産を少なくする。破産条件が整い、どうしても破

産させなければならない国有企業に対しては、法律に基づいて破産させてもよい。しかし、多くの国有企業は合併の道を歩むべきである」と指摘している[11]。やはり中国の現状からみて、赤字企業を破産させることは、失業保障問題など環境が未整備であり、そう簡単にはいかない。国有企業の破産は、政治や社会問題をも考慮しながら、段取りを追って慎重に進めていかざるをえないだろう。

3. 国有企業改革の進展

中国では、すでに見たような方針の下にさまざまな政策の実行と実験が進められているが、1997年に入ってその成果が少し出てきたといわれる。国有工業企業は、2年あまり続いた収益の落ち込み傾向がほぼ抑えられ、税引き前利益額が比較的大幅な増加を示し、赤字企業の赤字額増加率が大きく低下したことが、公式統計から明らかになった。国家経済貿易委員会と国家統計局が97年5月28日に明らかにしたところでは、1～3月の国有工業企業の税引き前利益は前年同期比15.67％増の569億7300万元に達し、赤字企業の赤字額は8.6％増の281億6000万元に止まった[12]。国家統計局工業経済司によると、赤字額増加率が2桁から1桁に減ったのは3年振りのことである。赤字額が税込み利益に占める割合も前年同期より3.17ポイント減少している。

また国家経済貿易委員会経済政策調整司（当時）の欧新黔司長は、次のように指摘している。「国有企業には現在、経済収益が好転するという傾向が見られるが、これは改革・改組・改造を加速し、企業管理を強化した結果である。中国は1996年から『大企業に力を入れ、小企業の経営を自由化する』（中国語で『抓大、放小』という)、資産拡大、債務削減、従業員削減、収益拡大、破産、合併など、一連の政策的措置を発表しており、企業も市場志向の度合いを強め、経営管理メカニズムを改善している。これら有利な要素は、積極的効果を徐々に生み出している」[13] と。

1997年第1四半期の国有大中型企業の収益は国有企業の平均水準を上回り、税引き前利益額は前年同期比16.19％増の556億元に達し、赤字企業の赤字額は8.2％増の216億6500万元に止まった。そこで欧司長は、「国の政策的措置が役割を発揮し、企業自らが一層努力すれば、国有企業は年間を通じて、経済収益が次第に好転する傾向を維持できるだろう。……しかし、すべての国有企業が困難な状況から完全に脱出するにはまだ時間がかかるものの、見通しは明るく、人々はそれに励まされている」[14]との考えを示した。

　国家統計局の邱暁華総経済師は、「21世紀初めには、全国の経済生産に占める国有企業の比率は3分の1前後、企業の国有資産は全社会資産の3分の2を占め、国有企業は依然として中国経済の発展において決定的役割を果たす」と述べている。また現在では、赤字国有企業全体の77％を小型企業が占めており、全国の工業企業の工業総生産額と製品販売収入の60％、税込利益の70％以上を占める国有大中型企業は、ほとんどが黒字になっているとも指摘している[15]。

　国有企業改革の過程では、四川省の長虹、江蘇省の春蘭、上海市の宝鋼など一連の高収益大型企業グループが急速に台頭し、1人当たり労働生産性は先進諸国の同一業種の水準に近づき、なかにはそれを超えるものもでてきた。大中型の国有企業で実効を上げ始めたことから、国有企業の赤字範囲（国有企業総数に占める赤字企業の割合）は、なお30％程度であるものの、国有経済全体としては成長局面を維持できるとみている。また、近代的企業制度作りを目標とする構造調整は、沿海地域の国有企業から内陸へと広がりつつある。内陸にある四川省宜賓市では、すでに65％の企業が近代的企業制度の実験を行い、実験企業はすべて黒字に転換したといわれる。河南・山西・陝西など中西部の省でも1997年には、国有企業のなかで株式化の実験を拡大する計画である。

　国有企業が抱える問題には、企業制度、外部環境、歴史的に残されたものなどさまざまある。これらの問題を解決するには、改革、安定と発展の関係を総合的に考え、適切に処理し、国家と社会と企業の受容能力を十分に考慮

する必要がある。国有企業の改革を深化し、付随する改革を並行して進めていかなければならない。これにはかなり長い時間が必要である。国有企業改革の長期性、複雑さと困難さを十分に認識しておくべきで、急いては事を仕損ずることになる。とはいうものの国有企業は、引き続き主導的地位を確保し、社会の安定、経済発展の均衡化をはたしていくことが、中国が長期にわたって改革・開放政策を進めるための不可欠の条件となっている。

国有企業の改革に付随する社会保険制度については、整備がすすめられつつある。養老保険、失業保険、医療保険、労災保険と女子従業員出産保険の各制度を確立・完備し、カバー範囲を拡大し、広範な勤労者の基本的生活を保証するよう努め、社会の安定を確実に守ることが打ちだされている。1997年8月に北京で開催された「全国社会保険工作会議」で、李伯勇労働部長（当時、1998年3月に労働・社会保障部に名称変更）は次のような内容の報告を行った。

養老保険は制度の一本化を中心に穏やかな移行を保証し、企業労働者の基本養老保険制度の統一作業を遅くとも1998年末までに完了させる。養老保険のカバー範囲を拡大し、非公有制企業もできるかぎり早く取りこむ努力をする。また、「失業保険条例」を早急に公布し、失業保険と就職を統一的に管理する体制を固め、強化する。失業保険を職業紹介、職業訓練、自助努力など再就職促進活動と結びつけ、政策の統一性、制度の整合性、活動の全面性を図る。勤労者医療保険制度については、各省と実験都市の労働官庁が医療保険改革案を整備し、他地域の改革活動の支援を強化する[16]。

労災保険制度の改革では、事務制度を完備しカバー範囲を拡大する。各地は労働鑑定機関の確立と整備を急ぎ、「企業従業員労災保険試行弁法」の実施を徹底し、労災保険料の社会的プールを強力に押し進める。出産保険制度の改革では、全国の出産保険の社会的プールを一層進める。これら保険制度について関係機関は、基金の収入と支出をはっきり区分する具体的管理規則を研究・制定し、基金の安全を保障しなければならない。同時に養老保険の管理サービス業務の社会化を進め、企業の事務負担の軽減に努めていく。

中国では、「統一された企業従業員基本養老保険制度確立に関する国務院の決定」が、1997年8月に発表された。この「決定」に基づき、社会主義市場経済体制の要請に応じて、都市部各種企業の従業員と個人営業者に適用され、資金源のルートが多様で保障方式が多段階であり、社会的プールと個人口座が結びつき、権利と義務関係が明確で、管理サービスが社会化した保険を20世紀末までに、基本的に確立することを目指している[17]。

しかし、これら改革は依然として実験段階にあり、養老保険制度が統一されておらず、企業の負担が重く、プールのレベルが低く、管理制度が整っていないなどの問題が存在している。そのため党中央と国務院が確定した目標と原則に基づいて改革のテンポを速め、統一した企業従業員基本養老保険制度を確立し、経済と社会の健全な発展を促していかなければならない。

養老保険のカバー範囲を一層広げるためには、都市部の全企業と従業員に対して徐々に適用を拡大していく必要がある。同時に社会保険管理サービスの社会化水準を高め、企業による養老年金の支給を早急に社会による支給に変え、離職・退職者向けの管理サービスを企業から社会に転換する条件を積極的に作り、企業の社会事業負担を軽減していく必要がある。「決定」では、企業が納付する基本養老保険料の割合、従業員のための養老保険個人口座の開設などについても明確に規定している。

4. 株式制と新しい企業像の形成

中国は1997年9月12日から開催された第15回共産党大会において、国有企業の改革に株式制の全面導入を決めた。国有企業の改革は93年末から本格的に着手し、とりわけ国有小型企業に対しては株式化やリース経営、売却などで活性化を追求してきた。しかし、国有大中型企業では、資産内容の改善やグループ化などを実施したに止まり、さまざまな困難もあって大胆な改革には至らなかった。その結果、国有企業の地盤沈下や赤字企業の増加が目

立つようになったとされる。

　江沢民総書記（当時）は党大会における政治報告のなかで、「株式制は現代企業の資本形成の一形式である。……株式制は公有制か私有制かとおおざっぱに論じてはならない。カギは株式のコントロール権がだれの手中にあるかである。国家と集団が株式を支配すれば、それは公有制をもち、公有資本の支配範囲拡大に有利である」[18]と述べている。確かに、中国が国有企業の株式化に本格的に取り組む背景には、国有企業が膨大な赤字を抱える現状がある。株式制を導入すれば、国有企業が直面している資金不足の問題を解消できるし、新たな設備投資を行うことも可能になると考えているのである。

　だが、それは一時的な効果にすぎず、永続するものではない。当面の資金不足は解消できても、企業経営者の運営のやり方が変わらなければ、真の問題解決にはならない。そこで、国有企業の枠を超えた新しい企業像の形成が課題となる。いわば企業家精神が養成されなければ、企業の活性化は困難なのである。

　かつてJ・ビッカーズとG・ヤローは、共著 "Privatization; An Economic Analysis" のなかで、国有企業の私有化の目的を7つに要約している。それは、①能率の改善、②公共部門の借入れの抑制、③企業の意思決定への政府介入の抑制、④公共部門の賃金問題の解決、⑤株式所有の拡大、⑥従業員持ち株の助長、⑦政治的利点の獲得である[19]。

　国有企業の私有化（民営化）が世界的に問題となったのは、1980年代のことである。まず英国が先行し、続いてフランス、西ドイツ（当時）、イタリア、スペインなどに広がり、日本も84年12月の「電電公社民営化関連3法」の成立を皮きりに、85年4月には日本電信電話株式会社（NTT）と日本たばこ産業株式会社（JT）が発足した。さらに87年4月、「国鉄分割民営化」のもとにJR7社が発足した。

　国有企業を株式会社にしたといっても、その株式の過半数以上を国家が所有していたのでは、それはまだ国有企業である。また所有形態を変えて私企業にしても、大企業体質そのものが変わらなければ問題の根本的解決にはな

らない。国有企業の株式会社化による私有化にとって、何より重要なことは株主との関係である。株主と企業経営者との関係は、企業の効率化にとって深いかかわりをもっており、企業経営の自主性を確立することにもつながっていく。しかるに本来の私有化とは、個人持ち株比率を拡大させるはずのものであるが、実際は米国や英国では機関株主[20]、日本は法人株主への株式所有の集中化という結果を生んでしまった。

　資本主義諸国における1980年代の私有化の波は、やがてハンガリーやポーランド、東ドイツ（当時）そしてソ連（当時）にも波及していった。90年代に入ると旧社会主義国で私有化の大潮流がおこり、社会主義市場経済を標榜する中国でも同じようなことが真剣に検討されるようになった。私有化の目的の1つは、大衆が株式を所有することによって、大衆に企業に対する所有者意識を持たせることであり、従業員が株式を所有することで企業経営への参加意識をもつことだとされている[21]。このようなことから、中国が株式化を導入するといっても企業の支配権が国家や集団にある場合は、それは私有化とはいえない。「株式会社」という名称を使っても、あくまでも国有企業における「株式制の導入」なのである。

　公有制の実現形態を損なわない範囲での株式制導入は、国有企業の改革に必要かつ実行可能な選択であり、経済体制改革を推進する重要な突破口になると中国の識者はみている。例えば、経済学者の王珏は、「株式制は理想的な公有制の実現形態で、社会主義初級段階にある中国の生産力発展の客観的要求である」と述べている。また経済体制改革研究会の楊啓先副会長は、「株式制は国有企業の財産権、権利と責任の明確化、行政と企業の分離、科学的経営管理を実現する経営形態の精髄である」と指摘している。経済学者の魏杰は、「株式制は近代的企業制度の1つの重要な形式として、国有大中型企業が苦境から脱却するために必ず通らなければならない道となるだろう」と署名論文の中で述べている[22]。

　国家経済体制改革委員会（当時）の発表では、1994年末から実施している100社の近代的企業制度作りの実験はすでに成功し、96年末現在で、これら

企業の資産総額は実験前より994億元余り増加して3600億元余となり、約28％の伸び率であるとしている。中国では、84年から株式制の初歩的実験を始めたが、91年には実験を拡大し、95年は規範化段階に入り、その後は公有制の実現形態に対する認識の限界性などが原因で、国有企業を主とする改組や新設による株式会社の数は9000社余りに止まっていた。

しかし、1997年5月に江沢民総書記が中央党学校で演説し、「生産力の発展を大きく促進する公有制の実現形態を見つけだすよう努力し、社会化生産法則を反映する経営形態と組織形態はすべて大胆に利用してよい」と指摘した。さらに朱鎔基副首相（当時）は、同年7月に遼寧省で国有企業を視察した際、「中国の株式市場の規範化と安定した発展にともない、株式市場を通じた直接融資が国有企業の資本金の重要な資金源になる」[23]と述べた。中国においても「株式制導入は企業の経営方式の転換にすぎず、私有化とは全く別」としているが、重ねて言えば経営方式の転換こそが問題なのである。資本の生命力は何かといえば、それは利潤の追求である。利潤追求に向かって運動しない資本は、資本とはいえない[24]。そのために中国でも、経営方式の転換が必要なのである。

1990年代半ば以降は、中国の都市小型企業において株式合作制が積極的に試行されたが、多くの企業が生気を取り戻したといわれる。この方式は、1993年11月に開催された中国共産党第14期3中全会の「決定」のなかで、国有小型企業や集団企業で株式合作制をとってよいことを明確に打ち出している。株式合作制は株式制のいくつかの要素を取り入れた協同組合形式のもので、集団経済の新しい組織形態である。労働の協力と資本の協力が有機的に結合し、社員が共に働き、生産手段をともに占有・使用し、利益を共有し、リスクを協同で負担し、民主的管理を実施し、企業の意思決定は多数の社員の意思が体現されている。いわば株式制企業でもなく、合名企業でもなく、組合制企業とも異なり、実践の中で生まれた新型の企業形態であるとしている。

持ち株数は社員の間で差があってもよいが、あまり大きな差があってはな

らず、その企業以外の個人の出資は認めない。社員が企業を離れるときは、その株式は企業内で譲渡しなければならず、他の社員が優先的に譲り受ける権利を持つ。社員個人株と社員集団株が総株式資本のなかで大多数を占めるようにする。企業は社員個人株を設けなければならず、社員株は社員が自分の合法的財産をその企業に投じることによって生まれた株式である。さらに状況に応じて社員集団株のほか国家株、法人株を設けることができる。国家株、法人株は国家、法人がすでに投じた資産を株式に換算するか、または新たに出資して生まれた株式である。

株式合作制企業は社員株主総会制度をとる。社員株主総会は企業の権力機関であり、1人1票の表決方式をとらなければならない。社員株主総会は取締役会と監査役会を選出する。企業は取締役会を設けず、社員株主総会で社長を選出するか、招請してもよい。企業の年度予算、決算と利益分配案、重大な投資事項、企業の分離・合併・解散などの重要な意思決定は社員株主総会の承認を得なければならない。取締役会は社員株主総会の常設機関で、社員株主総会に対して責任を負う。

企業は労働に応じた分配と株式に応じた配当を合わせた分配方式をとる。社員の給与と賞与の分配は、「能率を優先させ、あわせて公平を考える」原則に従い、賃金総額の伸びは企業の収益の伸びより低くし、社員の実質平均給与の伸びはその企業の労働生産性の伸びより低くする。在来企業の非営業資産は切り離すことができ、独立して運営するか、または制度改革後の企業に管理を委託し、企業の負担を軽減する。国有、集団の持ち分を確実に保証し、公有財産の流出を防止する[25]。

株式合作制は小企業改革の有効な形態だが、唯一の形態ではなく、小企業活性化のためにはさまざまな形式をとることができる。各地は株式合作制の推進にあたって、実際から出発し、着実に進めるべきで、むやみに数を追求してはならないとしている。株式合作制の原点は、1980年代の初期に浙江省や広東省など沿海地域の農村に起こり、その後都市の企業改革で取り入れられたものである。95年末現在で農村に300万、都市に15万余りあり、その

後は急速に広まった[26]。

5. 株式制導入とその変遷

　中国における株式制導入は、決して順調に進んできたわけではない。1984年10月に開催された中国共産党第12期3中全会で採択された「経済体制改革に関する決定」で、「社会主義商品経済」が提起されたことから、株式制が採用されることになった。まず北京市では「決定」に先立って84年7月、天橋百貨株式公司が設立されたが、そこの「株式」といわれるものは期間3年の債券に類似したものであった。同年11月には、上海電声総廠（工場）が発起して上海飛楽音響株式公司を設立するため、中国銀行上海支店が受託銀行となり、株式を公募して資金40万元を調達した。さらに上海の延中実業公司は、一般の人達に向けて資本金の一部を株式に転化して発行した。これらの事例が、中国における株式制企業の走りである[27]。

　1987年初めには「ブルジョア自由化反対運動」が起こり、株式制は私有制を拡大して資本主義への道を開くものだとの考えが高まった。しかし同年秋の第13回党大会で趙紫陽総書記（当時）は、「改革のなかで現れた株式制は社会主義企業の資金調達の1つの方式であって、引き続き試行してよい」と述べ、再び株式制の推進が基本的に公認された。この動きも長くは続かず、88年秋からの経済引き締め政策への転換によって、変化を余儀無くされた。とりわけ89年6月4日の「天安門事件」を契機に、再度私有制に反対する声が高まり、株式制をめぐる議論は下火になった。

　このようななかでも株式制は、地域によっては実験として続けられたといわれる[28]。1991年3月に開催された第7期全国人民代表大会第4回会議で採択された「国民経済社会発展10ヵ年計画構想と第8次五ヵ年計画」のなかでは、「債券・株式の発行を計画的に拡大し、条件が整った地域において証券取引所を設立する」と規定した。これを受けて「上海証券取引所」が新中国第

表 4-1-1 上海証券取引所における株式上場概要

	会員数(社)	ブース数	登録投資家数約(万人)	上場会社数(社)		上場銘柄数		発行総株数(億株)		時価総額(億元)	
					地域外	A株	B株	A株	B株	A株	B株
1991年末	26	37	11	8	1	8		2.72		29.43	
1992年末	171	284	111	33	2	30	9	38.89	8.05	520.55	37.
1993年末	481	1,667	423	106	36	101	22	188.67	17.95	2,076.65	129.
1994年末	569	3,305	575	171	77	169	34	387.63	31.25	2,483.53	116.
1995年末	577	3,547	685	188	93	184	36	436.60	34.65	2,433.71	91.
1996年末	524	5,233	1,208	293	189	287	42	625.54	45.28	5,316.13	161.
1997年末	544	5,700	1,113	383	270	372	50	907.76	67.61	9,032.45	185.
1998年4月末	508	5,634	1,820	398	284	387	50	1,019.51	67.61	10,985.60	171.

表 4-1-2 深圳証券取引所における株式上場概要

	会員数(社)	ブース数	登録投資家数約(万人)	上場会社数(社)		上場銘柄数		発行総株数(億株)		時価総額(億元)	
					地域外	A株	B株	A株	B株	A株	B株
1991年末	15			6		6		3.57		79.76	
1992年末	177		100	24	5	24	9	22.11	4.16	457.53	32.
1993年末	426	410	400	77	46	76	19	111.52	10.54	1,251.01	84.
1994年末	496	619		120	74	118	24	205.00	15.59	1,032.49	57.
1995年末	532	887	573	135	81	132	34	240.48	26.91	876.87	71.
1996年末	542	1,125	1,000	237	182	227	43	399.48	40.06	4,132.43	232.
1997年末	394	1,150	1,619	362	298	348	51	738.37	57.48	8,121.74	189.
1998年4月末	329	1,383	1,710	377	313	363	54	800.62	61.71	9,479.21	171.

出所:大和證券資料

1号として90年12月に開設され、翌年7月には「深圳証券取引所」が2番目として発足した。

さらに1992年1月中旬から2月中旬にかけて、経済改革の総設計師と呼ばれた鄧小平が中国南方の深圳、珠海さらに武昌、上海を視察したが、その際に発した講話において、株式制採用に関して次のように述べたといわれる。「証券・株式、こうしたものが結局のところ良いのか悪いのか、危険であるのかどうか、資本主義特有のものなのかどうか、社会主義では使えないのかどうか、静観することは許されるが、しかし断固として試さなければならない。1、2年やってみて良ければ拡大すればよい。間違っていたとわかれば是正し、閉鎖すればそれでよい。……社会主義が資本主義に比べて有利な条件を得るためには、人類社会が創造したすべての文明の成果を大胆に吸収し、参考に

開業日 1990年12月19日

1日平均出来高 全年(百万株)		1日平均売買代金 全年(百万元)		全年累積売買代金(億元)	総合株価インデックス					
					A株			B株		
A株	B株	A株	B株		終値時	最高	最低	終値時	最高	最低
0.017		3.17		8.07	292.75	292.75	101.96			
6.15	1.22	91.26	6.51	247.19	815.80	1,511.27	292.76	66.72	140.85	55.81
51.00	5.30	888.60	30.54	2,469.70	845.75	1,840.71	765.58	103.15	105,78I	51.01
51,70	8.90	2,232.82	42.99	5,735.07	667.77	1,072.33	328.85	62.80	103.91	60.00
97.01	7.76	1,212.20	24.24	3,103.48	575.19	972.03	539.86	41.87	63.81	47.03
34.82	11.47	3,651.92	38.29	9,114.84	954.98	1,313.92	527.85	67.03	87.12	44.80
79.82	20.78	5,575.59	89.09	13,763.19	1,258.49	1,578.61	905.50	51.88	99.31	60.48
24.68	11.81	8,093.41	30.91	4,080.79	1,421.07	1,421.08	1,175.73	51.61	59.58	38.40

1日平均出来高 全年(百万株)		1日平均売買代金全年(百万元)		全年累積売買代金(億元)	総合株価インデックス					
					A株			B株		
A株	B株	A株	B株		終値時	最高	最低	終値時	最高	最低
0.99		11.72		35.30	110.37	136.94				
6.87	0.56	162.42	6.47	434.07	255.05	285.84	169.04	111.87	142.03	105.72
29.14	1.41	486.82	9.95	1,286.66	245.69	379.07	214.89	141.44	185.45	80.83
140.35	1.14	942.99	6.42	2,392.55	143.73	249.71	93.34	86.66	142.85	85.07
74.98	1.68	366.38	7.68	932.37	117.02	176.77	115.68	59.48	86.59	59.29
559.46	16.09	4,871.28	75.02	12,217.35	341.81	502.77	107.45	145.48	201.86	58.87
537.14	16.60	6,890.91	90.72	16,985.12	406.45	548.54	307.94	98.97	188.69	97.10
636.18	8.26	7,329.09	22.26	3,818.85	442.29	442.39	378.82	85.86	100.64	74.96

して資本主義先進国を含む現代社会の生産法則を反映する世界各国の先進的経営方式、管理方法を吸収し参考にしなければならない」[29]。このような考えのもとに、中国は株式制を推進する方向を再び確保したのである。

1992年10月に開かれた第14回党大会では、社会主義市場経済の確立を正式に宣言した中国であるが、その具体的内容の1つに株式制の推進がとりあげられた。10月22日に行われた江沢民総書記の「改革・開放と現代化建設のテンポを速め、中国の特色をもつ社会主義事業のさらなる勝利をかちとろう」と題する報告の中では、「株式制は、政府と企業の職責分離の促進、企業の経営メカニズムの転換、さらには社会における資金の蓄積に役立つので積極的に試行し、経験を総括し、関係法規の制定と実施を急いで、それを秩序正しく健全に発展させるべきである」[30]として、株式制導入に強い意欲を示

した。

　上海と深圳両証券取引所で上場された株式も次第に増加し、1991年末に合わせて14銘柄に過ぎなかったが、96年末には表4-1に見るようにA株が514銘柄、B株が85銘柄、合計599銘柄と5年間で上場銘柄数は43倍にまで拡大した。上場企業は当初、上海市と深圳のある広東省に所在するものばかりであったが、96年末時点では約70％が両地域以外の企業となっている。

　証券取引所での上場基準は、「株式発行及び取引に関わる管理暫定条例」（1995年5月公布）と上海証券取引所規定によれば、次のとおりである。①公募発行企業、②公募発行後の株式資本総額は5000万元を下回らない、③額面総額1000万元以上の株式をもつ個人株主数が1000人以上、④直近3年間連続黒字決算、⑤直近2年間の資本利益率10％以上、⑥公募発行の前年度末の純資産／総資産比率が30％以上、⑦直近1年間の純有形資産／有形資産総額の比率が35％以上、⑧直近2年間に違法による処罰を受けていない、⑨取引所正会員1社以上の推薦がある、⑩その他国務院証券委員会などが制定した条件をクリアしていることなどで、これらの条件を満たす必要がある。

　またA株とB株の区別は、A株が中国の人民が売買できる株式の呼称であるのに対して、B株は1992年2月に上海と深圳の両取引所で香港・マカオ・台湾同胞および外国人投資家向けに取引が開始された人民元特種株式である。これら海外の投資家は人民元表示の株式を売買するが、決済は上海証券取引所では米ドルで、深圳証券取引所では香港ドルで行う。94年1月から中国は従前の公定レートと市場レートの2本の為替レートを後者に一本化したが、売却代金や利益はこのレートで換算して海外送金が可能である。

　「株式会社の国内上場外資株に関する国務院の規定」では、国内投資家によるB株投資を禁止しているが、一時期、外貨を保有している個人が外国人や海外定住の中国人パスポートを借りてB株口座を開設し、投資に参入するケースが増加した。これはB株の株価が、同一企業のA株価に比べて割安感が目立ったためであった。そこで中国証券監督管理委員会は、上海と深圳の両証券取引所にたいし、B株投資の適格条件を欠く投資家の取引を禁止させ

るよう要請した[31]。

　B株券発行の際は、「証券取引管理弁法」のほかいくつかの守るべき規定がある。例えば、①B株発行で得た外資は国家の外資政策に沿って運用する、②毎年十分な外貨収入があり、B株の配当に充当できる、③国有企業の場合にB株は原則として49％を上回ってはならない、などである。また、B株発行後は上海あるいは深圳証券取引所に上場し、その取引は中国の証券会社を通じて行うか、認可を受けた海外の証券会社が行うことも可能である。ただしB株の取引は海外投資家間の売買に限られ、B株とA株との互換性はない[32]。しかしB株もA株と同様の権利、例えば株主総会での議決権、配当請求権、新株引受権などは、当然のことながら保持される。

　B株発行の第1号は、1991年11月29日に中国人民銀行上海分行（支店）によって発表された上海真空電子有限公司である。発行価格は1株100元の額面に対して420元（当日のA株価格は829.53元）で100万株が発行された。同公司はテレビ用ブラウン管メーカーで、すでにA株を300万株発行しており、海外投資家が発行株式の25％を保有したことになる。その結果、貿易自主権拡大などで合弁企業と同様の優遇措置を受けることが可能となった。なおB株発行によって獲得した外貨は、カラーブラウン管部品生産設備の輸入に充当されたといわれる[33]。このB株は翌92年2月に上海証券取引所に上場され、同時に深圳南方ガラスのB株が深圳証券取引所に上場された。

　一方、中国企業の株式を香港証券取引所やニューヨーク証券取引所で上場することが推進されてきた。香港での上場中国企業株式はH株と呼ばれ、第1号は1993年7月15日に取引を開始した中国最大のビールメーカー・青島ビール株式有限公司である。同株式は応募倍率が110倍、公募価格が2.8香港ドルに対して7.55香港ドルで寄りつくほどの人気をみせた。ニューヨークでは94年8月4日に山東華能発電株式有限公司が初めて上場された。ニューヨークでの上場株式は、N株と呼ばれている。

　1997年7月に開催された国際会計基準会議で、中国証券監督管理委員会（CSRC）の張為国首席会計士は、中国の株式市場は10数年余りの発展過程で、

第4章　国有企業改革と株式制の導入　　113

市場規模、法律の規範化、監視・管理の枠組み、技術的条件、人員養成で大きな成果をあげているとしたうえで、次のように述べた。「97年6月末現在、上海と深圳両証券取引所で上場したA株は655銘柄、B株は93銘柄になり、A株とB株の合計発行株数は前年末比44％増の1600億株に達している。A株とB株の時価総額は、同69％増の1兆6665億元に達している。また35の国有企業が試験的に外国（域外）で上場しており、内訳は香港市場が25社、ニューヨーク市場が2社、香港とニューヨーク市場同時が5社、香港とロンドン市場同時が2社、シンガポール市場が1社となっている。これら35社の上場企業が調達した外資は、累計79億ドルに達している」[34]。

　法律の規範化では、中国の国情から出発し国際慣例を参考にして、1993年から「株式発行・取引管理暫定条例」「証券取引所管理暫定弁法」「証券詐欺行為禁止暫定弁法」「株式市場参入禁止制度」「中華人民共和国会社法」などを相次いで公布した。また96年末までに、中国の証券取扱機関は300社に達し、証券業務の直接従事者は100万人を超えた。証券関係業務の資格を取得した会計士事務所は105、公認会計士は1108人にのぼっている。証券関係業務の資格を取得した法律事務所は423、弁護士は1703人、資産評価機関は115社となっている[35]。

6. 株式制と株式市場の将来

　中国の株式市場は、急速に拡大している。1996年末の上海・深圳両証券取引所におけるA株とB株の時価総額は、合計9842億元で中国のGDP6兆7795億元の14.5％を占めるに至った。とりわけ96年末の時価総額は、95年の時価総額3475億元の3倍近くに増加した。年間の累積売買代金でも2兆1332億元となり、95年比で5.2倍に拡大している。登録されている投資家数は約2200万人で、95年の2倍近くとなった。取引所で取り扱う有価証券の種類もA株やB株以外に投資ファンド（基金）、国債の現物と現先、金融債、社債

などがある。

　96年12月時点では、上海証券取引所の取扱いは株式と国債がほぼ半々となっているが、深圳証券取引所では株式の取引が圧倒的に多い。また、上海証券取引所で上場されているA株とB株の329銘柄の持ち株構成は、国家株が41.2％、中国内外の発起人持ち株が15.6％、その他募集法人株や従業員持ち株など9％を合わせた65.8％が非流通株で、残り34.2％が取引所で売買される流通株といわれている。この流通株34.2％の内訳は、A株19.2％、B株6.2％、H株8.8％である。株式市場が活性化するなかで今後の課題は、非流通株がいつ、どれくらいの割合で市場に参入してくるかということである[36]。

　さらに、上海・深圳両証券取引所の1日平均の株式売買金額は、1996年9月に87億元であったが12月には200億元を超え、12月5日には350億元に達した。これは香港株式市場の1日当たり最高売買金額の約3倍に相当し、東京証券取引所の株式市場に匹敵するものである。中国の両取引所における流通株の時価総額が香港市場の10％にすぎないことを考慮すると[37]、中国では株式ブーム状態にあり、過度に投機的な株式売買が行われていることになる。このあまりにも速すぎる成長と経験不足により、問題点も噴出している。そこで中国政府は、株式市場に対して規範と規制で対処していく方針を打ちだした。つまり法規の制定、管理監督の強化、市場の規範化、投資家利益の保護、証券市場の健全な発展の促進である。過度な投資を抑制し投資家利益を保護するためには、市場インフラの整備と法規をさらに完備し、管理監督活動を一層強化していくことした。

　国有企業の海外市場での上場は、第1次から3次にわたって38社が発表され、第1次の9社はすべて香港市場での上場をはたしたものの、第2次と3次のリストにある企業のなかではまだ上場に至ってないものがある。それは早期の上場を目指して努力しているが、企業のリストラや財務諸表の作成が未完成なためである。なかには海外上場を発表してから3年になるのに、めどさえ立たない企業も含まれている。上場を実現するためには、土地や建物、技術・設備などの資産評価、総資産の確定、非採算部門の切離しなどが必要で、

歴史的な遺物の整理が大変に難しいのである。

　1996年12月には中国証券監督管理委員会から、海外上場予定36社の国有企業リストが発表された。電力や高速道路などのインフラ整備関連企業が多く含まれており、水産、貿易、不動産などの新分野からも選出されている。また企業の所在地も全国の広い地域にわたっている。このリストのなかで、97年6月末までにすでに6社が香港市場での上場を実現している。

　ともあれ中国は、改革・開放政策をすすめるなかで、公有制を主体とする社会主義体制を堅持しつつ、自己変革を遂げようと努力を重ねている。株式制の導入はその一環であるが、過度の投機を防止し、株価が暴騰したり、暴落したりということで人々の間に不安感や不信感を招くことは避けなければならない。過熱気味の株式ブームは混乱を招きかねず、慎重に取り組む必要がある。中国の現状は証券管理機構が十分に機能しておらず、また投機性が高く、株価収益率の国際水準が20倍程度であるのに対して、1996年12月9日の上海証券取引所の平均は44倍、深圳証券取引所のそれは55倍にもなった[38]。

　中国では、「証券法」が1998年12月29日の全国人民代表大会常務委員会で賛成135、棄権3の賛成多数で可決・成立した。施行は99年7月1日からとなっている。99年4月末時点では、全上場企業879社のうち868社が98年12月期決算を発表したが、ほぼ4割が減益で、赤字も77社と97年度の約2倍に増え、平均減益率は全社ベースで9.4％に達した。内需の低迷、輸出の伸び悩みなど中国経済の減速が原因だが、国有企業改革のカギとなる株式制の本格導入にも注意信号が点灯し始めたとの観測もみられる[39]。

　それゆえに中国は、「社会主義市場経済」の推進と株式制導入の意義をもう一度十分に検討してみる必要がある。株式制は中国においてまだ実験段階にあり、原則を見極めながら前進していくことが何よりも肝心である。

　追記：本章では中国の株式制導入過程を検討したが、2003年末の上場会社

は 1377 社（A 株、B 株）に達した。平均すると上場株式の約 6 割が国家株と国有法人株の非流通株である。また時価総額は 3 兆 7055 億 5700 万元、流通時価総額 1 兆 1688 億 6400 万元、発行済み株式 7149 億 4300 万株、投資家の口座開設数 7211 万 4300 となっている。

なお、06 年 6 月末の上海証券市場の時価総額は 3 兆 1096 億 6200 万元で、これは中国 05 年 GDP の 17.06％に相当する。また、流通時価総額は 1 兆 581 億 4000 万元に達した。

注

1) 1993 年 3 月 15 日から 31 日まで開催された第 8 期全人代第 1 回会議において、憲法改正が行われた。第 16 条では従来の「国営企業」に替えて、所有権と経営権を分離させ、より自主的経営権を付与させるという目的から、「国有企業」という名称が用いられることになった。
2)「社会主義市場経済体制を確立するうえでの若干の問題についての中国共産党中央委員会の決定」『北京週報』1993 年 11 月 23 日号参照。
3) 同上。
4) 第三次全国工業普査弁公室『中華人民共和国 1995 年第三次全国工業普査資料摘要』中国統計出版社、1996 年、24 ページ。
5) 国家統計局『中国統計摘要1997』中国統計出版社、1997 年 5 月、106 ページ。
6) 許海珠「中国国有企業の破産について」『中国研究月報』1997 年 2 月号、中国研究所参照。
7) 唐海濱「関於我国破産理論与実践的幾個問題」『中国法学』1995 年第 2 号、34 ページ。
8) 南部稔・張元元『中国のインフレーション』勁草書房、1995 年、84 〜 85 ページ。
9)「日本経済新聞」1994 年 11 月 26 日。
10) 中国経済年鑑編集委員会『中国経済年鑑 1995』604 ページ。
11)「人民日報」(海外版) 1995 年 7 月 13 日。
12)「新華社」1997 年 5 月 28 日。
13)「中国通信」1997 年 6 月 2 日。

14)　同上。
15)　「中国通信」1997 年 6 月 13 日。
16)　「中国通信」1997 年 8 月 19 日。
17)　「中国通信」1997 年 8 月 29 日。
18)　江沢民「高挙鄧小平理論偉大旗幟、把建設有中国特色社会主義事業全面推向二十一世紀」在中国共産党第十五次全国代表大会上的報告、1997 年 9 月 12 日参照。
19)　奥村宏『21 世紀の企業像』岩波書店、1997 年 6 月、211 ページ。原典は、John Vickers and George Yarrow,"*Privatization:An Economic Analysis*", The MIT Press, 1988, p. 157.
20)　同上。同書 104 ページによれば、英国では 1980 年代に国有企業の私有化が行われた際、ナショナル・フレイトという私有化された会社の株式を経営者と従業員が全株取得し、みずから経営したケースがあると指摘している。
21)　同上。231 ページ。なお、奥村宏氏の著書からは多くの示唆を得ている。
22)　「中国通信」1997 年 8 月 19 日。
23)　同上。
24)　高島善哉『社会科学の再建』新評論、1981 年 9 月、112 ページ。
25)　「中国通信」1997 年 8 月 8 日。
26)　「中国通信」1997 年 8 月 12 日。
27)　横田高明「中国の企業改革と株式制導入」『改革開放下の中国経済と日本』アイピーシー、1996 年 6 月、144 ページ。万解秋編『企業股・化改革指南』復旦大学出版社、1992 年、18 ページ。
28)　金建棟・蕭灼基・許樹信主編『証券市場 1991』中国金融出版社、1991 年 8 月、17 ページ。
29)　「中共中央弁公庁秘書処資料」1992 年 3 月 1 日、香港『争鳴』1992 年 4 月号。
30)　『北京週報』1992 年 10 月 22 日号。
31)　「中国証券報」1996 年 6 月 29 日。
32)　「毎日新聞」1994 年 8 月 28 日によれば、香港情報として、中国は A 株を海外投資家にも開放する計画があるとのことであったが、そのような段階には至ってない。同一企業が A 株と B 株を同時発行しているところはある。この重複上場の場合は「一株二価」の問題があり、現時点でも A 株は同一企業の B 株よりもかなり割高となっている。「同株同権利」という会社法規定のもとで、価格差が大きいことは

将来のA・B株統合の際に問題となりかねない。そこで中国証券監督管理委員会は、98年3月17日から、企業は原則として2種類以上の株式を発行してはならないという通達をだした。この通達を受けて、98年に上場した5社はすべてB株のみの企業であった。なお、98年12月29日に採択された「証券法」では、A株市場については、外国の投機資本から中国の株式市場を守るという理由で、外国資本の参入を禁止している。

33)「上海証券報」1993年5月8日。
34)「中国通信」1997年7月9日。
35) 同上。
36) 伊藤俊彦「中国の証券市場の現状および中国企業の海外上場」『日中東北』第145号、日中東北開発協会、1997年3月参照。
37) 同上。
38)『中国国情国力』1997年第8号、韓可衛論文参照。
39)「日本経済新聞」1999年5月10日。

第5章

エネルギー需給と環境問題

1. 世界のエネルギー需給動向と中国

　1970年代の2度にわたる石油危機は、世界規模でのエネルギー需給に対する認識を転換させる契機となった。石油危機では石油価格が一気に高騰するとともに、国際市場におけるOPEC（石油輸出国機構、11の石油輸出国で構成される生産・価格カルテル組織）の支配力を高めた。その結果、石油供給の不安定性が強く認識され、エネルギー消費国間で省エネルギーやエネルギー源の多様化に対する取組みを一層推進することになった。加えて、世界におけるエネルギー資源の賦存状況や供給見通しについても、積極的に検討する必要性を迫るものとなった。

　石油についてみると、その埋蔵量の65％は中東地域に集中しているため、供給不安定性が高いとみられている。一方、石炭は世界の広範囲に存在しており、供給の不安定要因は比較的小さい。天然ガスは未発見埋蔵量が大きく、開発の本格化も今後に待たれる。特に旧ソ連地域に大きなポテンシャルがあるといわれている。また原子力発電に利用されるウランは、北米、オーストラリア、中部・南部アフリカが世界の3大生産地域となっている。

　探査などで明らかにされた世界全体の確認可採埋蔵量[1]は、石油が1兆347億バレルで、現在の年間生産量で割った可採年数は約43年である。石炭は埋蔵量9842億トンで可採年数212年、天然ガスは埋蔵量145兆5960億m^3で可

採年数62年となる。さらにウランは埋蔵量436万トンで可採年数72年である。可採年数は、採鉱技術の進歩や新たな資源開発によって数値が変動するが、これらエネルギー資源が有限であることに変わりない。したがって現状では、省資源と省エネルギーについて一層の努力が必要となっている。

　しかし1980年代には、省エネルギーへの取組みに行き詰まりがみられたり、産業構造の変化が進んで民生と運輸部門でのエネルギー消費が大幅に伸びたものの、86年の原油価格暴落によってエネルギー低価格時代を迎えた。また90年の湾岸危機による石油価格の一時的高騰は、OPEC諸国の増産、高水準の石油在庫、一部消費国の需要減などが重なり、エネルギー需給のトレンドに大きな影響はみられなかった。むしろ世界のエネルギー需要は、アジアを中心とする経済高成長のなかでも、90年代半ばまで堅調に増大してきた。

　ちなみに1次エネルギー消費における石油依存度は、石油危機以後に減少傾向がみられた。その反面、原子力をはじめとした石油代替エネルギーのシェアが一時的に増加した。世界全体の石油依存度は73年の47.2％から、85年には38％まで落ち込んだ。しかし、97年の依存度は40％まで回復している。

　1997年の世界1次エネルギー消費は、石油換算で対前年比1％増の85億トンとなっている。地域別にみると、アジアが経済成長や人口増加によりエネルギー消費が大幅に増加している。97年7月のタイ・バーツ暴落に端を発したアジア通貨・金融危機は、予想外に深刻な様相を呈し、世界全体のエネルギー需要の伸びを一時的に鈍化させた。しかし、99年後半から急速な回復を示した。

　アジア通貨・金融危機の深刻さが深まった1998年10月に国際エネルギー機関（IEA）が、また99年4月に米国エネルギー省（DOE）エネルギー情報局が、それぞれ世界エネルギー需給見通しを発表した[2]。いずれの見通しもアジア通貨・金融危機によるエネルギー需要の停滞は一時的なもので、2010年、2020年といった中長期では、アジア地域を中心に需要が増大することで一致している。2010年のエネルギー需要量予測は、IEAが石油換算で126億

トン、DOE が同じく 127 億トン、2020 年では前者が同 150 億トン、後者が同 154 億トンである。2020 年の数字の開きは、主として IEA の予測で 2010 年頃に原油価格水準の大幅な上方修正が行われ、需要に影響を与えるとみているためである。

　エネルギー需要の伸び率をみると、1995 年から 2010 年までが平均年率 2.1％、2010 年から 2020 年までは IEA が同 1.8％、米国 DOE が同 2％を見込んでいる。2020 年までの両機関の世界全体のエネルギー需要見通しはほぼ一致、また石油・石炭・天然ガスといった化石燃料に引き続き大きく依存していく点も同様である。しかし、石炭と天然ガスに関する予測では観点が分かれている。IEA の予測では、1 次エネルギーに占める石炭と天然ガスの構成比が若干ではあるがいずれも増加するとみている。一方、DOE は、石炭の構成比が減少するのに対して天然ガスの構成比が増大するとしている。理由は、地球環境問題から石炭利用の拡大は困難で、世界全体で天然ガスに切り替えざるを得ないとしているからである。

　石油需要の急激な減少という点に関しては、両者とも予想していない。IEA の予測によると、世界全体の石油需要の構成比が 1995 年の 36％から 2020 年には 35％へ、米国 DOE の予測では同じく 39％から 37％へと、いずれも微減となっている。しかし、エネルギー需要全体では年率 2％前後で増加するので、石油需要の絶対量では増加することになる。いわば 2020 年頃までは、1 次エネルギーで最大の構成比をもつ石油の位置づけに大きな変化はないとみているのである。

　さらに両機関の見通しで共通していることは、アジア発展途上国のエネルギー需要の重みが今後ますます増大していくという点にある。アジア途上国の需要構成比は、IEA が 1995 年の 24％から 2020 年には 32％へ、米国 DOE が同じく 20％から 29％へとそれぞれ 8〜9 ポイントの増加とみている。95 年のアジア途上国の構成比が異なるのは、薪や木炭などの非商業エネルギーの取り扱い方の違いにあるといわれる。いずれにしてもアジア途上国の石油需要構成比の増加は大きく、これは OECD 先進国のシェアがその分減少してい

くことでもある。

　今後の世界全体のエネルギー需要で、増加分の半分近くをアジア途上国の需要増が占めるという考えである。アジア途上国のエネルギー需要量は、IEAの予測で2010年が石油換算で28億トン、2020年が同40億トンである。米国DOEの予測は、それぞれ29億トン、41億トンである。1996年から2020年までのエネルギー需要の年平均伸び率は4％弱となっている。80年代半ばから現在までのエネルギー需要の伸び率が約6.5％であったことを考えると、今後の伸び率は鈍化するわけだが、絶対量の増加は大きい。しかし、アジア途上国の経済成長が再び加速化し、中国やインドなどでエネルギー需要が急速な拡大をみるということは、十分にありうることである。

　一方、主要なエネルギー源である石油供給は、OPECの原油生産シェアが1979年の47.8％から85年には29.5％まで低下したが、97年には41.5％に戻している。この背景には、OPECが市場シェア確保のために政策転換したことと、原油価格の下落にともない非OPECの供給がほぼ横這いに推移したためである。原油価格は、湾岸戦争後1バレル15〜20ドル前後で概ね落ち着いていたが、97年11月以降大幅に下落し、98年3月半ばには一時10ドルを割る水準まで下落した。その要因としては、97年11月のOPEC総会における原油生産枠の引き上げ決定、アジア通貨・金融危機の影響で同地域の需要が落ち込んだためである。このような価格低迷の対応策として、98年4月から99年3月にわたって、OPEC産油国を中心に協調減産が推進された。

　IEAの予測では、世界のエネルギー需要は、経済成長の平均を年3.1％と仮定して2020年に1995年比で65％伸びると見込んでいる。伸びの3分の2は中国をはじめ途上国の需要増である。またエネルギー源では、伸びの95％は化石燃料消費の増加によるものである。経済の比較的高い成長が見込まれるアジア地域での原油生産が石油需要の増大に追いつかないという問題は、90年代に入ってアジア地域の中東原油処理が急速に拡大する形で顕在化している。

　日本の輸入原油の中東依存度は1997年で85.7％であるが、日本を含むアジ

ア地域の原油消費に対する中東依存度は56％となっている。この依存度は2005年に70％を超えると予想されている。これに対して北米地域は、73年の原油輸入量に占める中東依存度が21％であったが、97年は同24％となっている。原油消費に対する中東依存度はそれぞれ6％、9％と1桁台に止まっている。これが米国DOEの予測で2020年には、原油輸入量に対する中東依存度が25％、原油消費量に占めるそれが11％となっている。

ヨーロッパでは、第1次石油危機の1973年の原油消費量に対する中東依存度が69％と高かったが、原油価格の上昇にともなって北海原油の開発などにより供給環境が好転したことで、85年頃から原油消費量に対する中東依存度は4分の1程度に抑えられることになった。予測では、2020年の原油輸入量に対する中東依存度が39％、原油消費量に対する中東依存度が25％前後とみられている。このように欧米諸国の中東依存度は、アジア地域に比べて絶対量でもそれほど増えないという点に特徴がある。

2. エネルギー需給動向

(1) エネルギー需給の特徴

中国の1999年のエネルギー生産量は、石炭10.5億トン（対前年比16％減）、原油1.6億トン（同0.1％減）、天然ガス243億m^3（同9％増）、電力1兆2393億kWwh（同6.2％増）となり、1次エネルギー生産量は標準炭換算で対前年比11.3％減の11億トンであった[3]。1次エネルギー生産に占める石炭のシェアは98年の71.9％から、建国以来最低水準の67.9％となった。また、原油は前年の18.5％から20.8％へ、天然ガスは同2.5％から2.9％へ、1次電力（水力）は同7.1％から8.4％へとそれぞれ拡大した。

一方、1999年のエネルギー消費量は標準炭換算で対前年比0.8％減の12.2億トン、構成比は石炭が前年の69.6％からさらにシェアを下げて67.1％となり、原油は前年の21.5％から23.4％へ、天然ガスは同2.3％から2.8％へとそ

第5章　エネルギー需給と環境問題　125

れぞれ拡大し、水力は前年と同じ6.7%であった。中国における今後の石炭消費の推移は、環境問題からみても大胆なCO^2排出量抑制が要求されるなかで、どのように展開されていくのか関心のもたれるところである。

　中国の石炭生産量は、1999年に国家石炭工業局が設定した総量抑制目標をほぼ達成した。不合理な小炭鉱3万1000ヵ所を閉鎖し、郷鎮炭鉱の生産量を2億5000万トンに圧縮した。その結果、国有重点炭鉱の生産シェアが97年に比べて9ポイント上昇し、49%となって生産主力の地位を回復した。2000年の石炭生産は、生産過剰や在庫増加を勘案して更に抑制することになる。目標は8.7億トンで、その内訳は国有重点炭鉱が対前年比2.7%減の4.8億トン、国有地方炭鉱が同9%減の1.8億トン、郷鎮炭鉱が同41%減の2億トンである。炭鉱閉鎖と減産目標のなかで、小規模炭鉱を1万8900ヵ所閉鎖し、1.2億トンを減産する方針である。

　1999年の原油生産は、全国原油生産の34%を占める大慶油田が24年目の安定生産を達成して5450万トンと発表されたが、前年比では2.2%減で史上最大の減産となった。中国の油田の大半は東北と東部沿海地域に集中しており、これら地域での生産量が全体の71%を占めている。しかし、多くの油田は生産のピーク期をすでに過ぎており、99年も前年比2.3%の減産であった。タリム油田など西北地域の油田は、前年比で6.6%の増産であったが、生産シェアは15.6%に過ぎず、立地条件が悪く消費地までの距離も遠い。

　そこで勢い、工業生産の高い伸びと自動車の普及などで不足する原油は、海外からの輸入に依存することになる。1999年の原油輸入量は対前年比36.6%増の3661万トンとなり、一方輸出は717万トンで同54%も減少した（表5-1参照）。原油の主な輸入相手国は、数量の多い順にオマーン502.1万トン、イエメン413.2万トン、インドネシア395.3万トン、イラン394.9万トン、アンゴラ287.6万トン、サウジアラビア249.7万トン、英国219.6万トン、ナイジェリア136.9万トンなどとなっている[4]。また輸出相手国としては、日本498.1万トン、韓国94.8万トン、米国38.5万トン、オーストラリア26.3万トン、インドネシア24.2万トンなどである。

表 5-1　中国の原油・製品油輸出入動向（1992～2005 年）　　　　単位：万トン

	輸出		輸入		輸出入差			原油生産量
	原油	製品油	原油	製品油	原油	製品油	合計	
1992	2,151	539	1,136	784	1,015	-245	770	14,212
1993	1,943	456	1,565	1,754	378	-1,298	-920	14,383
1994	1,855	379	1,234	1,289	566	-910	-344	14,628
1995	1,885	414	1,709	1,440	176	-1,026	-850	15,005
1996	2,033	418	2,262	1,582	-229	-1,164	-1,393	15,733
1997	1,983	526	3,547	2,380	-1,564	-1,854	-3,418	16,074
1998	1,560	424	2,680	2,174	-1,120	-1,750	-2,870	15,986
1999	717	645	3,661	2,082	-2,944	-1,437	-4,381	16,000
2000	1,044	827	7,027	1,805	-5,983	-978	-6,961	16,300
2001	755	924	6,026	2,145	-5,271	-1,221	-6,492	16,396
2002	721	1,071	6,941	2,035	-6,220	-964	-7,184	16,685
2003	813	1,385	9,112	2,824	-8,299	-1,439	-9,738	16,935
2004	549	1,145	12,272	3,787	-11,723	-2,642	-14,365	17,473
2005	807	1,401	12,708	3,147	-11,901	-1,749	-13,650	18,086

出所：　国家統計局『中国統計年鑑』各年版、「海関統計」。

　「日本経済新聞」2001 年 1 月 25 日付けによると、2000 年の中国原油輸入量は対前年比 1.9 倍の 7030 万トンに達した。これは史上最高の輸入量であり、石油需要全体に占める輸入原油の比率が、1999 年より約 12 ポイント上昇して 30％に達したことになる。そこで中国政府は、原油を安定的に調達するため本格的な備蓄制度の創設を検討している。中国の石油備蓄日数は 96 年当時 20 日程度といわれていたが、それを 2010 年までに原油輸入量の 60 日分を戦略備蓄案として検討している。

　中国国内においても専門家のあいだで、2005 年から 2010 年に原油の輸入量が年間 1 億トンを突破するとの見方があるなかで（表 5-1 に見るように、すでに 2004 年には 1 億トンを突破した）、内陸部のタリム油田などの増産に力を入れているが、顕著な成果は今のところ出ていない。OPEC の減産決定で原油価格上昇が懸念されており、エネルギー安全保障の観点からも海底油田開発や内陸部に比較的豊富にあるといわれる天然ガス開発に重点を置き、2010 年までに 1500 万トン規模の原油備蓄を確保したい考えである。

　国際石油市況は 1997 年末に大幅な下落をみたが、そのため中国では内外価

格差が拡大し、安い石油製品が海外から大量に密輸入され、ガソリン、軽油など石油製品の国内価格が暴落した。国内石油産業が大きな打撃を受けたことで、中国政府は統制価格制度を廃止し指標価格制度を導入すると同時に、ガソリンと軽油の厳格な輸入禁止、密輸入の徹底的取り締まり、国有石油産業の自主的減産などの措置を採用することで、市場の秩序回復に努めた。石油集団公司は効率の悪い小規模精油所を閉鎖するとともに、生産の効率化や経営基盤の強化を図った。その効果が徐々に現れ、99年の製品油純輸入量は対前年比18％減の1437万トンとなった。引き続き2000年は、表5-1にみるように輸出が28.2％増、輸入が13.3％減で、製品油の純輸入量が978万トンまで減少した。

　中国で最近まで経済発展のボトルネックの1つであった電力供給は、長年の努力の成果が実って大きく成長した。1次エネルギーに占めるシェアも1990年の4.8％から95年には6.2％となり、99年には8.4％まで拡大した。96年下半期以降は都市部を中心に電力不足がほぼ解決したといわれ、99年には一部の地域を除いて全国的にみれば供給過剰状態にある。しかし、中国の発電設備は石炭火力発電所が主力で、約5億トン石炭が脱硫装置のないまま燃焼されているとみられる。

　中国のエネルギー消費量は米国に次いで第2位であるが、人口が多いので1人当たりでは米国の12分の1、また日本と比較すると5分の1となる。しかし、中国はGDPに対するエネルギー消費量が大きく、エネルギー多消費型経済にあるといわれる。とりわけ重工業化率は、1999年の生産額ベースで50.9％と半分強を占めている。ちなみに同年のGDPに占める第1次産業のシェアは17.3％、第2次産業が49.7％、第3次産業が33％で、1人当たり国民所得が中国と同じ700ドル台にある国々と比較して、第2次産業比率がかなり高水準にある。

　さらにエネルギー効率が低いといわれる中国では、1992年まで自国資源を活用して自給率100％を何とか維持してきた。それまでエネルギーが恒常的に不足しているといわれる状況下でも、産業の発展と国民生活を何とか維持

してきた。改革・開放政策のもとで国家統制力が弱まった今日では、エネルギー消費とりわけ石油消費が増大しており、南部沿海地域では輸入に増加傾向がみられる。

　中国が石炭依存度の高いことは既にみた。石炭依存度の高い国々としては北朝鮮、南アフリカ、ポーランドなどがあり、インドも60％前後となっている。日本の石炭依存度は約16％、OECD加盟国平均は20％である。中国の石炭確認可採埋蔵量は1145億トンと公表されており、"Energy Statistics Yearbook 2000"でも1996年末現在の可採埋蔵量が622億トンで、米国、インドに次いで第3位に位置づけられている。

　アジアにおける石炭需要は1980年に8.94億トンであったが、96年には19.48億トンへと2.2倍近くに拡大した。鉄鋼向け需要は同年間に25％から18％へ低下したのに対し、発電向け石炭需要が80年の1.85億トンから85年には2.95億トンとなり、96年には8.64億トンまで急拡大を遂げた。いずれにしても中国の石炭需要がアジア全体の65％余のシェアとなっているので、石炭利用の拡大と問題点ということでは、中国が重要な地位を占めることになる。

　中国の1952年の1次エネルギー生産量構成比は、標準炭換算4871万トンのうち石炭96.7％、原油1.3％、水力2％で、天然ガスはゼロであった。原油は油田が発見され、増産とともに少しずつシェアを伸ばしてきた。最大油田である大慶油田（黒龍江省）は59年に、さらに60年代前半には勝利油田（山東省）と大港油田（河北省）が、後半には遼河油田（遼寧省）などが立て続けに発見された。その結果、原油生産量は59年の373万トンから69年には2174万トンまで増産した。また構成比では、65年に8.5％へ、75年に22.8％まで拡大をみた。

　1980年の1次エネルギー生産量は標準炭換算6億3735万トンとなり、構成比は石炭69.4％、原油23.8％、天然ガス3％、水力3.8％であったが、90年代に入ると石炭と水力のシェアが拡大し、原油は20％を割り込んで93年は18.7％に低下している。さらに原油のシェアは95年に史上最低の16.6％と

なった。ちなみに同年の石炭の構成比は石炭75.3％、天然ガスは1.9％、水力は6.2％である。原子力発電については、90年代に入って第1号機が稼働を始め、さらに建設が進められているがシェアとしてはまだ小さい。

中国は1980年代前半に原油輸出による外貨獲得政策を採用し、国内のエネルギー消費においても原油から石炭への転換を図った経緯がある。同時に火力発電用の燃料や民生用、一般産業用にも石炭需要を優先させた。改革・開放政策のもとで工業化が急速に進み、エネルギー消費は増大の一途をたどってきた。

1978年2月には日本と中国のあいだで、日本から中国に技術・プラント、建設用資・機材を輸出し、その見返りとして中国から日本に原油と石炭を輸出するという「日中長期貿易取決め」（略称は「新LT貿易」）が締結され、その後5回の契約更新を経て今日に至っている。これは中国経済建設の推進とともに、日本側では原油輸入先の多角化ということがある。日本は火力発電所向けに硫黄分の比較的少ない大慶原油を引き取る協定となっている。その引き取り量は年を追うごとに減少しており、86年から95年までは毎年880～930万トンという協定契約量であったが、近年では中国国内原油の逼迫状態から、96年から2000年の数量が600～800万トンへ下方修正された。98年の日本の中国原油輸入量は、LT枠で下限すれすれの598.2万トンと枠外分を加えて882.2万トンが通関された。99年は498万トンまで減少し、00年の輸入契約量400万トンに対して通関数字は399万トンとなった。

2000年12月8日に新LT貿易の5回目の契約更新取り決め書が調印されたが、その有効期間は01年から05年までで、日本の原油の引き取り量は前3年の合計で900～1200万トンとし、中国側は需給および資源状況に基づき毎年300～400万トンを輸出する内容となっている。また石炭については、同じく前3年間について中国側は原料炭を毎年275～400万トン、一般炭を毎年523万トン±10％輸出する契約である。後2年については、原油、石炭ともに03年9月末までに、日中双方関係者の協議により数量を取り決めることになった（取決めによる中国の対日原油輸出は、大慶原油が04年に4640万

トンまで減産となり、また日中双方の条件が合わず中断している）。

いずれにしても中国の石油消費量増大とともに、海外からの原油輸入量は近年増加の一途をたどっている。その結果、製品油の消費構成にも大きな変化がでている。石油消費量は1983年までほぼ横這いに推移してきたが、84年からは製品油でみるとガソリン・灯油・軽油などの白油を中心に拡大がみられる。一方、重油の消費量は石炭への転換が促進されたこともあって、大幅な伸びを抑えることができた。製品油での構成比は、重油が80年の50％から93年には28％まで低下したのに対して、ガソリンは80年の17％から93年には30％までシェアを拡大している。軽油の構成比も同じく27％から38％へと上昇している。

(2) エネルギー弾性値と地域需給の変化

中国が改革・開放政策を採用した1978年のエネルギー生産量（標準炭換算[5]、以下同じ）は6億2770万トンであったが、90年10億3922万トン、95年12億9034万トン、98年12億4000万トンとなり、この20年間で約2倍となった。一方、同消費量は78年の5億7144万トンから90年9億8703万トン、95年13億1176万トン、98年13億6000万トンと推移し、同2.4倍である。

1981年から85年の間では、エネルギー生産量の年平均増加率が同消費量の増加率を上回っている。またエネルギー弾性値（エネルギー消費の伸び率を実質経済成長率で割った値）は平均0.49である。86年から90年ではこれが逆転し、同消費量の年平均増加率が5.2％で生産量の増加率4％を大きく上回った。しかし、この間の平均エネルギー弾性値は、天安門事件などの影響を受けて成長率が低下したことから0.67と若干の改善をみた。さらに、91年から95年のエネルギー弾性値の平均は0.45まで低下している。ちなみに86年から95年の間の平均エネルギー弾性値は0.56である。このような状況は、一般的にみて経済成長に見合ったエネルギー供給がなされておらず、運輸部門と同様に中国経済のボトルネックであることを示すものである。

1991年以降95年までの年平均GDP成長率は11.8%という高率を記録している。他方、エネルギー消費の原単位[6]は81年の15.37から順次低下し、91年11.28、92年10.29、93年にはついに10を切って9.15となり、年を追ってエネルギー効率が向上をみせている。同期間の省エネルギーも年平均4.3%で進められた。しかし、中国のエネルギー効率は他国よりかなり悪く、この分野での引き上げ余地は大きいとみてよい。したがって省エネルギーの余地も大きいわけである。省エネルギー技術を開発し、実行に移してきた日本と比較してみると、GDP規模は中国の約5倍（2005年の日本のGDPは4兆5588億ドルであり、中国の2兆2250億ドルの約2倍まで縮小した）であるのに対し、例えば原油の年間消費量は1.4倍に過ぎない。

　中国のエネルギー消費の伸び率は、需要抑制に努力してきたこともあって、工業生産総額などに比べて相対的に低いものであった。1991年から99年の工業生産総額の伸び率は年を追って14.8%、24.7%、27.3%、24.2%、14.3%、16.6%、97年13.1%、98年10.7%、99年11.6%であるが、エネルギー消費の伸び率は5.1%、5.2%、6.2%、5.8%、6.9%、5.9%、97年・0.6%、98年・4.3%、99年・7.7%となっている。80年代前半は、とりわけ石油消費の伸びが抑えられていたが、80年代後半には石油消費の伸びはエネルギー消費のそれとほぼパラレルに推移してきた。90年代になると石油消費の伸びが加速化の兆候をみせていたものの、90年代末にはエネルギー生産の伸び悩みとともに効率化が追求され、低下傾向を示した。

　中国のエネルギー需給は、1991年までは生産量が消費量を上回っていたが、92年にはそれが逆転した。そこで92年は、エネルギー消費量が生産量を上回ったということから、転換の年といえる。不足分は石炭在庫の取り崩しと石油の輸出入量の調整で賄ったようである。とりわけ石油消費の伸びが大きいために、93年には製品油を含めると石油の純輸入国に転じた。

　中国のなかで石油消費量の伸び率が大きいのは、いうまでもなく経済成長率の高い沿海地域である。華東・華南地域（山東・江蘇・浙江・福建・広東・安徽・江西の各省と上海市）の1980年代後半からの石油消費の伸びは年率

9.6％、90年から93年では平均11.9％を示し、93年の石油消費量に占める同地域のシェアは44％となった。中国の石油消費量の半分近くを30省・市・自治区（当時）のうち、この7省・1市が占めているわけである。

　次いで石油消費のシェアが大きいのは国有企業の比較的多い東北地域（黒龍江・吉林・遼寧の各省）であるが、国有企業の不振から年率2.6％の低い伸び率に止まっている。華東・華南地域以外で1990年代に大きな伸びをみせているのは、消費量としては少ないものの原油生産が増加している西北地域（新疆ウイグル自治区のほか青海・甘粛・陝西の各省および寧夏回族自治区）の12.8％増、中南地域（河南・湖北・湖南の各省と広西チワン族自治区）の10.3％増などである。

　ガソリンや軽油・重油といった製品油種の消費構成、その伸び率に関しても地域差が大きいことがわかる。原油生産と石油精製の中心である東北地域は、遼寧省が重工業地帯をもつこともあって重油消費のウェイトが高いし、四川省に大きな天然ガス田を持つ西南地域は重油消費量がきわめて少ない状況にある。ちなみに四川省の全エネルギー消費に占める天然ガス依存率は15％程度である。

　このような中国では、石油製品の増大を図るべく、1980年代末から東北地域や華東・華南地域を中心に精製設備の増強を行ってきた。しかし華東・華南地域では、需要の増加が急速で供給が追いつかず、原油生産と精製基地である東北地域からの供給に依存しようとしたものの、原油生産の伸び悩みや輸送がタイトで思うように進展しないという現象が顕著にみられた。その結果、精製のための設備稼働率が90年には東北地域で80％、全国平均で75％前後まで低下した。93年にはそれぞれ7〜8％ほど回復し前者は87％、後者は83％程度になっている。

3. 主要エネルギー源の現状と課題

(1) 石炭

　中国は石炭の生産と消費の両面において世界最大規模をもち、可採埋蔵量は約622億トンで世界の1割余を占めている。1994年の原炭生産量は対前年比7.6％増の12億3990万トンで、1次エネルギー生産量の74.6％まで高まり、エネルギー源の重要な地位を引き続き確保した。94年は8853万トンの増産だったが、99年の原炭生産量は、前年比16.4％減の10億5000万トンである。

　石炭産地は北中部に偏在しており、山西省が全体の約25％、遼寧省などを加えた北中部全体では70％以上を生産している。そのため大消費地である華東・華南地域への輸送が必要となるが、遠距離でコストが嵩むとともに輸送能力の制約が問題となっている。今後、石炭の大幅増産を期待するとすれば山西省・陝西省・内モンゴル自治区など、いずれも内陸部であることから、沿海消費地までの輸送インフラの整備が求められている。

　近年は、約10万ある炭鉱のうち700を占める国有重点炭鉱の生産が不調で、生産量に占めるシェアは1970年の64％から93年には40％まで低下している。これにひきかえ郷鎮炭鉱(農村地域における共同経営炭鉱など)の当時のシェアは同9％から40％余に拡大している。郷鎮炭鉱は石炭増産に大きな貢献をしているものの、事故率が高く、違法や無許可炭鉱が多く、効率が低いなどの問題を抱えている。93年以来、違法採掘や安全条件違反による炭鉱閉鎖は、小炭鉱だけで1万3000件を超えた[7]。

　国有重点炭鉱労働者は、1993年末で学校や病院などの間接部門を含む炭鉱労働者総数700万人の半分近い360万人を占めており、1人当たり年間生産量を計算すると、主要産炭国の10分の1以下の約130トン弱になる。そこで中国は、効率を上げるべく赤字炭鉱は閉山し、機械化された生産性の高い炭鉱を建設することとし、余剰人員を活用して経営多角化を進めることにした。

　さらに国有重点炭鉱の生産した石炭の国内向け価格は、従来より国家の指

令価格および指導価格で低く抑えられてきた。これが効率改善や再投資の大きな妨げとなっていたため、1992年7月以降、段階的に価格自由化が進められ、94年にはひとまず自由化に移行した。同時に、国家からの補助金は92年に60億元あったが、95年に廃止された。95年第1四半期の発電用石炭価格は、華東電力網向け大同優良混炭（山西省、約5800キロカロリー）の山元価格が139元で、市場価格より若干安かった。

上海・広州・大連・太原・秦皇島の各市には、1992年以降石炭交易所が設けられ、市場価格による取引が行われているが、鉄道輸送力がネックとなって出回る石炭の量が思うほど増加してない。大同優良混炭の上海港および広州港渡し価格は、94年下期でそれぞれ240元（28ドル）、260元（30ドル）前後で落ち着いていた。

1994年の石炭輸出量は2430万トンで、前年より449万トンの増加となった。中国は2000年に3000万トンの輸出を計画していたが、96年には輸出量が3648.4万トンとなり、すでに3000万トンの大台を超えた。ちなみに99年の石炭輸出量は3741万トン、輸入量は162万トンとなっている。今後さらに輸出量を拡大していくためには、品質の安定や輸送インフラの整備が必要である。輸出の75〜80％は一般炭で、日本・韓国・台湾・香港などのアジア向けが大半である。

中国内の石炭輸送は、1993年でみると鉄道貨物輸送量15.7億トンの41％に相当する6.5億トンを占めていたが[8]、今でも慢性的な輸送力不足が問題となっている。石炭輸送力の不足から、生産調整を余儀無くされる炭鉱も少なくない。経済発展が著しい華南地域などでは火力発電所新設にともなって石炭需要が増加しており、長距離輸送のため思うように調達できなかったり輸送力が追いつかない分は、豪州やインドネシア等からの輸入に依存していくことも考慮している。

(2) 石油

1993年の原油生産量は1億4383万トンで前年より171万トンの増産に止

まった。この生産量はサウジアラビア・ロシア・米国・イランに次いで世界第5位で、世界生産総量の4.9％のシェアである。同年の中国では陸上油田が95万トンの増産で、ほぼ横這いであった。生産総量の約70％を占める大慶（38％）・勝利（21％）・遼河（10％）の3大油田の生産がほとんど停滞したためである。量的には少ないものの「西部加速」のタリム（80％増）、トルファン・ハミ（109％増）両油田は、増産が期待されている。同年の海洋油田の生産は20％増の463万トンであったが、95年には842万トンに達した。94年の原油生産は対前年比1.7％増の1億4628万トン、95年も2.5％増の1億5005万トンにとどまったが、96年は4.6％増の1億5733万トンとなった。

1985年頃までの原油生産は、既存油田の2次回収の強化、周辺地域での探鉱・開発によって著しい増加をみたが、その後は停滞ないし伸び悩み傾向にある。最近では、東部地域の勝利・中原油田等の減少を新疆ウイグル自治区などの西部地域油田と海上油田の増産で少しずつカバーしている。

今後の原油生産に微妙な影響力をもつのは、大慶油田の動向である。大慶石油管理局は、1993年に5590万トンの生産量を記録したものの95年に5600万トン、今後も5000万トン台を維持したい意向であり、96年には2010年まで5000万トン台を維持できるとの強気の展望を発表した。大慶油田が減産すれば、新たに大油田が発見されて生産過程に入らないかぎり、中国全体の減産は避けられない。EOR（Enhanced Oil Recovery、2次・3次回収法）等の新技術導入とともに、タリム油田など西部地域で積極的に外資導入が行われ、開発が進まなければ、96年以降の生産量の積み上げにもほとんど期待がもてない。

中国の原油生産コストは油田によってかなりの差がある。高いところではトン当たり1500〜2500元、低いところで700〜1000元（1元＝約14円）となっているが、多くの油田の増産コストはトン当たり1000元を超えている。1993年の計画内価格はトン当たり200〜600元と低水準にあるため、増産意欲がわかない状況にあった。そこで94年4月初めに原油価格を60％引き上げ、製品油価格の改定と流通に関する規制を実施した経緯がある。

原油の探鉱・開発・生産など上流部門を担当する中国石油天然ガス総公司（CNPC）は、早くから原油価格の一本化を強く要請してきた。また、石油精製や石油化学などの下流部門を担当する中国石油化工総公司（SINOPEC）も石油製品の固定価格制を求めてきた。そこで原油生産の約80％を占める計画内原油価格は、大慶が754元／トン、その他が684元／トンとした。計画外原油の価格は、大慶が1310元／トン、勝利が1220元／トンになった。一方、石油製品の卸売価格は平均してみると90号ガソリンで2350元／トン、灯油1950元／トン、軽油1900元／トン、重油800元／トンなどとなった[9]。

　今後の増産が期待されるタリム油田は原始埋蔵量が100億トンともいわれているが、東部沿海消費地まで遠いうえに油層が5000～6000mと深いことから、探鉱・開発のコスト高が予想される。一説には、大慶油田などに比べて15～20倍の掘削コストが必要だともいわれる[10]。

　探鉱・開発促進のためには外国資本に協力を仰ぐ必要があるが、まずタリム盆地の東南部を対外開放することにした。1993年10月には5鉱区に対して第1次入札を実施している。メジャーからはエクソン、モービル、ロイヤル・ダッチ・シェル、日本企業からは三菱商事、丸紅、伊藤忠商事、日本石油、日鉱共石、石油資源開発等がそれぞれコンソーシアムを組んで応札した。しかし、第1次入札では有望で比較的開発が容易な鉱区が温存されたため、応札しても冷静に対応する企業が多かった。

　1995年6月8日にはCNPCの王濤総経理（社長）が記者会見し、タリム盆地南部の明豊・於田・ロプ・ホータン・桑株5地区、同盆地西北部のアクチ・ウナトルファン・沙井子3地区およびジュンガル盆地中央東部のモスゥワン東、東道海子両地区、同盆地南部の東湾・清水河子の合わせて12鉱区、総面積11万2739km^{2}について、95年6月9日から10月31日にかけて国際入札をすると発表した[11]。このうちタリム盆地南部の3鉱区をアジップが、同西北部の2鉱区をエクソンが落札したが、応札したのはこの2社のみであった。

　これらの地区では外国側が探査リスクを単独で負い、商業ベースにのる油田やガス田を発見した場合、中国と外国側が共同開発を行い、生産物は契約

に基づいて分配する方式が採用されている。そのような場合には、国内販売も国際価格が適用されるはずである。

タリム盆地は北は天山山脈、南は崑崙山脈、西はカラコルム山脈に囲まれた巨大盆地で、東西1400km、南北550km、面積は日本の1.5倍の57万km^{2}もある。そこの自然環境は厳しく、夏季は40℃、砂漠の表面温度は70℃にも達する。また冬季はマイナス25℃になり、強い北風によって砂丘が日毎に姿を変えるほどの土地である。

タリム盆地では既に8油田（輪南・東河塘・桑塔木・吉拉克・解放渠東・英買力・牙哈・塔中－4）が発見されており、これらを総称してタリム油田と呼んでいる。1994年には、輪南油田を中心に約330万トンが生産された。さらに輪南と塔中の間に原油と天然ガス2本のパイプラインが建設されると、塔中－4油田の本格的生産が可能となり、全体では500万トン以上の生産が見込まれる。

生産された原油は輪南からコルラまでパイプラインで運び、コルラからタンク車に積み替えて列車でトルファンを経由しウルムチや蘭州の製油所に輸送される。この輸送ルートは将来、原油増産とともにパンク状態に陥ることが予想されており、中国政府は輸送力の増強を図ろうとしている。96年を目途に蘭新鉄道の全線複線化工事が進められていたが、94年末には完成して年間1800万トンの原油輸送が可能になった。

中国が今後、北部や西部に偏在する石油や天然ガスを東部沿海の消費地に供給していく体制を確立していくには、パイプラインなどの供給網がきわめて重要になる。しかし、東部までのパイプラインを2本（石油と天然ガス）も建設するとなると、その経済性を疑問視する声は多い。大慶原油や勝利原油はパイプラインで輸送され、それぞれ秦皇島と山東省の黄島および南京近郊の犧征から華東・華南地域の製油所へ配送されている。これら以外の原油は、ほぼ油田近辺で消費される。原油輸送の約68％がパイプラインで、そのほか鉄道輸送7％、水上輸送25％などとなっている。

(3) 天然ガス

　天然ガスはクリーン・エネルギーとして、中国でも近年ますます重視されるようになっている。1995年の天然ガス生産量は166億m³で、その40％余のシェアをもつ四川省に加え、年間20億m³に達するのは渤海湾盆地と松遼盆地である。さらに大ガス田として注目されるオルドス盆地中部のガス田と瓊東南盆地の崖13－1ガス田が本格的生産に入れば、中国の天然ガス生産量は大幅に増加する。97年の天然ガス生産量は200～220億m³、2000年は250～300億m³に達すると予想されていたが[12]、99年の生産量は243億m³であった。

　ちなみに上海市では環境問題から石炭利用が限界に達し、クリーンな天然ガスに移行せざるをえない状況となり、東シナ海の平湖ガス田から約400kmのパイプラインによる供給を開始した[13]。これは都市住民の家庭用として供給する以外に、肥料原料や発電用に使用される。石炭利用から天然ガスへの切替えは、中国沿海地域や揚子江流域の大都市で順次に採用されていくことになろう。

　中国の現時点での天然ガス消費構成は化学工業原料及び燃料用が大部分を占めており、合成アンモニア生産原料としては、毎年約50億m³が使われている。民生用は12％と低く、北京・重慶・成都など25都市の一部住民が、天然ガスを家庭燃料として使用しているにすぎない。揚子江流域の南京から上海までの約20の大中都市が全面的都市ガス化を達成するには、天然ガス消費量が年間50億m³を超えると予測されている。さらに華東地区の電力を天然ガス発電で賄ったり、化学工業の発展を考慮すれば、さらに大量の天然ガス供給が必要になる。

　中国の天然ガス埋蔵量は40兆m³以上と予測される。埋蔵量が5兆m³を超える堆積盆地は四川盆地とタリム盆地の2ヵ所、1兆m³以上の盆地は東海盆地、鶯歌湾盆地、渤海湾盆地、瓊東南盆地、ジュンガル盆地、珠江口盆地の6ヵ所ある。全国の天然ガス確認埋蔵量は資源量の5％にも満たないが、これは潜在力が大きいということでもある。このように豊富な天然ガス資源は

数ヵ所の大盆地内に比較的集中していて開発に有利であり、天然ガス工業の発展にも良好な基盤を備えているといえる。
　中国では石油天然ガス以外に石炭ガスが豊富にあり、天然ガス確認埋蔵量全体の約3分1強を占めている。主要な11の石炭ガス盆地の資源量は13兆m^3で、西北部ではタリム盆地、ジュンガル盆地、トルファン・ハミ盆地の探鉱が進展している。四川盆地西部と松遼盆地東部は現在もポテンシャリティが高く、オルドス盆地や沁水盆地も期待されている。最近では海南島周辺にガス田が2つ発見され、そこから香港向けに供給されている。
　中国西部のタリム盆地の天然ガス資源量は8.3兆m^3で、ここ数年の探鉱で明らかになった地質埋蔵量は既に1000億m^3を超えており、先に発見された西南地区の柯克亜ガス田と雅克拉ガス田を合わせると1500億m^3となる。2、3年後には2000億m^3に達するともいわれている[14]。発見された数ヵ所のガス田はすべてコンデンセートで、その含有量は天然ガス1m^3当たり300〜900gと高く、エタン以上の重質炭化水素の含有量は5.5〜12％である。このようなことからタリムは、新疆ウイグル自治区南部の主要な天然ガス化学工業基地になる可能性がある。
　中国で既に生産されている天然ガスは、主にその地域で消費されており、そのパイプラインのほとんどはガス田から需要家までのもので、現時点で合わせて7500km以上が敷設されている。また、年間のガス輸送能力は90億m^3となっている。ガスパイプラインは四川省に集中しており、南北の幹線パイプラインを主体に比較的整備されたシステムを形成している。中国東部地区とその他の地区にあるガスパイプラインは、一般的に距離が短くパイプの口径も小さい。パイプラインの建設計画は、先の上海市のほかに陝北（陝西省北部）―北京・天津間、陝北―銀川間、・鄯善―ウルムチ間、さらに川東―宜昌・武漢間などがある。
　21世紀に中国や北東アジア各国の天然ガス需要が増大し、生産や輸送コストなどを考慮して大規模供給先を求めるとすれば、東シベリア及び西シベリア東部ガス田からの可能性が高い。イルクーツクやモンゴルを経由して中国

の港に至る輸送ルートを建設すれば、ルート周辺の需要に応えられるだけでなく、北東アジアの国々の需要を賄うこともできる。そのためには口径の大きなパイプラインを数本敷設して、年間1000～1500億m^{3}の輸送規模を確保することが望まれる。

(4) 電力

　中国は、「石炭を基礎に、電力を中心に」してエネルギー開発に取り組んでおり、この10年間の電力開発は1億kWを超えた。1993年末の発電設備容量は1億8300万kWに達しており、その内訳は火力76％、水力24％である。また発電電力量は、10年間平均で約9％の伸び率を示し、93年に8364億kWhに達した。94年には3基の原子力発電所が営業運転に入ったが、合計210万kWである。発電量の対GDP弾性値は88年の0.85から89年には経済停滞から1.70に好転し、90年1.59、91年1.14となった。92年はGDP成長率14.2％を受けて弾性値は0.83、93年はそれぞれ13.5％と0.84、94年は同12.6％と0.78で推移している。

　1993年の中国の原炭消費量11億3076万トンの約3割が発電用であり、石油節約と石炭有効利用の観点から、新規に建設される火力発電所は原則として石炭火力に限ることにしてきた。石炭産地は山西省など内陸中部地域や遼寧省など北部地域に限られているのに対して、電力の大消費地は東部沿海地域、とりわけ上海を中心に急成長している華東地域、広東・福建両省を中心とする華南地域である。輸送力不足を補うためには、山元発電と大容量送電を行うことが要求される一方、自主権が付与され市場経済が推進されるなかで、華南沿海地域の発電所では豪州炭・インドネシア炭に依存する傾向もみられる。

　急速な電源開発にもかかわらず中国の電力不足は深刻で、1994年末には石炭供給不足による停電が全国各地で頻発したといわれる。電力工業部（省）によると、90年の電力不足率（電力需給ギャップ）は6.2％だが、今後の電力開発や省エネルギーが計画通りに進んだとしても、2000年までの経済成長

率8～9％の目標値のもとでは、全国規模でみれば依然として5％前後の不足率になるとみている。そこで電力工業部は、2000年までに毎年1700万kWの電力開発を行い、設備容量3億kW、発電電力量1兆4000億kWhの実現を目標としてきた。「中国統計月報」2000年第12期によれば、同年の発電量は1兆3000億kWh余で、そのうち石炭を中心とする火力発電が8割を超えている。また、原炭消費量の半分以上が発電用である。

中国は世界最大の水力資源国であり、開発可能な包蔵水力は3億7800万kWといわれるが、既に開発されているものは12％弱の4400万kWに過ぎない。2000年には4000万kW分の水力発電所を新たに建設し、合わせて200万kW以上が33ヵ所、25万kW以上だと203ヵ所となり全体の80％に及ぶことになる。また中国の多くの河川では発電以外に洪水調節、灌漑、舟運など多目的に利用されることがほとんどで、他事業と共同でダム建設することが多い。

中国最大のプロジェクトであるとともに世界一の規模を誇る多目的の三峡ダム建設が、揚子江（長江）流域の湖北省宜昌県三斗坪で進められている。かつて多くの技術的・経済的、さらに環境面での問題が提起され中国国内でも議論を呼んだが、1993・94年の施工準備期を経て95年から97年の第1期工事が行われた。この工期では川の中にある中堡島右岸（川下に向かって）をせき止めて島に縦向きの堤防をつくり、その右に導水路を建設した。

第2期工事は98年から2003年までの6年で、島の左側にダム本体を建設し、03年に最初の発電ユニットが発電を始めた。第3期工事の04年から09年までの6年では、島の右側にダム本体を建設し、70万kW×26台の発電ユニットが総て発電を開始し、工事が完了する予定である[15]。設備容量は1820万kWで、年間発電量847億kWhは石油換算で2800万トン、石炭では4000万トン分に相当する。

ダムの堤長は1983m、ダム高は185m、総貯水量393億m^3（奥只見ダムの約65倍）で水没耕地は2万8000ha、水没地域人口84万人、移転人口113万人といわれ、1993年固定価格で計算して建設総額は954億元（約1兆3356

億円、1元＝14円換算）である。内訳は建設、送電・変電関係費885億元、移転関係費69億元であるが、物価上昇、人民元レートの変動などを考慮すると、工事完成までの投下資金は1500億元以上になるとの試算もある[16]。

原子力発電は、電力がタイトな華東・華南地域で主として開発されている。中国で初の国産技術を使用した秦山発電所（浙江省、第1期30万kW）は、2年余の試験運転を経て1994年4月から営業運転に入った。英国とフランスから技術導入した大亜湾発電所（広東省、第1期90万kW×2基）は、1号機が94年2月、2号機が同年5月に営業を開始した。これは香港の中華電力との合弁会社が運営主体であり、発電量の70％は香港へ送られている。

さらに秦山発電所第2期（60万kW×2基）、大亜湾発電所2期（100万kW×2基）、陽江発電所（広東省、4基の合計で400万kW）、大連発電所（遼寧省、100万kW×2基）などが、21世紀初頭までに営業運転を開始した。建設に当たっては極力国産化をはかるとともに、BOT（Build, Operate, Transfer）方式などの外資導入も積極的に行うことにしている[17]。

とはいえ、中国は原子力発電の経験が浅く、運転技術にはまだ充分に習熟していない面があるといわれる。万一事故が発生した場合は、中国大陸ばかりでなく「一衣帯水」の日本にも放射能汚染が及ぶ恐れが十分に考えられる。今後の一層の安全運転のためにも、各国からの協力が必要であろう。

4. エネルギー消費と環境問題

（1）環境問題と対策

地球温暖化の原因とされる温室効果ガスのうち約60％が二酸化炭素（CO_2）といわれ、その80％が化石燃料に起因すると考えられている。1990年代のアジア各国の高い経済成長によるエネルギー消費拡大の加速化は、大気汚染を中心に身近な環境を悪化させた。環境悪化は都市問題として止まっている場合もあれば、全国的規模で深刻化している状況もみられる。

中国は1次エネルギー消費の約70％を石炭に依存しており、火力発電所などから排出する浮遊粉塵と二酸化硫黄（SO_2）による汚染が深刻である。地域によっては亜炭や褐炭といった低品位国内炭を大量使用しており、大気汚染のほか水質汚濁などの大きな被害を引き起こす原因になっている。とりわけ南部の都市・貴陽（貴州省）と重慶の汚染は深刻である。重慶では二酸化硫黄の排出量が年間100万トンを超え、呼吸器疾患など健康被害が顕著にみられる。

　二酸化硫黄など硫黄酸化物や窒素酸化物が大気中に大量に放出されると、その地域だけの汚染に止まらず、広域的な酸性雨被害を引き起こす。汚染のひどい四川省や重慶市をはじめ内陸の多くの省の大都市や工業地帯では被害が深刻で、それが広域化して既に大きな問題となっている。中国では、早急にしっかりした環境対策を採らないと、国内だけでなく国境を超えて周辺諸国にも大気汚染の広域化をもたらすことになる。

　中国では1991年時点で、二酸化硫黄1622万トン、窒素酸化物911万トン、煤塵1314万トンの大気汚染物質排出量があった。それが98年には二酸化硫黄2090万トン、煤塵1452万トンに増大している[18]。2020年には91年の汚染物質量の2、3倍に拡大するとの予測もあるが、97年以降一部地域である程度の改善がみられ、硫黄酸化物や煤塵などの排出量に減少傾向が現れた。しかし、依然として厳しい状況にあることに変わりない。

　中国の環境法の形成は、改革・開放政策の採用と並行して1979年9月、全国人民代表大会常務委員会によって採択された「環境保護法（試行）」に始まるとみてよい。この法律は試行法であったが、大胆に国家の環境保全の基本方針と基本政策を明記している。環境の定義としては大気、水、土地、鉱物資源、森林、草原、野生動植物、水生生物、名所旧跡、風景遊覧区、温泉、保養地、自然保護区、生活居住区など広い範囲での保護を規定したものである。

　また、「三同時の原則」を採用しているが、これは新しい工場設備を設計する際に公害防止設備を含めて設計し、建設時は公害防止設備も併せて建設し、

操業するときは公害防止設備も同時に操業するという原則で、環境悪化防止に配慮したものである。さらに汚染物質を排出している企業の登録と報告を義務づけ、汚染物質排出基準超過に対する課徴金「排汚費」の徴収などを規定している。環境アセスメントについても明文化されているが、報告書の公表や住民への意見聴取などの手続きは考慮されていない。

「環境保護法(試行)」は10年間の試行を経て1989年12月に全面改正され、新たに「環境保護法」が立法目的、環境保護の基本原則、法律責任など6章47ヵ条からなる総合基本法として正式に公布された。環境概念については、旧法が環境要素を列挙したに止まっていたのに対し、新法では人類の生存と発展に影響する各種類の天然および人工的改造をへた自然要素の全体を意味するものと規定している。さらに国務院の国家環境保護総局を頂点に、各環境行政機関相互の関係を明確化した。

法律に違反し、環境汚染をもたらしたものに対しては、行政、民事および刑事の3種類の責任を課している。行政責任としては警告、罰金、操業停止、閉鎖がある。民事責任では無過失責任を明文化し、損害賠償の訴訟時効の期間を3年として、民事通則における通常の場合の2年より長く設定している。また刑事責任では、刑法に対応した規定となっている。しかし、立派な法制度が用意されたとしても、それがいかに執行されるかという運用面と実際の効果が問題になることはいうまでもない。

関連法規としては、次のような法律が制定されている。公害防止関連としては「大気汚染防止法」(1987年)、「水汚染防止法」(84年)、「海洋環境保護法」(82年)、「環境騒音汚染防止条例」(89年)、自然資源保護関連では「水法」(88年)、「森林法」(84年)、「草原法」(85年)、「野生動物保護法」(88年)、「水土保持法」(99年)、さらに「土地管理法」(86年)、「都市企画法」(89年)、「省エネルギー法」(97年) などがある。

中国の石炭依存度は2010年に57.1％、2020年に48.2％と予測されているが、増大する一方のエネルギー消費のなかで、環境へのインパクトを考慮しないわけにはいかない。1998年の二酸化炭素排出量は炭素換算で9億675万トン

と発表されており、97年以降若干改善されて減少傾向がみられるものの、膨大な数字である。これは全世界の排出量64億トン余の約14%を占め、米国の22%に次いで世界第2位となっている。しかし、人口1人当たりでは米国の8分の1、日本の4分の1である。したがって技術的には、石炭用ボイラー設備などに脱硫・脱硝装置や集塵機といった公害防止装置を付設する方法を積極的に採用していくとともに、クリーンエネルギーへの転換が必要である。

中国の公害と環境対策は、これまで産業分野を中心に進められてきた。その成果が十分に現れない段階で、すでに都市型公害や生活型公害が深刻化している。改革・開放政策のもとで沿海部を中心に、外資主導型の圧縮された工業化が急速な経済発展をもたらし、国民の生活水準が向上するとともに自動車、プラスチック製品や家電製品、洗剤などが普及して、移動発生源による生活環境の急激な悪化をもたらした。大気汚染、ゴミ問題、水域の富栄養化など、従来の手法ではなかなか解決が困難な複合汚染となり、有効な対策とともに「経済と環境」の間の調和を見出すことを難しくしている。

中国の自然や地勢条件は、公害防止や環境保全からみて不利である。1996年に国家重点プロジェクトに指定された「三河」(淮河・海河・遼河)と「三湖」(太湖・巣湖・滇湖)をはじめ、広大な国土の大水系や都市河川、大きな湖が多い。たとえ水質汚染物質の排出量が減少したとしても、水質の改善には時間がかかる。水は大気のように短期間で改善効果が現れにくい。さらに時々発生する大洪水は、長年蓄積された汚染物質を河川に流し込み、近隣海域の水質をも悪化させる。さらに人口圧力と絶えざる農業増産の必要性、公害反対運動や環境保護活動など市民運動の欠如や無関心など、社会的条件もまた環境保全に不利な状況にある。

(2) 環境汚染の現状

前述のIEAのエネルギー需給見通しでは、中国の2020年までの年平均経済成長率が5.5%、1次エネルギーの年平均伸び率が3.6%、CO_2排出量の年平均伸び率が3.4%と予測している。また世界全体としては、それぞれ3.1%、2%、

表 5-2　中国主要業種企業の生産額当たり汚染物排出量（1990,1995 年）

		企業数（社）	工業廃水（t/万元）	SO_2（t/億元）	煙塵（t/億元）	固体廃棄物（t/万元）
製紙及び紙製品業	1990	810	1,015	1,225	989	0.176
	1995	2,362	6,028	8,198	5,552	0.953
電力供熱生産・供給業	1990	280	655	16,634	13,759	1.520
	1995	1,105	3,106	106,494	65,924	3.176
化学工業	1990	2,543	603	1,065	540	0.022
	1995	6,072	2,418	5,882	3,210	0.882
金属・冶金・圧延加工業	1990	606	488	1,126	790	0.247
	1995	1,364	1,957	5,363	2,603	1,647
鉱業	1990	813	366	1,076	1,106	2,750
	1995	3,336	1,344	4,417	3,130	11.409
非鉄金属精錬・圧延加工業	1990	426	162	1,876	520	0.038
	1995	940	769	9,277	2,168	0.800
医薬工業	1990	691	181	351	218	0.037
	1995	1,769	685	1,982	1,141	0.118
石油加工業	1990	128	120	190	131	0.009
	1995	246	701	2,271	1,006	0.129

注　：生産額は 1980 年価格で計算。
出所：張暁「中国産業政策的総体評価」『中国社会科学』1999 年第 3 期、90 ページ。

2.2％と見込んでいる。いずれも中国が世界平均を上回る速度で進展し、環境悪化も拡大していく可能性が高いとみている。

　中国の環境汚染が経済活動や人間生活に及ぼす影響は、中国社会科学院環境・発展研究センターが 1995 年に行った研究結果によると、93 年時点で年間 2859 ～ 4992 億元の損失となり、これは GDP の 8 ～ 13％に相当するというものであった。さらに 97 年の世界銀行による調査では、中国の環境汚染損失は GDP の 7.7％に及ぶというものである（表 5-2 参照）。

　一方、1980 年から 95 年までの間の環境保全投資は、年間数 10 億元から数 100 億元に増加したものの、対 GDP 比では 1％にも満たないものであった。96 年から 2000 年までの第 9 次 5 ヵ年計画期の環境保全投資は合計約 3460 億元となり、GDP に対する比率も 0.93％で史上最高水準に達した。しかし、米国や日本など OECD 加盟国の平均が 2、3％の投資を行っているのに比較すると、今後の投資拡大余地は大きいといわざるをえない。

水質改善の国家重点プロジェクトに指定された太湖は、かつて湖水の4分の1が汚染され、多くの魚が死に、養殖水域が放置された状態にあった。小規模の化学工場や染色工場からの工業排水が年間約10億トンも未処理のまま流入し、水田からは化学肥料や農薬を含んだ排水が年間150万トン、生活排水が同2000万トン以上流れ込んでいたといわれる。周辺住民3300万人は太湖の水を飲料水や農業用水として利用していたが、1980年当時約70％が飲用可能としていた湖水面積も一時15％程度に減少した。第9次5ヵ年計画のなかで対策を講じた結果、周辺の工業企業の水汚染源は98年に排出基準まで回復したといわれる。同じく巣湖と滇湖も、すでに水質基準を基本的に達成した[19]。

　淮河では、1980年代より流域の1000を超える小規模の製紙工場、皮革工場、化学工場などが、ほとんど排水処理設備もない状態で操業し、年間30億トン以上の工場排水が流れ込んでいた。流域住民1億5000万人の飲料水は、浄水処理がなされているとはいえ万全とはいえなかった。河川面積が黒く変色して悪臭を発し、約50％の流域で漁業用水基準を下回っていた。そこで国家重点プロジェクトとして、水質汚染防止のための第1期工事用に40億元を投資するとともに、汚染発生工場に対して積極的に閉鎖措置をとった。それら効果が現れ、97年に水汚染源は排出基準まで回復した。

　中国の大気汚染は深刻であり、住民の健康被害が問題となっている。1996年の調査によると、全国の主要90都市のうち長期間滞在しても人体に有害な影響を与えないと判断される1級基準を満たす都市は、わずか11しかない。98年時点で国家環境基準2級をすべて達成した都市は僅か89に過ぎず、濃度測定の302都市の27.6％である。同年の都市人口は約3億7000万人なので、その73％にあたる2億7000万人が何らかの大気汚染にさらされていることになる[20]。

　1982年8月に施行された大気環境基準は、大気質を1級から3級に区分するとともに適用地域を1類から3類に分類している。級別と適用地域を組み合わせることで、ある地域の具体的な環境基準値が定められる。一般的には

1 類区に 1 級基準が、2 類区に 2 級基準が、3 類区に 3 級基準が適用される。汚染物質としては総浮遊粒子、煤塵、二酸化硫黄、窒素酸化物、二酸化炭素、オキシダントなどが規定されている。中国の 1 級基準が、およそ日本の環境基準に対応しているとみてよい。

　中国では工業都市を中心に、呼吸器系疾患を起因とする死亡が増加している。1991 年時点のその数字は、全国平均で 10 万人当たり年間 83 人であるのに対して、例えば大気汚染がひどい重慶市内では 235 人となっている[21]。同様に悪性腫瘍についても、重慶市内では全国平均を 3 割ほど上回っている。重慶市は周辺を山で囲まれており、年間に霧の発生日が 270 日、石炭の使用量が年 1700 万トン、SO_2 の排出量が日本一国より多い 85 万トンである。

　大都市中心部では近年、工場など汚染物質の固定発生源が抑制され、大気質が改善されているが、郊外や地方中小都市では固定発生源が増加しているところも多くみられる。そのため、一部大都市では自動車増加の排ガスによる窒素酸化物増大による汚染が、また地方などの中小都市では工場などからの汚染物質排出による公害が深刻となっている。

　中国における酸性雨の降雨地域は、1985 年に全国の 18％であったが、96 年には 40％に拡大している。揚子江（長江）以南では、75％の都市に酸性雨被害がみられるといわれている。酸性雨は PH 値 5.6 以下とされるが、中国では北部に比べて南部に酸性雨が多く降り、その結果、被害も南部に集中しているという特徴がある。北部で酸性雨の被害が少ないのは、土壌が比較的アルカリ性で中和能力があることと、北部で生産される石炭の硫黄分が南部に比べて少ないためといわれる[22]。

　砂漠化も進行中で、砂漠面積は中国全体の 3 割近くといわれる。毎年 2400km^2 以上、つまり日本の神奈川県とほぼ同じ面積が砂漠化しており、それによる経済的損失は 540 億元とみられている。耕地で水資源が確保され、灌漑施設が設置されている面積は全体の 4 割で、残りが旱魃と半旱魃耕地である。また旱魃と半旱魃耕地の 4 割で、土地の退化が進んでいるといわれる。

　21 世紀に入って中国国家環境保護総局の解振華局長は、2001 年 1 月 9 日に

開催された全国環境保護工作会議で、環境問題解決の当面の施策について次のように発言した。まず「今後5年間、水汚染防止と飲料水の安全保証を重要な位置に据える。酸性雨、二酸化硫黄抑制区と都市大気汚染問題を重点的に解決する。都市騒音を防止する。長江、黄河上流と松花江の汚染対策を積極的に進める」と強調した[23]。

さらに経済発展のスピードを抑制するとともに、人々の健康を脅かし、地方政府と人民が最も関心を寄せる環境問題を最重点と位置づけ、社会全体の総力を結集して解決に当たる方針を明らかにした。また環境保護に投入する資金は、今後5年間にGDPの1.2%まで高め、2005年までに主要汚染物質の排出総量を2000年より10%減らし、工業企業の汚染物質排出量基準を全面的に達成する。そのため重点汚染源に対してオンライン監視を実施する。

また50の環境保護モデル都市と200の環境美化都市を建設する。うち100都市では大気状況日報を、42都市で大気状況の日報と予報を発表する。加えて、都市の重点飲料水源地の水源月報と旬報を発表する。「三河」と「三湖」の水汚染対策推進の経験を基礎に、長江の三峡ダム地区および上流、黄河の小浪底ダム地区および上流、松花江主流の汚染防止を推進する。

中国は今後5年間、工業汚染対策、都市環境保護、海洋環境保護、核の安全と放射線管理に力を注ぐと同時に、生態環境保護と農村環境総合整備を引き続き推進していく。さらに消費とサービス分野でも環境保護を重視し、環境保全型製品や有機食品を積極的に宣伝、普及させ、環境に優しい消費形態を提唱していく方針となっている。

(3) 西部大開発と環境保護協力

西部（特に説明がないかぎり中部地域を含む）大開発は、外資主導型の経済発展を遂げた沿海地域との間に拡大した経済格差・個人所得格差を縮小するために採用された戦略であり、その実現のためには10年から数十年を要する長期的課題である。中国政府は、西部への開発資金を順次に拡大していく方針であり、既に2000年の西部への基本建設資金投下の増加率は中部地域が

対前年比 19％増、西部地域が 18.4％増となっている。これに対して東部地域のそれは 5.1％であった。

　今後、西部地域に振り向ける中央財政の建設資金の割合を高めるとともに、国の政策的銀行融資、国際金融機関と外国政府の優遇借款をできるかぎり西部地域のプロジェクトに使用する方針である。主な対象プロジェクトとしては、①インフラ建設、②生態環境の保護、③農業の基礎固め、④産業構造の調整、⑤特色ある観光業の発展、⑥科学技術の振興と人材養成、⑦改革・開放の深化などがあげられている。

　まず 5 年から 10 年の期間をかけて、西部地域のインフラ建設と生態環境保護を目ざましく進展させ、西部開発のための端緒を開く。21 世紀半ばには経済が発展し、社会が進歩し、生活が安定し、民族が団結し、美しい山河の新たな西部地域を建設していく。インフラ建設では道路、鉄道、空港、電力、通信、水利設備などが列挙されるが、とりわけ道路建設には 10 年間で 7000 億元を投資し、35 万 km を整備する計画である。

　西部大開発を推進する際に注意を要する課題は、生態環境の保護である。中国の毎年の土壌流失面積は平均 360 万 km^2 で、その 80％は西部に集中している。また西部の砂漠化面積は、毎年 2000km^2 に及んでいる。山地の段々畑を森や草原に復元し、それに見合った食糧分を無償で提供するとともに、苗木や草の種子を与えて緑化を個人請負で実施する方針である。さらに農業の産業化によって効率を高め、特色ある産業を育成していくことにしている。

　中央の財政力の増加にともない、次第に中央から西部地域への一般的移転支出の規模を拡大していく。農業、社会保障、教育、科学技術、衛生、計画出産、文化、環境保護などの専門補助資金を配分面において、西部地域に傾斜させていく。中央財政貧困救済資金の配分は、西部貧困地域に重点的に実施する。国に認可された農地から森林草地への回復、自然林保護、砂防工事のために補償される必要な穀物、種子や苗の補助資金および現金補助については、主に中央政府から支出する。また、農地から森林草地への回復、自然林保護などの工事によって影響を受ける地方財政収入については、中央財政

から適宜補助していく。生態環境保護、農地から生態林草地への回復によって得た農業特産品収入については、10年間の農業特産税を免除する。

中国政府は、これまで規制してきた天然ガス開発やパイプライン建設、家庭向け都市ガス供給などにも外資の導入を推進することにしている。このような状況から、大規模天然ガスプロジェクトの開発が本格化してきた。タリム盆地の天然ガス開発と上海までのパイプライン建設のほかに、広東省でのLNG都市利用計画に加え、ロシアのイルクーツクから中国を経由し、韓国までの天然ガスパイプライン建設などがあげられる。これらは西部大開発の象徴ともいえる西部地域の天然ガスを東部沿海地域に輸送し、両地域間の経済格差解消を目指す「西気東輸」プロジェクトといわれるものである。

このようななかで日本の対中国経済協力は、1996から2000年度までの第4次円借款において、環境と農業と内陸開発が重点となっている。環境問題は、中国だけでなく日本にも直接影響を及ぼす全地球的な問題となりつつある。第4次円借款では、柳州、本渓、蘭州、フホホト、包頭、瀋陽の6都市における大気汚染をはじめとする環境対策事業や河南省淮河・湖南省湘江流域の水質と環境改善事業が取り上げられた。これら案件は、「開発と環境の両立を図りながら持続的成長を支援していく」という日本のODA（政府開発援助）の理念に沿ったものである。

日本の円借款のうち中国環境案件向け供与額は、第1次円借款（1979〜84年度）ではゼロであったが、第2次円借款（84〜89年度）で供与額の5.7%に当たる307億円、第3次円借款（90〜95年度）で同3.6%、289億2100万円が振り向けられた。第4次円借款（96〜2000年度）では、99年度までの4年間で供与額合計7726億3700万円のうちの27.6%に相当する2133億3400万円にまで拡大している。したがって79年度から99年度までの円借款供与合計2兆4535億1000万円の11.1%に当たる2729億5500万円が環境案件に供与されたことになる。

経済発展の目ざましい中国の東部沿海地域と異なり、民間資金導入があまり期待できない内陸地域の発展のためには日本の援助資金が必要との観点か

ら、第4次円借款は大部分が内陸地域を対象としたものになった。ちなみに対象28案件のうち18案件が内陸地域向けであり、1996から99年度までの供与額合計の77.4％に相当する5979億6000万円が振り向けられた。内陸向け資金協力は、環境案件と同様にシェアを拡大してきているが、第1次円借款では1億4000万円にすぎなかったものの、第2次円借款では供与額の28.7％にまで伸ばした。第3次円借款では同52％の4212億2900万円となっている。

　中国の西部大開発や環境保護に対する日本の資金協力は、中国政府の具体的な政策動向をみきわめながら、ODA予算が抑制されるなかにあっても積極的に展開されていくことに変わりない。

注
1) 存在が確認され、経済的にみても生産可能と推定される量をいう。
2) IEA（International Energy Agency）,"World Energy Outlook 1998", October 1998.US. DOE（Department of Energy）," International Energy Outlook 1999", April 1999.
3) 中華人民共和国国家統計局「1999年国民経済・社会発展に関する統計公報」2000年2月28日による。
4) 中華人民共和国海関総署編『1999中国海関統計年鑑』海関総署「海関統計」発行部、2000年6月、164ページ。
5) 換算比率は、石炭0.714トン／トン、原油1.43トン／トン、天然ガス1.33トン／1000m3、水力は火力の石炭消費量で計算。
6) 1次エネルギー消費総量をその年の国民所得で除したものである。
7) (財) 日中経済協会『日中経済交流1994年』1995年3月、143ページ。
8) 同上、145-146ページ。
9) (財) 日本エネルギー経済研究所「第309回定例報告会資料」1995年4月27日。
10) 美谷島克実「タリム油田の現況と今後の見通し」『日中経協ジャーナル』1994年12月号、日中経済協会、9ページ。
11) 日本国際貿易促進協会「国際貿易」1995年6月20日、第1254号。

12) 史訓知「中国天然ガス資源開発・利用の現状と展望」(財)日本エネルギー経済研究所資料。
13) (財)日中経済協会『日中経済交流 1995 年』1996 年 4 月、143 ページ。
14) 12) に同じ。
15) 浜勝彦「三峡ダム建設の概況と決定までの経緯」『創大アジア研究』第 16 号、創価大学アジア研究所、1995 年 3 月、5 ページ。
16) 電源開発 (株)「三峡水力発電プロジェクト現況報告」1994 年 9 月。
17) 7) に同じ、170 ページ。
18) 中国国家環境保護総局「1998 年全国環境統計公報」による。
19)「中国通信」2000 年 10 月 10 日。
20) 18) に同じ。
21) 日本化学会・酸性雨問題研究会編『身近な地球環境問題―酸性雨を考える』コロナ社、1997 年、157 ページ。
22) 定方正毅『中国で環境問題にとりくむ』岩波新書、2000 年 9 月、40 ページ。
23)「中国通信」2001 年 1 月 12 日。

第6章

対外開放政策下の貿易構造変化

1. 貿易体制改革の進展

　中国の対外貿易は、1949年10月の新中国成立以来、一貫して国家管理のもとで行われてきた。その貿易体制に変化がみられるようになるのは、78年12月に開催された中国共産党第11期3中全会において、対外開放政策採用の決定をして以降のことである。まず79年、国務院の中に国家輸出入管理委員会と外国投資管理委員会が設立された。前者は経済建設に合わせて貿易管理を実施し、後者は外国・地域からの直接投資を所管する組織である。しかし、この2つの委員会は82年3月、従前から対外援助などを所管してきた対外経済連絡部（「省」に相当、以下同じ）、さらに外国・地域との貿易を所管する対外貿易部などと統合し、新たに対外経済貿易部が誕生した。

　対外経済貿易部は、国家政策のもとで対外経済・貿易関係全般を所管する行政組織であり、各省・直轄市・自治区並びに中央各部門の対外貿易活動の調整を行うものである。中国は新しい組織のもと貿易体制改革を推進する目的で、まず次のような措置を打ち出した。

①それまで中央政府が保持していた貿易権限の一部を地方政府や企業に委譲する。各省・直轄市・自治区や工業企業にも貿易部門の設立を認め、輸出入の窓口を多様化する。

②輸出入許可制度[1]と輸出割当制度を導入する。

③輸出基地や輸出専門工場を指定し、輸出奨励措置による輸出振興策を実施する。

④企業に外貨留保を認めることで、企業の輸出意欲を向上させる。

⑤合弁企業などへの優遇策をとることで直接投資の誘致を積極的に行い、製品輸出の拡大を図る。

⑥人民元の為替レートを順次に切り下げていき、輸出競争力を強化する。

⑦経済特別区や沿海経済開放都市を中心に外資を導入し、また不足する原材料を外から輸入して加工し、完成品にして輸出するという「両頭在外」[2]の外向型経済を発展させる。

⑧貿易行政の簡素化と権限下放による貿易公司（会社）の経営自主権を拡大する。

　以上のような貿易体制上の諸改革は、部分的かつ段階的に行われてきたがそれなりに成果をあげ、硬直的な状況が少しずつ改められた。また、改革の過程で中央政府と地方政府や企業との役割分担、権限範囲の線引きで不明確な点が多く見うけられた。

　中国の貿易体制改革でとりわけ際立った動きが見られるのは、1987年10月の党大会で趙紫陽総書記が「損益自己負担、経営の規制緩和、工業部門と貿易部門の統合、代理制度の推進」などの方針を打ち出し、従来の改革の基礎のもとに全面的かつ抜本的な改革の方針を提起して以降のことである。その内容は次のように整理できる。

①貿易権限の下放と貿易企業の自主的経営、独立採算制を一層強化する。従前から対外貿易公司の経営と財務面は中央政府が責任をもって保証してきたが、それを断ち切ることにした。したがって貿易公司は経営自主権を与えられる一方、損益に対して自己責任を負うことになった。また地方分公司（支社）は、中央の総公司（本社）の支配を離脱し、地方政府の管轄下に移すことにした。

②取扱い権限に応じた商品分類を実施する。これにより一部商品を除いて、取引への参入が大幅に自由化された。また、輸出入許可制度は従来どおり実

施していくが、管理品目を順次に減少させ、公司が自由に取り扱える品目を拡大していく。そのために輸出入品目を第1類から第3類まで3段階に分類し、取扱い権限を明確にする。

　第1類商品は国家計画推進と国民生活に深いかかわりをもつ重要物資で、原則として中央総公司が統一的に取り扱う。輸出では石炭や石油、石油製品、穀物など21品目、輸入では鋼材や化学肥料など13品目が指定された。

　第2類商品は第1類商品に次ぐ準統制品目であり、数量割当や市況変動が大きく、かつ国内・外の価格差が大きい商品が対象となる。この場合、特別に権限を与えられた公司が取り扱う。輸出では鋼材や稀土金属など97品目、輸入では羊毛、パルプ、ブラウン管など8品目が指定された。

　第3類は、第1類と第2類以外のすべての商品で、貿易権をもつ企業は自由に取り扱うことができることになった。

　③貿易による外貨獲得において、請負制を導入する。各省・直轄市・自治区や貿易企業が、国家との間で輸出による外貨獲得と上納額を前もって取り決め、請負う制度である。この請負額を上回った外貨収入は留保しておき、輸入決済代金に充当したり、外貨調整（交換）センターで人民元に交換したりして独自に処理できる。また、商品ごとに外貨留保率を定めることにした。

　このような改革は、対外貿易を活性化させるとともに混乱をもたらした。需要に対して供給が追いつかないモノ不足状況のなかで、インフレの高揚と投資急増に起因する経済過熱現象が生じ、企業は目先の利益追求にはしり、いったん輸出契約したものを一方的に破棄して国内に転売してしまうケースなどが現れ、外国企業との間に多くのトラブルが発生した。さらに1988年後半から、次のような事例が多発した。

①品質の低下や契約スペックとは異なる低級品のものが輸出された。
②船積み遅延や不当な価格の上乗せ要求がみられた。
③一方的なキャンセルなどの契約不履行が続出した。

　貿易体制改革を進めるなかで特に問題となったのは、合金鉄や銑鉄、アルミ製品、非鉄金属などの商品に対して、輸出制限措置がとられたことである。

これらの商品は、国内においても供給がタイトであり、為替レートや流通ルートの混乱などから、実物の裏づけがないままに輸出許可証（E/L）が発行されたり、その許可証が投機対象となる事態すら発生した。これに対して中国政府は、輸出税の賦課、輸出許可証の回収、輸出停止などの非常事態措置をとった。しかし、既契約分について適切な対策をとらず、中国側輸出者が輸出税を買手側に負担させようとしたことなどから、外国側契約者に多大な不利益をもたらすことになった。このような状況を解決しながら、さらに新たな貿易体制改革へと進んでいくことになる。

2. 為替レートと外貨留保制度

　一国の通貨価値をどのように決定するかは、かなり難しい作業が必要である。中国の人民元は1953年以降、英ポンドに対しペッグ（1英ポンド＝6.893元）してきた。67年11月に英ポンドが14.3％切り下げられた際も同率調整が行われ、1ポンド＝5.908元とした。72年6月に英ポンドの変動相場制移行を契機に、中国は主要貿易相手国の通貨バスケットに対してペッグする方式に改定した。この結果、人民元の対米ドルレートは71年12月の多角的通貨調整時を含め、72年6月までは1ドル＝2.4618元を維持した。その後は主要国の変動相場制への移行もあって人民元は上昇を続け、「二重為替相場制」を採用する直前の80年7月には1ドル＝1.4525元まで約70％上昇した。

　人民元の対米ドルレートが公表されだしたのは、1972年2月にニクソン米大統領が中国を訪問したことが契機となった。同年9月に対日本円レートが発表されるようになったが、対米ドルレートも公表を開始した。しかし、中央銀行である中国人民銀行が対外為替レートを毎営業日に正式に公表するようになったのは、1974年9月以降のことであり、同行と国家外国為替管理局が国際的に取引されている24通貨[3]のバスケット方式によってレートを決定し、主要15通貨[4]を価格直接表示で公表している。しかし、そのレートは

公的な市場取引によるものではなく、中国の一方的な発表である。

中国が対外開放政策を採用して以降、為替レートの変動は対外貿易に大きな影響を与えることになった。したがって、その時々の状況に応じて、人民元レートの改定が行われてきた。1981年1月には一種の二重為替レートを採用し、公定レートを1ドル＝1.53元としたが、輸出振興のために、貿易用レートとして1ドル＝2.8元を使用することにした。その後公定レートは次第に減価し、85年初めに二重為替レート制を廃止している。廃止の理由の1つは、米国がこの仕組みを一種の輸出補助金とみなし、中国からの繊維品輸入に対して相殺関税を賦課しようとしたことにある。しかし実質的には、人民元の国内的・対外的信用の回復と為替相場の安定に有利であり、IMFからも要求があったためである。また、単一為替レートのほうが、取扱いが簡単で管理しやすいという一面もある。

中国は1981年1月1日から内部決済レート制を実施し、1ドル＝2.8元としたが、この時の公定レートは1.746元である。その後、人民元は徐々に切り下がって82年には1.923元となり、83年末には1.981元、84年末には2.796元となった。1985年1月1日からは内部決済レート制を取りやめ、1ドル＝2.8元に一本化された。それにもかかわらず人民元は小幅の切り下げ傾向が続き、85年9月のプラザ合意以降は1ドル＝2.968元、さらに同年10月には3.201元となった。

1986年7月になると、人民元は15.8％の切り下げが行われ、1ドル＝3.722元（中値）となり、それ以降は小幅の切り下げも見られず、1986年から88年までの対ドルレートはひとまず安定した。しかし、89年12月16日に人民元の21.1％という大幅切り下げが実施され、1ドル＝4.722元（中値）となった。さらに90年11月17日には、人民元が9.57％切り下げられ中値で5.222元となり、翌91年4月から約1％の調整的切り下げが実施され、1ドル＝5.272元（中値）になった（図6-1参照）。

中国では、その後も何度か微調整を繰り返している。このような動きの背景には、1991年1月1日より従来から実施してきた輸出補助金制度を廃止し、

図 6-1　人民元平均レート

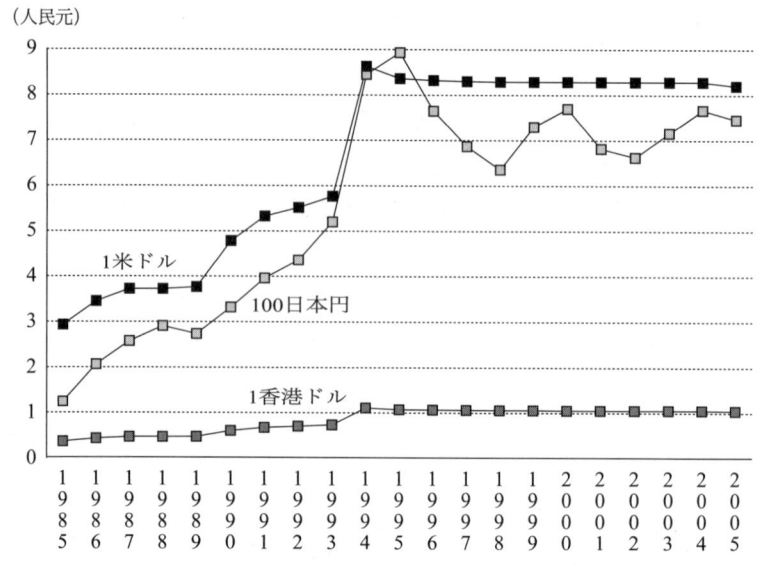

(人民元)

出所：国家外国為替管理局発表から作成。

対外貿易体制をさらに改革、完備することを目的に、貿易企業の損益自己負担制を本格的に導入したことに起因する。なぜなら、人民元レートの動向が企業収益に直接影響を与えるので、それらに敏感に対応していくためである。また為替レートの切り下げは、貿易体制や為替管理体制の改革や改善と並行して実施してこそ、効果が発揮できるからである。

したがって今次の貿易体制改革は、貿易企業の損益自己負担制を確立し[5]、統一的な政策の下で平等な競争、企業の自主経営、工業と貿易の結合などを段階を追って軌道に乗せていこうとするものであった。対外経済貿易部のスポークスマン劉向東は、1991年1月23日の記者会見で次のように発言した。

「今回の改革は貿易体制の重要な転換であり、計画経済と市場調節結合の原則を明確にし、マクロ経済手段を使った貿易の調節を重視し、市場調節の範囲を拡大して、中国の貿易体制を国際貿易のルールに一層適応させていくものである。また、国際的な商品交換と分業に参画しやすくするためであ

図 6-2　外貨準備高推移

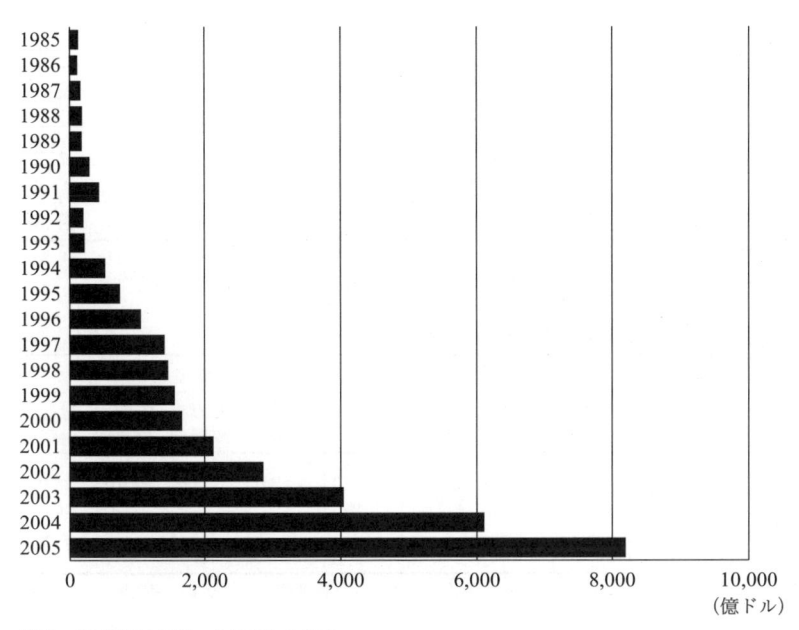

年	(億ドル)
1985	
1986	
1987	
1988	
1989	
1990	
1991	
1992	
1993	
1994	
1995	
1996	
1997	
1998	
1999	
2000	
2001	
2002	
2003	
2004	
2005	

出所：『中国統計年鑑』各年版から作成。

る」。さらに「今回の改革は中央政府、地方政府、企業の各方面で積極性を発揮させ、国が必要とする外貨とマクロ調節手段を保証するとともに、地方と企業の基本的利益も保証している。この新たな体制は開放的、前進的なものであり、中国の貿易体制が引き締められたとの考えは事実に反する」[6]。

　いいかえれば、この改革は図 6-2（外貨準備高推移）にみるように、対外開放政策を採用して以降、減少傾向にあった国家保有外貨をある程度確保するためであり、輸出補助金制度の廃止にともなう貿易企業の経営悪化を防止するというところに狙いがあった。そのために、輸出企業の外貨留保制度を大幅に改革した。例えば表 6-1 にみるとおり、地域ごとに異なる外貨留保比率を適用していたのを改め、商品分類ごとに統一的な留保制度を実施することにした。それは表 6-2 に示すように、国家が一元的に取り扱う石炭や穀物などを除く一般商品と機電商品とに大別して実施していくものである。

第 6 章　対外開放政策下の貿易構造変化　　161

表 6-1　地域別一般商品輸出外貨留保比率　　　　　　　　　　単位：%

一般地域		25
少数民族地域	チベット	100
	新疆、広西、寧夏、青海、貴州、西南、内モンゴル	各 50
特別地域	経済特別区	100
	技術開発区	30
	広東、福建	各 30

出所：盧璋「中国の外貨留保制度（I）」『アジア経済』アジア経済研究所、1990 年 12 月号、44 ページ。原典：外匯管理 500 題編集組『外貨管理 500 題』瀋陽人民出版社、1987 年。

表 6-2　輸出商品の新しい外貨留保制度　　　　　　　　　　　　単位：%

	一般商品				機電商品			
	中央政府	地方政府	生産企業	貿易企業	中央政府	地方政府	生産企業	貿易企業
初段階	20	10	10	60	0	—	10	90
中央政府が買上げオプション行使の場合	50	10	0	40	30	—	0	70

注：上納の場合は公定レート、中央政府買上げの場合は外貨調整センターでの交換レートによる。
出所：1991 年 1 月 23 日、中国対外経済貿易部発表。

　表中の比率は、すべて当初の外貨収入総額を基準にしている。一般商品の場合、貿易企業は当初獲得外貨の 60% を留保し、生産企業に 10% を交付する。さらに公定レートによって地方政府に 10%、中央政府に 20% を上納する。中央政府は国の外貨収入を確保するため、全国の外貨調整（交換）センター[7]の平均レートで、貿易企業に対して当初の外貨収入総額の 20%、生産企業に対して 10% を人民元で買い上げることができ、これが行使されると最終的な留保外貨は貿易企業 40%、生産企業 0%、中央政府 50%、地方政府 10% となる。

　機電製品の場合は、最初の段階で中央政府への上納はなく、貿易企業が 90% の外貨を留保し生産企業に 10% を渡すが、中央政府は貿易企業が留保する 90% のうち 20% を外貨調整センターレートで、人民元をもって買い上げる権限を保持する。同様に生産企業の 10% に対してもそのすべてを買い上げる権限をもっている。

このように中央政府の買い上げ権限が行使された場合は、貿易企業と生産企業が留保する外貨が減少するか、あるいは無くなってしまうわけだが、買い上げられた外貨相当分の人民元は、以後必要に応じて外貨を買い入れることのできる枠として確保することになる。企業はこの外貨枠から、公定レートで外貨調達が可能なわけだが、行使できるのはあくまでも外貨準備高が比較的潤沢な場合に限られた。いずれにしても企業に留保される外貨は、外貨調整センターで交換したり、自主輸入に充当されるものであり、貿易企業の留保外貨が増加すれば、企業経営に良好な条件が整うものと期待された。
　さらに貿易体制改革の一環として、各省・直轄市・自治区及び計画単列都市（日本の政令指定都市に当たる）の人民政府、および対外貿易、工業と貿易専門輸出入総公司、その他の貿易企業は、輸出総額、輸出による外貨獲得額、中央政府への外貨上納額（買い上げ分を含む）について請負う制度を実施する。また、この請負い任務は毎年査定することにした。
　さらに貿易権限を委譲するなかで、輸出入貿易を行う貿易企業の設立は中央政府の認可事項であったが、その権限を地方政府の対外貿易委員会に移管した。そのため貿易企業の数は、1979年の192社から88年には約5000社に増加した。同時に対外経済貿易部直属の輸出入総公司が独占的に取り扱ってきた品目が大幅に削減され、地方貿易公司が取り扱い可能な品目が拡大された。そのため品目によっては値崩れなどの問題が発生し、不正行為も見られた。そこで中国政府は、貿易企業の整理と整頓に力を注ぐことになった。
　存続が認められた企業は、査定された業務範囲で経営が可能となった。製造技術が比較的高くて輸出量が多く、自主輸出条件に合致する大中型生産企業及び堅実な生産企業集団については、引き続いて自社製品の自主輸出を支持し、輸出入取扱い権は対外経済貿易部が審査のうえ、認可することにした。くわえて外貨調整機能を積極的に行使し、国に外貨を上納する任務と外貨買い上げ任務を達成することを前提に、残りの外貨を調整市場に放出することを認め、省・直轄市・自治区を越えた外貨調整も進めることにした。各地方政府や中央政府は、行政的手段を使って、外貨の企業間の流通に干渉しては

ならないと決定した[8]。

一方、輸入商品の取扱いや管理方法については、基本的には従来のやり方を踏襲することにした。国内生産を支持するとともに、貿易企業の総合経営能力を増強するため、適度の輸入規模を確保し、輸入商品の構造を合理的に調整していくことになった。

3. 1980年代以降の対外貿易動向

中国が開放政策と貿易体制改革を進めるなかで、対外貿易は大きな発展を遂げた。1981年から90年までの10年間の対外貿易額合計は7387.9億ドルで、50年から81年までの31年間の合計金額2368.6億ドルの3倍以上となった[9]。とりわけ84年以降の対外貿易は、毎年史上最高額を更新し、90年は1154.4億ドルで84年の2倍余となった。また90年は、それまでの入超傾向を脱して、7年ぶりに87.4億ドルの黒字を記録した。

中国通関統計による1990年の貿易総額1154.4億ドルは対前年比3.4%増で、輸出620.9億ドル（18.2%増）、輸入533.5億ドル（9.8%減）となり、10年前の81年比で輸出が2.8倍、輸入が2.4倍の規模に拡大した。貿易上位相手国・地域は表6-3に見るとおりであるが、その貿易額合計は898.6億ドルで、中国対外貿易総額の77.8%、また輸出は497.7億ドルで輸出総額の80.1%、輸入は400.9億ドルで輸入総額の75.1%となった。

中国は1990年に初めて台湾と韓国との貿易額を公表したが、台湾は中国にとって第7位の規模であり、韓国は第10位に位置している。しかし、台湾及び韓国の対中貿易は、香港などを経由する間接貿易がかなりの金額にのぼっており、輸出は仕向け地主義、輸入は原産地主義で統計していることから、実際の対中貿易額は中国が公表する数字の1.5から2倍程度になるとみられる。

中国の貿易相手国・地域のうち第1位の地位にある香港（マカオを含む）

表 6-3　中国の貿易上位相手国・地域（1990 年）　　　　　単位：億ドル、％

順位	国・地域名	輸出入額	構成比	輸出額	輸入額	収支
	総額	1,154.4	100	620.9	533.5	87.4
1	香港・マカオ	409.1	35.4	266.5	142.6	123.9
2	日本	165.9	14.4	90.0	75.9	14.1
3	米国	117.7	10.2	51.8	65.9	-14.1
4	ドイツ（旧西独）	45.4	3.9	18.6	26.8	-8.2
5	旧ソ連	43.8	3.8	22.4	21.4	1.0
6	シンガポール	28.3	2.5	19.7	8.6	11.1
7	台湾	25.7	2.2	3.2	22.5	-19.3
8	フランス	23.1	2.0	6.5	16.6	-10.1
9	英国	20.3	1.7	6.4	13.8	-7.4
10	韓国	19.4	1.7	12.6	6.8	5.8
上位 1～10 位合計		898.6	77.8	497.7	400.9	96.8

注：本表の日本の数字は、表 6-6 の日本側発表数字とは異なる。
出所：『中国海関統計』から作成。

は、シェアに年々拡大傾向がみられる。1987 年に、それまで長い期間にわたって第 1 位の地位にあった日中貿易に代わって、香港との貿易シェアが 26.9％で第 1 位に浮上し 88 年のそれは 29.4％、89 年 30.9％、90 年は表 6-3 に見るように 35.4％へと増加した。とりわけ香港向け輸出は、そのシェアが 87 年 34.9％、88 年 38.4％、89 年 41.8％となり、90 年には 42.9％まで拡大した。これは香港の中継貿易基地としての機能が強化されたことに起因する。また 97 年 7 月 1 日の中国への香港返還をひかえ、香港の熟練労働者などが外国に転出したことによる労働者不足と賃金上昇、土地供給制限による賃貸料の上昇などから、香港の地場産業が広東省など中国南部に移転したり、委託加工を積極的に進めたからである。

一方、中国の対外貿易に占める日中貿易のシェアは、1987 年に 19.9％で 2 位に後退したあと、順位はそのままであるものの、相対的に低落傾向がみられる。ちなみに 1988 年のシェアは 18.5％、89 年 16.9％、90 年 14.4％となった。これは中国の経済成長や輸入制限によるものだが、とりわけ円高の影響をうけて対中輸出が伸び悩んだこと、また対中輸入の大宗商品である原油価格が下落したこと、中国側供給商品の品質や納期の問題、一部商品の輸出余

力の減退など、その時々の状況を反映した結果である。

　1989・90 年の輸入伸び悩みや減少は、88 年末から実施された経済調整で国内需要を抑えたためであり、加えて為替レートの調整、金融引き締め、資金不足などが重なり、企業などが技術設備や原材料の輸入を減らしたためである。また、1989 年 6 月 4 日の「天安門事件」以降、西側諸国がいわゆる経済制裁を実行し、対中技術輸出を制限したことにも起因する。それは対中禁輸品目を一時的に増加し、新規の政府借款を凍結し、輸出向けクレジットを減らしたためである。

　中国は1990年後半から景気回復の兆候がみられ、国内市場の需要要求が拡大し、外貨準備高も増加したことから、輸入拡大のためのいくつかの措置を採用した。90 年 10 月には 40 種類の商品輸入関税率を引き下げたし、対外経済貿易部は大型の買付けミッションをイタリア、スペイン、ポルトガルなどヨーロッパ諸国や米国に派遣した。米国との間では約 7 億ドルの契約をみたが、さらに 91 年 5 月にも大型買付けミッションを派遣して、約 12 億ドルの輸入契約を締結した。買付け商品は小麦など穀物、綿花、化学肥料、化学工業用原料、パルプ、木材、機械、電子製品、航空機材などである。

　ヨーロッパに派遣した 80 の買付けグループを含む大型代表団は、総額 12 億ドルの輸入契約を締結した。このなかには新疆ウイグル自治区と天津市向けエチレンプラント、海南省三亜空港設備、遼寧省撫順発電所設備、山東省向け電話設備、さらに鋼材、化学肥料、化学工業用原料、紡績原料などが入っている[10]。いずれにしろ中国は、経済発展のために必要な技術・設備について、外貨準備高や国内状況を考慮しながら導入していくことにした。

　中国の第 8 次 5 ヵ年計画（1991〜95 年）における対外貿易方針は、輸出を発展させながら外貨収支のバランスを図り、輸入を適度に増やしていくことを目指す考えを表明した。したがって限られた外貨範囲で、中国の近代化に必要な生産技術や中核設備、さらに重点生産と建設に必要な物資、農業用物資の輸入代金に集中的に使用することにした。また輸入の審査と認可、管理事務を改善し、やみくもな導入や不必要な重複輸入を防止し、国内で生産・

供給できる原材料及び機械・電気設備は生産の積極化と品質保証に努め、輸入を少なくするか、輸入をしなくても済むようにしていくものである。

そのため対外貿易政策を段階的に統一し、平等な競争と自主経営、損益自己負担、工業と貿易の結合、貿易代理制、窓口の一本化などを軌道に乗せていかなければならず、引き続き貿易請負責任制を実施し、さらに改善を加え、輸出入商品の計画管理の範囲を適正水準にもっていく方針を明らかにした。

4. 市場経済の進展と新たな貿易動向

中国が WTO（世界貿易機関）の前身であるガット事務局に、「地位回復」申請を提出したのは1986年7月のことであった。これら国際機関への加盟は市場経済体制が前提であり、中国は貿易体制を含めた経済システムを加盟条件に合わせて改革していくことになった。改革・開放政策を決定した78年末以降は、企業の採算性や内外の相対価格を反映する為替レートが必要となったので、81年に計画貿易に適用する「公定レート」と「自主貿易に適用するレート」の「二重為替レート制」に移行したことは前述した。

1985年1月1日には、公定レートが内部決済レート水準に切り下げられるとともに、「内部決済レート」は廃止された。1979年に導入された外貨留保制度は、順次に適用範囲が拡大され、86年以降は主要都市に「外貨調整センター」が設立され、企業間で外貨の売買が可能になった。計画貿易の縮小にともなう公定レートの意義喪失やガットの加盟条件の1つ「二重為替相場の是正要請」などから、93年末には1ドル＝5.8元まで切り下がった「公定レート」を8.7元の「市場レート」に鞘寄せするかたちで、94年1月1日から人民元レートを1ドル＝8.7元に統一した。94年4月には全国統一の外為市場として上海に「外貨取引センター」が設立され、「外貨調整センター」は最終的には98年に閉鎖となった。

中国が二重為替レートを市場レートに一本化したことで、市場需給によっ

て相場が決定されることになったとはいえ、市場レートの前日比変動幅が規定の範囲を超える懸念が生じた際は、当局が市場介入する「管理フロート制」である。規定変動幅は、対米ドルが前日中値比±0.3％、対円・香港ドル・ユーロで同±1％に収めることになっている。1997年7月のタイ・バーツ下落に端を発したアジア通貨・金融危機の際、中国元の切り下げが避けられたのは、94年1月の公定レートの33％の大幅切り下げによる実勢レートへの統一が大きく影響しているとみられる。さらに資本取引規制を維持していることも、通貨危機の影響を回避できた理由として挙げることができる。

　1994年以降、中国は貿易収支の黒字拡大と直接投資の順調な流入を反映し、為替レートは1ドル＝8.27～8.28元まで漸次上昇している。97年には中国人民銀行のドル買い介入により、この水準を維持できた。1998年はアジア通貨危機の波及から外貨流失が顕著となり、為替管理の強化と人民銀行によるドル売り介入により同水準を維持している。このような状況から、一部では「人民元相場の安定が、アジア経済のアンカー役を果たした」と評価された。その後2001年以降についても人民銀行によるドル買い介入などにより、為替相場は引き続き安定している。

　中国がIMF8条国に移行したのは1996年12月で、国際的に経常取引の自由化を宣言したが、資本取引については部分的な自由化しか行っていない。直接投資の自由化は完了しているが、株式・債券などの証券投資及び銀行融資など資金貸借取引などの自由化は限定的である。また、人民元建ての資本取引や居住者が人民元で外貨を購入して対外投資を行うことなどは、原則として認められない。しかし経済の国際化とともに、中国が資本取引の自由化に向かうことは避けられないものと考えられる。

　このような状況から、現在の人民元の実質的な米ドル・ペッグ制をより柔軟な為替制度に、順次変更する必要がある。具体的には、対米ドル取引が圧倒的に多いこともあり、人民元の対米ドル変動幅を段階的に拡大していく方法が現実的といえる。いうまでもなく中国においても為替相場の弾力化は、資本取引の自由化など他の金融自由化とともに、長期的観点から検討しなけ

ればならない課題の1つとなっている。中国が市場経済化を進めるにともない為替相場制度の弾力化は不可避であり、アジア通貨・金融危機時の周辺国のような状況に陥らないためにも、国

表6-4 中国の対外貿易推移 (1992～2005年)　　単位：億ドル

	総額	輸出	輸入	収支
1992	1,656.1	850.0	806.1	43.9
1993	1,957.2	917.7	1,039.5	－121.8
1994	2,367.0	1,210.0	1,157.0	53.0
1995	2,808.5	1,487.7	1,320.8	166.9
1996	2,899.0	1,510.6	1,388.4	122.2
1997	3,250.6	1,827.0	1,423.6	403.4
1998	3,239.3	1,837.6	1,401.7	435.9
1999	3,607.0	1,949.0	1,658.0	291.0
2000	4,743.1	2,492.1	2,251.0	241.1
2001	5,097.7	2,661.6	2,436.1	225.5
2002	6,207.9	3,255.7	2,952.2	303.5
2003	8,512.1	4,383.7	4,128.4	255.3
2004	11,547.9	5,933.7	5,614.2	319.5
2005	14,221.2	7,520.0	6,601.2	1,018.8

出所：『中国統計年鑑』各年版、「中国海関統計」。

内金融システムの強化やセイフティーネットの構築を急ぐ必要があろう。ただし、アジア通貨危機の経験から判断すれば、拙速な自由化が望ましくないことは明らかである。

このように市場経済化と貿易体制改革などが進展する中国において、2000年の対外貿易総額は、対前年比31.5％増の4743.1億ドルを記録した。うち輸出2492.1億ドル、輸入2251億ドルで、中国の241.1億ドルの出超であった。その後も表6-4に見るように順調な拡大を続け、02年は総額6207.9億ドルで、貿易黒字も303.5億ドルとなった。

発展途上国を自認する中国の貿易外収支は赤字を続けているが、総合収支は継続して黒字である。また外貨管理は、企業で一定金額以上の外貨保有が認められないため、輸出による外貨収入の保有限度を超えた部分は、人民元に強制的に交換されてきた。さらに中国では資本取引が厳しく管理されているので、外貨準備高は順調に増加し、2002年末には前年末比741.4億ドルの大幅増となり、2864.1億ドルを確保した。この準備高は、日本の4697.3億ドルに次いで世界第2位の水準である。

なお中国はここにきて、過度の市場介入を回避する試みとして、外貨取扱

高の多い国際海運、外国での建設工事請負い、労務輸出企業などの外貨建て収入の全額保有を 2003 年 9 月 1 日から認める方針を打ち出した。これは、02 年 6 月に国内企業の外貨保有制限の緩和に続く決定であり、外国からの人民元切り上げ圧力への対応の一環とみられる。

2000 年の貿易上位相手先の第 1 位は日本の 831.7 億ドル（前年比 25.7％増）、次いで米国 744.7 億ドル（21.2％増）、EU690.4 億ドル（24％増）で、これらの合計が中国貿易総額の 47.8％を占めた。なかでも中国の対米輸出額は 294.7 億ドルであるが、米国の貿易統計では中国からの輸入額に大量の香港経由などが含まれるので、同年の対中貿易入超額が日本との貿易入超額 813.2 億ドルを上回る 838.1 億ドルという膨大な数字を記録した。さらに 02 年には、この入超額が米国貿易赤字総額の 2 割強にあたる 1031.1 億ドルに達した。ちなみに、同年の対日入超額は 700.5 億ドルである。

中国の同年の対外輸出をみると、日本、米国、EU、ASEAN 向けが好調で、品目ではハイテク製品を含む機電製品輸出が 1053 億ドル（36.9％増）となり、輸出総額の 42.3％を占めた。さらに輸出品に課税される増値税の還付率の引き上げや民営企業に対する貿易自主権付与などの要因も重なり、輸出促進効果を発揮したものとみられる。

一方、輸入では原油や委託加工用原材料、機械・電気部品などの増加が顕著である。原油輸入は前年比 91.9％増の 7027 万トン、金額では原油価格の上昇で同 3.2 倍の 148.6 億ドルとなった。原油輸入量の増加は、国内における石油エネルギー消費、石油関連製品の需要などが拡大したためである。また、エネルギー安全保障の観点から、原油の国内備蓄を推進していることも増量要因の 1 つとなっている。

中国が長年の懸案であった WTO（世界貿易機関）に正式加盟を果たしたのは、当時のガットに参加申請してから 15 年を経過した 2001 年 12 月のことである。加盟当初は関税率の引き下げなどから輸入の大幅増加が予想されたが、02 年の中国対外貿易額は輸出入共に対前年比で 20％増を超える金額となった。世界経済が低迷するなか、WTO 加盟による規制緩和や外国（地域）企業

の生産基地中国シフト、外資系企業による部材輸入と増値税還付による輸出奨励策などが大きく貢献した結果である。

2001年に引き続いて02年も委託加工貿易の拡大が目立ったが、その輸出は前年比22％増の1799.4億ドル、輸入は30.1％増の1222.3億ドル、合せて3021.7億ドルとなった。また、同年の外資系企業の輸出入総額は、中国貿易総額の53.2％を占める3302.2億ドル（前年比27.5％増）であった。うち輸出は1699.4億ドル（27.6％増）、輸入は1602.8億ドル（27.4％増）といずれも大幅増を記録した。さらに国有企業の輸出入総額は前年比9.5％増、2373.5億ドルと順調に伸び、集団、私営及びその他企業の輸出入総額は57.1％増の532.2億ドルと著増を示した。

中国の貿易相手国・地域別では、日本が10年前に対香港貿易額を上回って以降、2002年も第1位の金額となった。02年は日中国交正常化30周年に当たり、同年の日中貿易額は1000億ドルの大台を超え、1019.1億ドルを記録した。対日輸出額は中国にとって第3位の484.4億ドル（前年比7.8％増）、同輸入額が第1位の534.7億ドル（25％増）で、貿易収支は99年以来3年ぶりに50.3億ドルの中国側の赤字だった。第2位の貿易相手国は米国の971.8億ドル、3位はEUの867.6億ドルの順で、上位10ヵ国・地域のうちカナダ以外はすべて2ケタの伸びであった。

ところで日本財務省発表の対中貿易統計では、2002年の総額は1015.6億ドルで中国発表の数字と大差ないが、収支は日本の218.3億ドルの入超となっている。しかし、香港を経由して中国に再輸出されたものを考慮すると、日本の対中赤字額はほぼ相殺され、中国の発表数字に近づくことになる。日本の対中輸出は、日本の輸出総額の9.6％のシェアで米国に次いで引き続き第2位、輸入は米国の17.1％を抜いて、中国が18.3％のシェアで初めて第1位となった。02年は中国による日本製鉄鋼製品の緊急輸入制限（セーフガード）や中国野菜の残留農薬問題などが発生したが、通年では輸出入ともに一般機械や機電製品など工業製品を中心に増加した。

日本の対中輸出に占める一般機械と電気機器を合せたシェアは47.7％で、

うち構成比25.8％の電気機器は前年比31.5％増だが、ICは倍増となった。さらに音響・映像機器部品が37.2％増、電気計測機器が32.7％増となったほか、VTR、テレビカメラも増加した。一般機械は前年比で36.7％増となったが、なかでも事務用機器（42.9％増）、金属加工機械（52.3％増）、加熱・冷却用機器（45.9％増）、荷役機械（62.5％増）などの伸びが目立った。

　中国がWTOに加盟したことで関税率が大幅に引き下げられたこと(例えば乗用車の関税率は、2001年の80～70％から02年には50.7～43.8％へ)や割当量の増加で、日本からの乗用車輸出が218.8％増、バス・トラックも154.9％増と急増した。特に乗用車輸出台数は、前年比216.1％増の7万8931台を記録した。また自動車用部品、有機化合物、プラスチック、鉄鋼、科学光学機器なども堅調な伸びを見せた。一方、合成繊維織物、テレビ受像機、船舶、コピー機などの輸出は減少した。

　日本の対中輸入で最大の構成比をもつ機械機器は前年比29.4％増で、とりわけ事務用機器が81.7％、通信機器が52.4％とそれぞれ大幅に伸びた。半導体等電子部品、音響映像機器輸入も順調に増加した。繊維製品は、衣類及び同付属品が日本国内の需要減退と供給過剰などで輸入減となった。食品では魚介類や飼料用トウモロコシが増加したものの、野菜や果実は残留農薬問題の発生で減少した。また原油（15.6％減）と石油製品（3.5％減）は、中国国内の品不足状況から輸入減となったし、肉も1.2％減、非鉄金属も13.5％減であった。ちなみに、中国からの輸入総額の85％余が製品輸入となっており、その6割以上は日系企業が生産に関与していると見られている。

5. 2003年の対外貿易動向

　中国の2003年の対外貿易は、中国税関総署の発表によれば、総額で前年より2304.4億ドル増えて8512.1億ドルに達した。第2四半期に表面化した新型肺炎（SARS）流行の影響を最小限にくい止めて対前年比37.1％増となり、

1980年以来で最大の伸びとなった。この結果、02年の貿易規模世界第6位から、03年は英国、フランスを抜き、米国、ドイツ、日本に次ぐ第4位の地位を確保した。

　2003年の輸出は34.6％増の4383.7億ドル、輸入が39.9％増の4128.4億ドルで、輸出入とも4000億ドルの大台を突破したが、貿易黒字は02年比15.9％減の255.3億ドルに留まった。加工貿易拡大が顕著にみられ、年間を通じて原材料などを中心に輸入が大幅に増加したためである。一方、中国政府が03年10月13日に、輸出奨励策の一環として設けていた増値税の還付率を「2004年1月から引き下げる」と発表したことで、年の後半には駆け込み輸出が急増した。ちなみに9月から4ヵ月連続で、月間の輸出額は400億ドルを超えた。

　増値税率引き下げの背景には、1994年以来の輸出促進策による貿易黒字や外貨準備高の拡大によって高まった人民元切り上げ圧力を緩和する目的がある。12月単月の輸出の伸び率は前年同月比50.7％増、480.6億ドルという異常ともいえる金額となった。輸入が47.4％増の423.4億ドル、輸出入では同49.1％増の904億ドルで、月間の輸出入規模としては過去最高額となり、初めて900億ドルを超えた。

　「増値税」とは、中国政府が歳入不足を補うために1994年1月に導入した付加価値税の一種で、国内販売品と輸出品を対象に国内流通段階で課している。輸出品は当初、徴収額のすべてを還付していたが、不正な還付請求が横行したため、還付率は段階的に引下げられてきた。

　輸出品に関しては、原材料や部品購入時にかかる税金の一部を企業に還付してきたが、今次の改定は実質的にみて課税強化策といえる。財源不足も大きな理由の1つで、2002年末の未還付金は約2400億元（1元を14円で計算して3兆3600億円）、03年末には3000〜3500億元に達したとみられる。03年1〜8月の中国の輸出は前年同期比で32.5％増であったが、増値税の税収は02年に前年同期比15.3％増の6178億元、03年1〜8月には同17.3％増と比較的低い伸び率となっている。

　改定で大きな影響を受けることになるのは、特に部品の現地調達率が高く、

表6-5　増値税還付率の改定
(2004年1月実施) 単位：％

		従来	改定後
還付廃止	原油	13	0
	紙・パルプ	13	0
	原木	5	0
還付率引下げ	機電製品	17	13
	衣類	17	13
	鋼材	15	13
	玩具	15	13
	化学繊維	15	13
還付率据置き	船舶・自転車と自動車部品	5-13	5-13
	農産品・農産加工品	17	17
平均		15	12

出所：「新華社」2003年10月13日から整理。

製品の大半を輸出している外資系電子機器メーカーである。広東省広州市に工場をもつ小規模の日系電子部品メーカーは、年間約2500万元（3億5000万円）の増値税を払っているが、表6-5にあるように還付率が17％から13％に引き下げられると、約1400万円の負担増になる。さらに輸出価格の競争が激化するなか、高利潤に恵まれない進出企業にとって深刻な影響を受けることは必至といえる。

　中国は03年初めに長い間みられなかった月間貿易赤字を記録し、1月が12.5億ドル、第1四半期で9.4億ドルの赤字であった。しかし8月末には1月からの累計で88.6億ドルの黒字となった。中国側関係者の当初の説明は、国民経済が持続的かつ急速に発展し、物資の輸入需要が大幅に増えたためというものだった。また2001年末のWTO加盟が中国市場を一層開放し、輸入関税率引下げが輸入を刺激し、継続して輸出を上回ったとの考えであった。年間を通しての貿易黒字も100億ドル程度で、前年の黒字額303.5億ドルに遠く及ばないと予想していた。

　結果としては03年の輸入の伸び率が輸出を5.3ポイント上回ったものの、9月以降は輸出が大幅に伸び、9月419億ドル、10月409億ドル、11月417億ドル、さらに12月が480.6億ドルで過去最高額を記録した。特に11、12月は輸出の前年同月比伸び率が大きく、輸入の伸び率を11月が5.3ポイント、12月が3.3ポイント上回った。貿易黒字は9月が3億ドルだったが、10月が57.4億ドル、11月が48.7億ドル、12月が57.2億ドルとなり、3ヵ月の貿易黒字額が163.3億ドルに達した。

貿易形態別では、通常貿易が通年で39.4％増の3697.4億ドルであったが、輸入の伸びが45.4％、1877億ドルとなったので収支は56.6億ドルの赤字を記録した。一方、加工貿易は34％増の4047.9億ドルで貿易全体に占めるシェアが47.6％となり、出超額が789.1億ドルの大幅なものとなった。特に中国では機械製品の輸出入総額が前年比50.2％増の1559億ドルとなり、機械の加工貿易は575.5億ドルで機械製品貿易の36.9％を占めた。また、加工貿易の輸入が輸入全体の25.9％で252.9億ドルに留まり、69.7億ドルの出超となった。内訳は原材料輸入加工が約4分の3、委託加工が約4分の1を占めている。

中国の貿易相手国・地域別では、主要パートナーとの貿易額が全面的、かつ大幅に増加した。日本、米国、EU（欧州連合）の3大パートナーとの貿易総額は、いずれも1000億ドルを突破した。米国、EUとの貿易総額が1000億ドルを超えたのは初めてである。中国の税関統計では日本が11年連続して、中国にとって最大の貿易パートナーとなっている。中国の対日貿易総額は前年比31.1％増の1335.7億ドルで147.3億ドルの赤字、対米貿易総額は同30％増の1263.3億ドルで586.1億ドルの黒字、EUとは44.4％増の1252.2億ドルで190.9億ドルの黒字だった。

因みに米国商務省が発表した2003年の対中貿易統計では、総額が1808億ドルに達し、対日貿易額の1700.9億ドルを上回った。対中貿易の内訳は、輸入が対前年比21.7％増の1523.8億ドルとなり、02年は日本を抜き、03年はメキシコも抜いてカナダに次ぐ第2位の金額を記録した。また輸出は同28.4％増の284.2億ドルで、対中貿易赤字額は対前年比20.3％増の1239.6億ドルに拡大した。これは対日貿易赤字659.7億ドルの約2倍の金額で、米国にとって中国は、4年連続で最大の貿易赤字相手国となった。

中国と他の主要貿易パートナーとの貿易額もそれぞれ前年比で20％以上の伸びを示したが、とりわけASEANと韓国は40％を上回った。それぞれの貿易総額は782.5億ドルと632.3億ドルを記録した。また台湾との貿易額は500億ドルを突破し、583.7億ドル（前年比30.7％増）に達した。

日本の財務省が発表した貿易統計（円ベース）をもとに、ジェトロ（日本

表6-6　日本の対中国貿易推移（1992～2005年）　　　　　　　　　　単位：千ドル・%

	総額		輸出		輸入		収支
		前年比		前年比		前年比	
1992	28,901,919	26.7	11,949,074	39.1	16,952,845	19.3	-5,003,771
1993	37,837,809	30.9	17,273,055	44.6	20,564,754	21.3	-3,291,699
1994	46,247,620	22.2	18,681,588	8.2	27,566,032	34.0	-8,884,444
1995	57,853,151	25.1	21,930,842	17.4	35,922,309	30.3	-13,991,467
1996	62,439,843	7.9	21,889,808	-0.2	40,550,035	12.9	-18,660,227
1997	63,850,728	2.3	21,784,692	-0.5	42,066,036	3.7	-20,281,344
1998	56,917,450	-10.9	20,021,591	-8.1	36,895,859	-12.3	-16,874,268
1999	66,215,877	16.3	23,335,617	16.6	42,880,260	16.2	-19,544,643
2000	85,730,918	29.5	30,427,526	30.4	55,303,392	29.0	-24,875,866
2001	89,195,467	4.0	31,090,723	2.2	58,104,744	5.1	27,014,021
2002	101,557,182	13.9	39,865,578	28.2	61,691,604	6.2	-21,826,026
2003	132,411,959	30.4	57,219,157	43.5	75,192,802	21.9	-17,973,445
2004	168,047,936	26.9	73,832,952	29.0	94,214,984	25.3	-20,382,032
2005	189,387,360	12.7	80,362,967	8.9	109,024,393	15.7	-28,661,426

注　：1996年以降は財務省貿易統計の円建てからジェトロが計算。
出所：ジェトロ作成資料。

貿易振興機構）がドル建てに換算した2003年の日中貿易総額は、前年比30.4％増の1324億1196万ドルで99年以来5年連続で過去最高額を更新した。輸出も5年連続の増額で、前年比43.5％増の572億1916万ドルとなった。日本の貿易赤字は02年より38億5238万ドル減少し、179億7365万ドルとなった（表6-6参照）。しかし、香港経由で中国へ再輸出された金額を考慮すると、貿易収支は均衡に向かっている。ちなみに、03年の日本の対香港貿易の黒字額は285億ドルである。

　対中国輸出で主な品目は電気機器が161億8109万ドル（前年比51％増）で28.3％のシェアをもち、次いで一般機械127億5267万ドル（同53％増、シェア22.3％）、化学製品66億1527万ドル（同33.4％増、11.6％）、金属及び同製品52億3762万ドル（同25.4％増、9.2％）、輸送用機器38億1889万ドル（同58.1％増、6.7％）の順で、これら5品目が輸出総額の78.1％を占めた。特に半導体等電子部品（45.6％増）、音響映像機器の部分品（113.9％増）、通信機（54.7％増）、映像機器（114.9％増）、さらに建設機械や工作機械などの産業機械が増加した。また中国国内の自動車需要増を背景に、自動車の部分品

（104.9％増）、自動車（30.1％増）、加えて自動車生産用の鉄鋼や化学製品輸出が大幅増となっている。

　自動車関連部分品のなかでも車両用原動機が92.7％増の6億6020万ドル、自動車用タイヤ及びチューブが1000.1％増の573万ドル、自動車用等の電気機器が59.4％の1億5154万ドルであった。中国の乗用車市場の拡大とWTO加盟にともなう関税率引下げ（2003年1月1日には3000cc以下の乗用車関税は従来の43.8％から38.2％に引き下げられた）と中国の輸入割当数量の拡大（自動車と主要部品割当数量は05年の廃止まで、年率15％で拡大する）及び物流インフラ整備にともなうトラックの需要増から自動車完成品輸出が前年比30.1％増の19億1323万ドルを記録した。

　日本にとって第1位の輸出先である米国向けは対前年比2.6％減となったものの、総輸出に占めるシェアは24.6％であった。一方、第2位の対中輸出は43.6％増、シェア12.2％となり、中国の存在感が米国にさらに一歩近づいた。

　対中輸入でも1999年以来5年連続の増加で、2003年は前年比21.9％増の751億8950万ドルとなった。輸入上位品目は機械機器280億734万ドル（前年比35.4％増、シェア37.3％）、繊維製品178億4393万ドル（同12.7％増、23.7％）、食料品61億1163万ドル（同4.5％増、8.1％）、金属及び同製品31億5059万ドル（同42.6％増、4.2％）、鉱物性燃料25億2114万ドル（同24.6％増、3.4％）であり、これらの5品目が輸入総額に占める比率は76.7％となった。なかでも近年の日系企業の生産拠点中国シフトにともなって、パソコン、プリンターなどの事務用機器が56.3％増、DVDプレーヤーなど音響映像機器が25.9％増と顕著であった。02年に減少した繊維製品は、カジュアル製品が販売好調となり、衣類・同付属品が12.7％増を示したが、鳥インフルエンザなどの問題で家禽肉を含む食料品の輸入は4.5％の伸びに留まった。

　さらに特記すべきことは、近年減少傾向にあった中国からの原油輸入だが、日本国内で原子力発電所の操業停止による電力不足解消のため、2003年には火力発電所向け大慶原油300万トンを中心に南海の海洋原油を合わせて362

万トンが輸入された。金額では、価格上昇もあって前年比40.7%増の8億1845万ドルとなった。中国の03年原油輸出は、この日本向けも含めて合計813万トンであった。しかし中国は1993年以来、原油と製品油合計で純輸入国(原油のみだと96年から純輸入国)となっており、03年には前年比で31.3%増9112.6万トンの原油を輸入したので、輸出を差し引き約8300万トンの純輸入量を記録した。

ところで、中国の原油消費量はこの10年間年平均5.8%の伸びで、2003年は日本を抜いて米国に次いで世界第2位の消費大国となっている。また中国の原油輸入量は、国内消費量の31.6%にまで高まった。そのため日中間の長期貿易取り決めによる大慶原油の日本向け輸出は、90年代の初めには920～950万トンに及んだが次第に減少しており、04年以降は日本向け原油の輸出停止がほぼ確実となった。

日系製造業の中国シフトが進展していることから、機械や電気製品の輸入が年を追って増加している。繊維製品、機械機器、金属及び同製品、化学製品、非金属鉱物製品、その他雑製品など製品輸入比率は、2002年の85.2%からさらに拡大し、03年には86.7%となった。また、輸入品目の高度化が一層進んでいる。さらに日本の総輸入額に占める中国のシェアは、02年に米国の17.1%を抜いて第1位の18.3%となったが、03年は米国に4.3ポイント差の19.7%まで拡大した。このような輸出入の動向から、04年の日中貿易額は総額1500億ドルを突破する可能性が高まった。

このような対外貿易の順調な拡大は、市場経済化を進める中国が、国際社会の中でますます存在感を高めていることにほかなら

注

1) 原則として、輸出については1980年6月に公布された「輸出許可制度に関する暫定規則」、輸入は84年1月に国務院が公布した「輸入貨物許可制度暫定条例」に基づいて執行される。
2) 2つの頭、すなわち原材料と製品販売市場を外国・地域に求めること。

3) 当時 32 通貨という説もあった。詳しくは、横田高明「外国為替管理」小島麗逸編『中国経済統計・経済法解説』アジア経済研究所、1989 年 3 月、16-17 ページ参照。
4) 16 通貨という説もあった。
5) 軽工業や紡織工業では、1988 年から試験的に実施してきた。
6) 「人民日報」1991 年 1 月 25 日。
7) 全国で当時 90 ヵ所以上存在した。外貨調整センターのレートは、1991 年 12 月時点で 1 ドル＝ 5.8 元前後だった。
8) 「中国通信」1991 年 1 月 29 日。
9) 1980 年以前は対外貿易部門の業務統計であり、81 年以降は通関（「海関」）統計である。
10) 『北京週報』1991 年 9 月 17 日、26 ページ。

第7章

市場経済化と WTO 加盟

1. 申請から 15 年を要して WTO 加盟

　WTO（World Trade Organization、「世界貿易機関」）は、1995 年 1 月 1 日に発足した国際機構の 1 つで、世界規模での市場経済化の促進を図り、関税率の軽減や貿易障壁の除去、サービス貿易や知的財産権のルール制定などを通じて、加盟国・地域間の自由かつ円滑な多角的通商関係の実現を目指している。2002 年 8 月末時点で 144 の国と地域が加盟しており、世界貿易の 9 割以上が加盟国（地域）間で行われているといわれる。

　WTO を歴史的にたどると、前身は GATT（General Agreeement on Tariffs and Trade、「関税と貿易に関する一般協定」、以下「ガット」という）である。ガットは、第 2 次世界大戦後の国際経済の安定が模索され、国際通貨基金（IMF: International Monetary Fund）と国際復興開発銀行（IBRD: International Bank for Reconstruction and Development、いわゆる「世界銀行」）が設立された後、1947 年 11 月にハバナで「貿易と雇用の拡大に関する国際会議」開催を計画し、国際貿易機関（ITO: International Trade Organization）創立の準備が進められた。しかし、ITO は米国などの反対で創立が見送られることになり、そこで採択予定であった「国際貿易憲章」（Charter）を取りまとめる過程で話し合われた相互間の関税引き下げや特恵関税廃止などをベースに、ガットが締結されることになった。

多角的関税交渉に基づいた話し合いの成果は、譲許表の効力を確保するために必要な条項や貿易条件に取りまとめ、1947年10月に「関税と貿易に関する一般協定」として暫定的に締結され、翌年1月に発効した。またガットは、国際貿易の共通ルールを決める協定の形態をとっており、主な機能は関税引き下げに関する交渉（ラウンド）となっている。その後、貿易自由化を推進するための国際機関設立の動きはあったが、ガットが繋ぎ的存在のまま94年末まで続いてきたことになる。ガットが「協定体」といわれる所以がそこにある。

　ガットは締結からウルグアイ・ラウンド（1984年開始、94年妥結）まで、合せて8回の多角的交渉を行ってきた。その協定は、47年の関税協定をベースに73年開始の東京ラウンド（79年妥結）での協定を基本に別枠協定などで構成され、内容は主に物品に関する貿易の自由化が規定されている。東京ラウンドでは、アンチダンピング協定、補助金・相殺措置協定などが策定されたが、加盟各国（地域）は有利な協定のみの参加が可能であり、全体を拘束するものではなかった。またガットは国際機関とはいえず、IMFや世界銀行と協調することも困難であった。

　その後のガットに対する多角的機能強化の要求に従って、1994年4月にモロッコのマラケシュで開催されたガット閣僚会議では、「マラケシュ協定」を採択するとともに、95年1月1日のWTO設立協定の最終合意文書が承認された。いうまでもなく近年の国際貿易はサービス貿易や知的財産権の保護、紛争処理に関するさまざまな分野まで拡大されており、WTO協定では、これらの新たな分野についても規定している。

　このような経緯を持つWTOの前身であるガットに、中国が「地位回復」の申請をしたのは1986年7月のことであった。中国は、78年12月に採択した「経済改革・対外開放政策」のもとで、農村における農地の各戸経営請負制導入、さらに経済効率を追求するなかで「郷鎮企業」といわれる農村工業を設立し余剰労働力を吸収していった。その後は都市部国営企業[1]を中心とする改革にも着手して生産責任制や請負制導入、また外資系企業の誘致など

で高い経済成長率を達成した。中国が経済発展を背景に、貿易においても輸出国として頭角を現してきた時期に符合しての申請であった。

　中国が「新規加盟」や「再加盟」でなく、ガット締約国としての「地位回復」(resumption of contracting party's status)を申請した背景には理由がある。ガット創設に参画した23ヵ国のなかに国民党政権の「中華民国」が加わっていたが、1946年6月から始まった毛沢東率いる共産党政権との内戦に敗れた国民党政権は台湾に逃れ、そこで米国政府支持のもとに政権を存続させた。国民党政権は、かつて軍事費調達のために実施した関税引き上げに対する代償の提供ができないことや49年10月に共産党政権によって樹立された「中華人民共和国」(以下「中国」という)がガット加盟国の地位を引き継ぐことを阻止するなどの理由から、50年3月にガットの脱退を宣言した。しかしその「脱退」は、「唯一の合法政府」としての中国の立場から無効であるとの主張であった。

　申請当初は「新規加盟」か「地位回復」かをめぐって揉めたものの、1987年3月には「作業部会」(Working Party、以下「WP」という)が設置され、同年10月にWP第1回会議が開催された。中国政府は、ジュネーブのガット事務局で開催されるWPに交渉団を派遣し、「対外貿易に関する覚書」などを提示するとともに、既加盟国が提起するさまざまな問題にも回答してきた。

　WTOへの加盟条件は市場経済が前提であり、WPでの討議は中国の経済システムや貿易管理体制の現状認識、ガット体制との整合性、関税率とその引き下げ計画、加盟待遇などが中心であった。1989年初めまでに10数回のWPを開催し、多くのハードルを越えると同時にかなりの進展がみられた。

　しかし1989年6月には、中国で「改革・開放政策」に伴って生じた深刻な矛盾を背景に、民主化を要求する学生や知識人などの勢力と共産党独裁体制の堅持を強調する党指導部勢力が対決し、党側の軍事力行使によって民主化勢力を鎮圧するという事件が発生した。このいわゆる「天安門事件」のために、WPの活動が一時中断してしまった。92年に加盟交渉が再開されたものの、WPでは中国が当初から途上国資格での加盟を全面で主張して交渉に臨んだ

第7章　市場経済化とWTO加盟　　183

のに対し、とりわけ米国は、中国が先進国またはそれに近い市場開放度や待遇、関税率水準で加盟するのが妥当などと主張したりして、合意するまでには多くの時間を費やすことになった。

　ガットに代わってWTOが発足するぎりぎりの1994年12月には、中国WP第19回会議が開催された。しかし、そこでも中国の加盟交渉は合意に達しなかった。その後も中国の関税率引き下げが積極的に実施され、98年4月には新たに5669品目の平均関税率を2005年をめどに、従来提示の16.6％から10.8％に引き下げる提案が行われた。加盟交渉は、加盟議定書などを作成する多国間交渉と2国間交渉の2本立てで行われてきた。中国と2国間交渉を希望する37の国と地域のうち、難関として残っていた米国とは99年11月に合意し、EUとも00年5月合意に達した。唯一残されていたメキシコとの2国間交渉についても、01年9月13日に妥結した。

　2001年9月17日にジュネーブで開催されたWTO中国WPでは、中国の加盟議定書と付属文書および中国作業部会報告書、さらに関税率譲許表、サービス約束表が採択され、WPは設置以来14年余でその使命を終えた。さらにカタールのドーハで開催されたWTO第4回閣僚会議において、11月10日に中国の加盟が承認された。一方台湾は、独立関税地域として1990年1月にガットへの加盟申請を行い、92年9月にWPが設置され、99年5月時点で加盟交渉はほぼ終了していた（2国間交渉を希望した26ヵ国・地域のうち、香港は未署名である）。しかし、92年にガット理事会で「中先台後」（中国を先に、台湾を後に）が認められたため、台湾の加盟承認は中国より1日遅れの11月11日となった。

　このような状況のなか、10月20〜21日に上海でアジア太平洋経済協力会議（APEC）が開催されたが、そこで中国が示したといわれる台湾の国際社会復帰を牽制する動きに対抗し[2]、台湾与野党各派は一致して10月23日に次のような内容の新聞発表を行った。つまり議会は、12月1日の立法委員選挙を控えて10月末から休会中であったが、11月16日に臨時本会議を開いてWTO加盟の受託手続きをとるというものである[3]。そこで加盟順位にこだ

わる中国は、台湾が承認された11月11日に加盟議定書に署名するとともに、同日の夜に急遽、WTO事務局長に受託書を提出したのである。

中国では、条約の批准は全国人民代表大会（日本の「国会」にあたる。以下「全人代」という）常務委員会の議決を必要とする。しかし当局の説明によれば、本件は2000年8月25日の第9期全人代常務委員会第17回会議において、既に議決を済ませているとのことであり[4]、国内手続きを省略したものではないとしている。したがって中国は、WTOの規定により受託書を提出した翌日から数えて30日後の12月11日、晴れて143番目のWTO加盟国となることができた。また台湾は12月2日に受託文書を寄託したので、翌02年1月1日に144番目としてWTOに正式加盟を果たした[5]。

中国はWTO加盟に先立って、加盟後の権利と義務を遂行し対外的約束を履行する目的で、対外貿易経済合作部（部は日本の「省」に相当）内に2001年11月1日付けで、新たに3つの部局を設置した。1つは世界貿易組織司（WTO司、日本の「局」に相当）で、ここではWTO枠組みの下で行う交渉や処理に関する事務統轄を担当する。2つ目は中国政府世界組織通報諮詢局（WTO通報コンサルタント局、司と局は横並びの場合もあるが、本局は日本の省でいえば「部」に相当）で、WTOに関する日常的な通報業務の処理と貿易政策の審議を行う。3つ目は進出口（輸出入）公正貿易局で、条約法律司から分離独立したものである。業務内容はアンチダンピング、補助金防止、保護措置及びその他の輸出入公正貿易に関連する法律・法規、政策の立案・制定・執行を担当し、対外実務と多国間並びに2国間紛争処理に当たる。

国家経済貿易委員会では2001年12月4日に産業損害調査局を設置したが、ここではWTO加盟にともなう関連法規の研究と立案、産業損害の調査と採決、産業損害に関する警告メカニズム、国内産業の安全を保護するための宣伝とコンサルタントなどを担当する。さらに国家工商行政管理総局には、外資系企業により良いサービスを提供する目的で、外商投資企業投資局が02年1月1日に設置された。

2. ハードル高い加盟条件

　中国がWTO加盟に際して約束した主な内容は、概略次のようなものである[6]。

　(1) WTOの基本原則である無差別主義を徹底し、貿易に関する法令、判決、決定等（地方レベルのものを含む）については、統一的、公平かつ合理的な方法で実施していく。外国企業と個人に対し、生産に必要なモノ・サービス（流通、金融など）の調達、政府や国有企業により提供される公共サービス料金等における差別を撤廃し、内国民待遇を付与する。ちなみに中国は、2001年末までに中央政府各部門が管轄する約2300の法令の見直しを行い、うち830点を廃止、325点を改正したという[7]。さらに引き続き、地方レベルの法規整備を進めている。

　(2) 国家貿易が継続される物品（輸出では茶、コメ、トウモロコシ、タングステン、石炭、原油、石油製品、シルク（2004年末までに段階的廃止）、綿花、綿織物、アンチモンなど、輸入では穀物、食用油、砂糖、タバコ、原油（非国家貿易枠を設ける）、石油製品（同）、化学肥料、綿花）を除き、加盟後3年以内に中国にあるすべての企業（外資系企業を含む）に貿易権を開放する。外資系企業に対する貿易権の段階的自由化スケジュールは、WTO加盟1年以内に外資マイノリティ（50％以下）の合弁企業に、2年以内に外資マジョリティの合弁企業に、3年以内に外資100％を含むあらゆる企業に貿易権を付与する。つまり外資系企業は、これまでメーカーであれば自社生産のための原材料輸入や自社製品の輸出、および国内販売しかできなかったが、今後は他社製品の輸出入や国内販売が可能になる。ただし、WTO加盟後も個人の輸出入業務は認めていない。

　(3) 中国はWTOに加盟して協定を受諾することにより、①通商を規制する手段としては原則として関税のみが認められ、数量制限は許されなくなる、②関税については約束した上限（譲許税率）を超える税率の賦課は許されない、

表 7-1　WTO 加盟後の主要品目関税率引下げ例　　　　　　　　単位：％

品目		1998 年関税率	最終関税率	引下げ期限
家電	エアコン (窓型)	25	15	2004.1.1
	エアコン (自動車用)	40	20	2005.1.1
	冷蔵庫 (500ℓ)	30	15	2004.1.1
	掃除機	35	10	2005.1.1
	カラー TV	35	30	2002.1.1
一般機械	フォークリフト	18	9	2004.1.1
	印刷機械 (製版機等)	16	9	2003.1.1
IT 関連	コンピュータ	25	0	2005.1.1
	ディスプレイ	15	0	2003.1.1
	キーボード、マウス	12	0	2003.1.1
	ファックス機	12	0	2003.1.1
	複写機	22	10	2004.1.1
自動車	バス（30 人以上）	50	25	2005.1.1
	バス（29 人以下）	70	25	2005.1.1
	乗用車	100 〜 80	25	2006.7.1
	トラック（5 トン未満）	50	25	2005.1.1
	乗用車用シャーシ	60	10	2006.7.1
オートバイ	オートバイ (250cc 未満)	60	45	2003.1,1
精密機械	カメラ	25	20	2002.1.1

出所：「中国関税率譲許表」など。

③関税等について最恵国待遇を確保する、④輸入品に適用される内国税や法令については内国民待遇を確保する、などの義務を負うことになる。

（4）関税率については段階的引き下げを約束しており、暫定値であるが鉱工業品平均は 1998 年の 16.6％から 2010 年までに 8.9％、乗用車は同 100 － 80％（02 年から 5332 税目の輸入関税率の引き下げが実施され、乗用車は同年 1 月時点で 3000cc 以上が 50.7％、それ以下が 43.8％に引き下げられた）から 06 年 7 月までに 25％、エアコンは同 25％から 04 年 1 月までに 15％、コンピュータは同 25％から 05 年 1 月までに 0％等とする（表 7-1 参照）。

中国の 2002 年 1 月時点の平均関税率は、全品目平均が 12％、鉱工業品では 11.6％、農産物 15.8％、水産物 14.3％となっている。ちなみに台湾の平均関税率は 01 年末時点で 8.2％であるが、11 年までに 5.53％に引き下げる予定である。

（5）貿易関連投資措置（Trade-Related Investment Measures、以下「TRIM」

という）としては、加盟時までに協定不整合措置を撤廃し、輸入や投資の許可・割当の運用上、ローカルコンテント要求（国産品使用の義務づけ）、輸出入均衡要求、製品輸出要求、技術移転やＲ＆Ｄにかかわる要求などのパフォーマンス要件を条件としないことにした。

自動車生産に係わる車種制限は、加盟後2年以内に撤廃する。ただし企業の認可はバス及びトラック、軽商用車、乗用車ごとに行われる。また、地方政府の投資認可限度額を現状の3000万ドルから、加盟1年後6000万ドル、加盟2年後9000万ドル、加盟4年後1億5000万ドルに引き上げることになった。

(6) アンチダンピング（Antidumping、以下「AD」という）・相殺関税措置としては、加盟後15年間、中国における特定産品市場が市場経済の条件を満たすことが示されない限り、加盟国は国内価格・費用比較について、厳格でない方法を用いることができる。つまり中国の流通価格が必ずしも市場で決定されていない可能性があるため、市場経済の条件を満たすことが明確に示されない場合は、近隣の中国と同等の経済発展水準にある第三国価格を指標として、適性価格を算定することが可能である。

また、加盟前の申請に基づく中国のAD措置についてはAD協定違反に問われないが、加盟前の措置に係わるAD税の算定手続き、AD税の加盟後の要請に基づく見直しについては、AD協定の関連規定を適用する。

(7) 農産品に対するいかなる輸出補助金も維持もしくは導入しない。削減等が求められない国内助成（deminimis、生産支持のための助成）の上限は、総生産額の8.5％とする。ちなみに農業協定上は先進国5％以下、途上国10％以下となっており、パーセンテージは産品ごとに計算される。

(8) 加盟国は、中国産繊維・繊維製品の輸入により市場が撹乱し、貿易の秩序ある発展を阻害する恐れがある場合、中国に協議を要請できる。要請を受けた中国は、要請のあった月以前14ヵ月の最初の12ヵ月間の輸出量の7.5％増以内の数量に抑制し、協議要請後90日以内に合意に達しない場合、協議要請国は上記数量以下に輸入抑制が可能である。抑制期間は原則1年以内

であるが、この特例は2008年まで実施する。ちなみにWTO繊維協定の適用期限は04年末までであり、本特例は中国からの繊維製品の輸入量を抑制する目的で創設されたことが窺える。

　(9) 中国からの急激な輸入増加を抑制する手段としては、さらに経過的セーフガード（対中特別セーフガード）が時限的に設けられている。加盟国（地域）は、中国産品の急激な輸入増加により市場攪乱が引き起こされ、あるいはその恐れがある場合、中国に協議を要請できる。協議の結果、中国産品が市場攪乱の原因であり、措置をとることが必要とのことで合意した際は、中国はその防止または救済の措置をとることになる。

　協議要請後60日以内に合意に達しない場合は、協議要請国は市場攪乱を防止または救済するために必要とされる限度で、関税引き上げないし輸入数量制限措置をとることができる。加盟国のとった措置が、輸入量の相対的な増加の結果として行われた場合は2年間、輸入量の絶対的な増加の結果としてとられた場合は3年間、対抗措置をとることができない。本制度は、加盟後12年間の暫定措置である。

　(10) サービス貿易関係では、卸売やフランチャイズを含む小売業で加盟後3年以内に地理的制限、外資出資制限を段階的に廃止する。ただし特定品目を扱う30店舗以上のチェーンストアについては、外資比率50％までの出資制限が設けられている。生保は50％以下、損保は加盟時51％以下という外資出資制限があるが、損保は加盟後2年以内に制限を撤廃し、3年以内に地理的制限を廃止する。

　(11) 中国は、貿易関連知的財産制度（Trade-Related Aspects of Intellectual Property Rights、以下「TRIPS」という）の協定に整合的な知的財産法制を整備し、加盟時までにすべて施行する約束をした。中国は発展途上国に認められる経過期間を要求しなかったので、特許法、著作権法、商標法等の関係規定を2001年12月までにすべて改正、施行することになった。同時に損害賠償額算定ルールの改定、行政処分の強化、刑事罰の発動要件の見直し、水際措置の協定整合化などの権利行使手続（enforcement）を強化した。

(12) 外国銀行は、加盟後 2 年以内に中国企業に対し人民元業務を行うことが可能となり、5 年以内に中国国民に対しても業務拡大が可能である。また 5 年以内に地理的制限を段階的に廃止する。また証券業では、加盟後 3 年以内に A 株（人民元建て）の引受販売と B 株（外貨建て）、H 株（香港証券取引所上場銘柄）及び債券の引受販売と売買を行うことができる合弁企業の設立が、外資比率 3 分の 1 以下の条件で認められる[8]。

　(13) インターネットなどの付加価値通信および基本通信は、加盟後 2 年以内に外資出資上限を 50％まで引き上げ、地理的制限も廃止する。移動体通信およびデータ情報サービス分野は、加盟後 3 年以内に外資出資上限を 49％に高め、5 年以内に地理的制限を廃止する。国内および国際通信は、加盟後 6 年以内に外資出資上限を 49％とし、地理的制限を廃止する。

　(14) 経過的レビュー制度としては、中国の WTO 加盟における義務の履行状況を WTO 下部組織および一般理事会が毎年レビューする。一般理事会は、中国または他の加盟国に勧告を行うことができ、本制度は加盟後 8 年間は毎年実施し、10 年目または一般理事会が定めるそれ以前の時点で最終レビューを行うことになっている。

3. 市場経済移行への道程

　WTO が市場経済を標榜している以上、それに加盟した中国は、今後さらに市場経済化を推し進めていかなければならない。いうまでもなく 1949 年建国時の中国は、低開発社会主義国家として成立したが、社会主義本来の分配原則を達成するには、生産力の拡大が重要な課題であった。そのため何度か経済改革を実施し、企業や地方政府に積極性を出させるため「放権譲利」（中央に集中している権限の一部を地方政府や企業に譲ることでインセンティブを与える）政策を敢行してきた。しかしその都度、中央政府は混乱を理由に譲り渡した権限を取り戻したので、生産力は思うようには拡大しなかった。

その大きな転機になったのが、78年12月に開催された中国共産党第11期中央委員会第3回全体会議（以下「11期3中全会」という）における「改革・開放政策」採用の決議である。

　11期3中全会の決議では、「市場経済の原則に基づき、価格メカニズムの役割を重視する」との方針を打ち出したが、計画と市場の関係には言及していない。しかし農村の改革から始まり、農地を区分して生産請負制を導入することで、かつての集団労働による「人民公社」が崩壊し、次第に家族単位による農業経営へと移行していった。それは農業生産量を飛躍的に増加させ、農民が獲得した農産物余剰を中心に、やがて「農貿市場」を形成していった。同時に農村の余剰労働力を「郷鎮企業」で吸収したり、農民が都市部の工場などへ出稼ぎに行くこと、さらに政府による農産物買付け価格引き上げ政策なども加わって、農民所得と農村経済を向上させることになった。従って80年代は、農民と都市住民との所得格差が縮小する状況も見られた[9]。

　さらに1983〜84年頃からは都市部の企業改革にも力を注ぎはじめ、利潤留保制度の導入、利潤上納制から納税制への改変、国有企業に対する国からの資金投入を銀行貸付制にする、工場長責任制や経営請負責任制の実施、リース経営や株式制の導入などさまざまな自主権の拡大策が試みられた。また対外的には、外資系企業の誘致活動を積極的に展開してきた。

　経済改革を推進する過程で、理論面でも追従がみられた。1984年10月に開催された党12期3中全会では、「経済体制改革に関する中国共産党中央の決定」を採択した。この決定は「計画と市場」に関して、国の指令性に基づく計画部分を縮小しながら主に指導性計画を主体とし、市場は経済的調節手段として経済改革を推進するとの考え方を提示した。87年10月開催の第13回党大会では、中国は社会主義初級段階にあるという基本路線を確認し、「国が市場を調節し、市場が企業を誘導する」という市場重視の姿勢を明示した。しかし89年の天安門事件以降、保守派が再び台頭して、市場重視の政策は「計画と市場調節を結合させる」政策へと揺り戻しが見られた。

　このような逆戻り現象も長くは続かなかった。鄧小平は1992年1月から2

月にかけて経済特別区の深圳や汕頭、さらに上海などを訪問したが、そこで発したいわゆる「南巡講話」は経済改革と対外開放を再び加速させるものとなった。「計画か市場かは社会主義と資本主義の本質的区別ではない」として社会主義市場経済の確立を呼びかけたが、同年10月開催の第14回党大会では、社会主義体制下における市場経済の方向付けを明確にした。つまり中国は社会主義の初級段階にあり、生産力を拡大するためには、西側先進資本主義諸国がかつて採用したあらゆる手段を採用してよいというものである。このような政策の流れのなかで、ガットひいてはWTO参加が浮上してきたといってよい。

　中国の経済規模は、2001年の国内総生産（GDP）額が1兆1600億ドル（1ドル＝8.27元、9兆5933億元で対前年比7.3％増）で、世界第7位の水準にある。貿易総額は5097.7億ドル（同7.5％増）となり、こちらは世界第6位の規模である。また01年末の外貨準備高は、前年末より466億ドル増の2122億ドルとなり、これも引き続き日本に次いで第2位の地位を確保した。対内直接投資受入れは、途上国では93年以来9年連続第1位となっている。

　中国はいわば外資主導型の工業発展を遂げており、近年では「世界の工場」といわれ、世界第1位の生産量を誇る製品が増加している。例えば繊維製品、鉄鋼、カラーテレビ（世界生産量の約25％）、洗濯機、エアコン、冷蔵庫、DVDプレーヤー（同38％）、オートバイ（同46％）などがある。しかし13億の人口を抱える中国では、これらを1人当たり生産量に直せば、依然として低い水準にあるといわざるをえない。

　対外貿易経済合作部の発表によれば、前年に引き続いて2001年も外資系企業が対外貿易の約半分を担った。現時点ではまだ、外資系企業が原材料を持ち込んで安い労働力コストで加工し、その製品は輸出するという委託加工や加工貿易形態が多くみられる。特に中国のIT関連製品輸出における外資系企業のシェアは、約8割に及んでいる。80年の外資系企業のそのシェアは0.1％であったから、その後の外資系企業の進出と活躍が顕著なことを読みとることができる。携帯電話やパソコン生産などの分野では、近年、欧米企業

表 7-2 対中国直接投資の推移（1999〜2005年） 単位：件・億米ドル・%

	契約件数	伸び率	契約金額	伸び率	実行全額	伸び率
1999	16,918	-14.8	412.2	-20.9	403.2	-11.6
2000	22,347	32.1	623.8	51.3	407.1	1.0
2001	26,140	17.0	691.9	10.9	468.8	15.1
2002	34,171	30.7	827.7	19.6	527.4	12.5
2003	41,081	20.2	1,150.7	39.0	535.1	1.4
2004	43,664	6.3	1,134.8	33.4	606.3	13.3
2005	44,001	0.8	1,890.7	23.2	603.0	-0.5
2005 末累計	552,942	—	12,856.7	—	6,224.3	—

出所：『中国対外経済貿易年鑑』。

や台湾からの進出が積極的である。

中国が2001年に契約した対内直接投資件数は前年比17％増の2万6140件、外資契約額692億ドル（同10.9％増）、投資実行額469億ドル（15.1％増）で、同年末の累計は順に約39万件、7453億ドル、3952億ドルとなった（表7-2参照）。業種別では製造業が7割を超えており、近年は電子・通信関連の投資が増加している。投資形態別では合弁と独資企業が中心であるが、今後はM＆A関連法規や受入れ環境を整備し、世界的に主流となっているM＆A誘致にも力を入れる方針となっている。

ちなみに中国で2000年末時点で稼働している外資系企業は約20万3200社、うち香港からの進出企業が10万100社、次いで台湾2万4600社、米国1万8300社、日本1万4300社、韓国9560社、シンガポール6300社の順となっている。業種別でみると、製造業が14万2760社で全体の70％を占め、進出形態では合弁が10万2210社で約半分のシェア、独資が7万4950社となっている。これら外資系企業で働く中国人労働者は、約1900万人に上ると推定される[10]。

中国がWTOに加盟したことで、これまで欧米諸国をはじめ多くの国々から課されてきたWTOルールに必ずしも整合的でない輸入制限措置が撤廃され、中国の輸出拡大が期待できる。一方、繊維セーフガード特別措置や経過的セーフガードなど一定の制約があることも見逃せない。さらに関税の引き下げで電気機器や機械などの加工組立産業分野では、生産コストの低減が進

み、輸出の増加が望める。また厳しく規制されてきた自動車や流通、銀行、保険などの分野で投資が段階的に緩和され、知的財産権の保護や制度の透明性が進むことで環境改善に結びつき、対内直接投資の増加が見込まれる。

　従来から国内で保護を受けてきた自動車、鉄鋼、化学、農業分野や多くの国有企業では、国際競争力に曝されて失業者の増加や倒産に追い込まれる企業が増加する可能性が高い。早急に経営の効率化や国際競争力の強化、さらに労働力の移動などの対策を講ずる必要がある。また非効率なサービス産業の生産性向上は、料金の低下などを通じて、他の産業分野に好影響を与えていくことになろう。

　中国国務院発展研究センターの試算によれば、中国がWTOに加盟することで、2010年までのGDPの年平均成長率が1ポイント近く上昇し、05年までの対外貿易の年平均伸び率も加盟しない場合の6.6％から9.1％へと2.5ポイント押し上げられると予測している。さらにWTO加盟によって中国の労働集約的産業、特に繊維・衣料の輸出が大幅に増加し、10年には世界市場での占有率が95年比で4ポイント上昇するとともに、その間約544万人の雇用を創出できるが、農業分野は約996万人を他の産業に移動させる必要が生じるとしている[11]。

　このように中国がWTOに加盟し、かつてのチャイニーズスタンダードからグローバルスタンダードを目指していくことは、短期的に中国に多くのマイナス要因をもたらす可能性がある。しかし中国が長期的視野に立ち、世界経済との関わりを強化していくという方針のもとでは、加盟は避けることのできない選択であったといえよう。

4. 対外貿易動向と外資系企業

　中国は外資主導型の経済発展を遂げており、外資系企業が対外貿易でも牽引的な役割を果たしている。2001年の貿易総額は、世界的な経済減速にもか

表7-3　中国の対外貿易推移（1997～2005年）　　　　　　　　　単位：億米ドル・%

	総額		輸出		輸入		収支
		前年比		前年比		前年比	
1997	3,250.6	12.1	1,827.0	20.9	1,423.6	2.5	403.4
1998	3,239.3	-0.4	1,837.6	0.5	1,401.7	-1.5	435.9
1999	3,607.0	11.3	1,949.0	6.1	1,658.0	18.2	291.0
2000	4,743.1	31.5	2,492.1	27.8	2,251.0	35.8	241.2
2001	5,097.7	7.5	2,661.6	6.8	2,436.1	8.2	225.5
2002	6,207.9	21.8	3,255.7	22.3	2,952.2	21.2	303.5
2003	8,512.1	37.1	4,383.7	34.6	4,128.4	39.9	255.3
2004	11,547.9	35.7	5,933.7	35.4	5,614.2	36.0	319.5
2005	14,221.2	23.1	7,620.0	28.4	6,601.2	17.6	1,018.8

出所：『中国統計年鑑』、「中国海関統計」。

かわらず対前年比7.5%増の5097.7億ドルとなり、初めて5000億ドルを突破した。うち輸出2661.6億ドル（同6.8%増）、輸入2436.1億ドル（8.2%増）で、貿易黒字は前年の241.2億ドルから若干減少して225.5億ドルとなった。輸出は9月の米国同時多発テロ発生で世界経済の環境がさらに悪化したにもかかわらず、下半期、特に11、12月の伸びが顕著であった（表7-3参照）。

　2001年の外資系企業の輸出額は対前年比11.6%増の1332.4億ドルで、中国の輸出総額の50.1%のシェア、輸入は7.3%増の1258.6億ドルで輸入総額の51.7%を占めた。輸出入ともに貿易の主役は01年も外資系企業であった。また外資系企業の工業付加価値額は6622億元で、工業付加価値総額の15.5%となった。さらに外資系企業の納税額も対前年比30%増の2882億ドルにのぼり、財政収入の17.6%を占めた。このように国民経済に占める外資系企業の比重は年を追って高まっている（表7-4参照）。

　外資系企業のうちでも、独資企業（外資100%）が伸び率、金額とも合弁企業を大きく引き離している。WTO加盟を果たした中国では、いまや直接投資の主力が独資企業に移りつつある。これは中国の市場経済化が進み、中国側パートナーの力を借りなくても、外資単独で企業経営が可能になったことが大きな要因の1つである。ただし外資系企業全体では、01年も黒字(73.7億ドル)を計上したものの、国有企業の貿易黒字96.8億ドルには及ばなかった。なお中国の輸出企業上位100社のうち、外資系企業は35社を占めている。

表 7-4　全貿易額に占める外資系企業のシェア
　　　　（1986、90、95、2000～05 年）　　　　　　　　　　単位：億米ドル・%

	外資系企業貿易額	シェア	外資系企業輸出額	シェア	外資系企業輸入額	シェア
1986	29.8	4.0	5.8	1.9	24.0	5.6
1990	201.1	17.4	78.1	12.6	123.0	23.1
1995	1,098.2	39.1	468.8	31.5	629.4	47.7
2000	2,367.1	49.9	1,194.4	47.9	1,172.7	52.1
2001	2,591.0	50.8	1,332.4	50.1	1,258.6	51.7
2002	3,302.2	53.2	1,699.4	52.2	1,602.8	54.3
2003	4,722.5	55.5	2,403.4	54.8	2,319.1	56.2
2004	6,631.6	57.4	3,386.1	57.1	3,245.5	57.8
2005	8,317.3	58.5	4,442.1	58.3	3,875.2	58.7

出所：『中国対外経済貿易年鑑』。

　ちなみに一般貿易の輸出は対前年比 6.4％増の 1119.2 億ドルでシェア 42％、輸入は同 13.4％増の 1134.7 億ドル、シェア 46.6％であった。加工貿易の輸出は、7.1％増の 1475 億ドルでシェア 55.4％、輸入は 1.5％増の 940 億ドル、シェア 38.6％であった。また国有企業の貿易は、輸出が同 2.8％減の 1132.3 億ドル、輸入が 4.7％増の 1035.5 億ドルで、輸出入ともシェアは 42.5％であった。

　中国にとって最大の貿易相手国は日本で、総額が対前年比 5.6％増の 892 億ドルを記録した。また米国が中国にとって最大の輸出国で、4.2％増の 542.8 億ドル、米国からの輸入は 17.2％増の 262 億ドルで、出超額が 280.8 億ドルとなった。EU との貿易額は 11％増の 766.3 億ドルであった。商品別では機電製品の伸びが目ざましく、対前年比 12.8％増の 1187.9 億ドルで、輸出総額の 44.6％を占めた。一方、伝統商品の輸出が伸び悩んだ。輸入では 1 次製品が若干減少し、工業製品の伸びが目立った。

　現地外資系企業による日本との輸出入額は、対日貿易総額の 63％に達し、加工貿易額でみても同 51.5％を占めた。また外資系企業が投資として輸入した設備や物資は、日本からの輸入額の約 10％となった。近年、日本では低価格かつ高品質の中国製カジュアルウェアが爆発的な売れ行きをみせた[12)]。また、野菜や食品などの開発輸入が進み、それら商品の日本向け輸出は増加しているが、野菜によっては残留農薬が問題となっている。IT 関連部品などは

中国の日系企業以外に、台湾や香港、韓国系企業および中国企業との取引も増加している。

米中貿易では、第三国経由などがあるため両国の統計数字が異なっているものの、両国の貿易が過去20年間に年平均18％以上の伸びを記録していることでは一致している。中国の輸出にとって米国は、また米国の輸出にとっても中国は、その伸びがもっとも速い市場の1つになっている。1990年から2000年までの米国の対中輸出をみると、米中双方の統計ともに年平均16％以上の伸びを記録している。ここ数年、米国が中国に輸出する農産物も大幅に増加しており、中国にとって最大の農産物供給国は米国となっている。

中国では、2001年に平均関税率が16.4％から15.3％に引き下げられ、さらに02年には12％に引き下げられた。しかし税関総署では、関税が引き下げられても輸入の増加によって、関税収入への影響は少ないだろうとみている。01年の税関部門の税収は前年を250.4億元上回る2492.3億元であった。市場経済が進展する過程で密輸が問題となっているが、近年は取締りが強化され、01年は減少したようである。しかし依然としてタバコ、食物油、さらに麻薬などの密輸は後を断たない。

2001年末の対外債務残高は1701.1億ドル、DSR（Debt Service Ratio、一国の対外債務返済額の輸出額に対する割合で、一般に20％を超えると融資対象として危険とされる）は7.5％、債務比率は56.8％であった[13]。ちなみに2000年末の対外債務残高は1457.3億ドルで、前年末より61億ドル減少した。うち中長期債務は1326.5億ドルで同40億ドル減、短期債務は130.8億ドルで21億ドルの減少となった。なお00年内の新規借り入れの対外債務は249.2億ドル、償還元本は291.1億ドルであった。同年末のDSRは9.2％、債務比率は52.1％で、いずれも1999年末より大幅に改善されている。

2002年上半期の対外貿易は、中国海関（税関）総署の統計によると、貿易総額が2707億1000万ドルで対前年同期比12.3％増となった。この内訳は輸出が14.1％増の1420億6000万ドル、輸入が10.4％の1286億5000万ドルで、134億1000万ドルの貿易黒字であった。貿易形態別では、通常貿易の輸出が

大きく伸び、輸入の伸びは僅かだった。輸出入総額は 7.8% 増の 1159 億 5000 万ドルで、うち輸出が 12.5% 増の 595 億 3000 万ドル、輸入が 3.4% 増の 564 億 2000 万ドルを記録した。

中国の主要貿易相手との輸出入状況をみると、日本、米国、EU が上位を占めた。2002 年 1 ～ 6 月の日中貿易総額は対前年同期比 5.6% 増の 447 億 8000 万ドルで、うち中国の対日輸出が 1.1% 増の 216 億 3000 万ドル、対日輸入が 10.1% 増の 231 億 5000 万ドルであった。中国と EU との輸出入貿易額は 4.2% 増の 385 億ドルで、中国側の輸出が 6.1% 増の 210 億ドル、輸入が 2% 増の 175 億ドルだった。米国は依然として中国の第 1 位の輸出市場で、上半期の対米輸出は 19.3% 増の 298 億 7000 万ドル、中国全輸出の伸び率を 5.2 ポイント上回った。輸入は 3.3% 減の 121 億ドルだった。

02 年上半期には、中国の東南アジアとロシア向け輸出が大幅に増加し、うち ASEAN 向けが対前年同期比 22% 増、ロシア向けが 26% 増となった。これらは中国の上半期輸出増加に大きな貢献となった。また輸出商品のうち、機械・電気製品が依然として高い伸びをみせ、伝統的大口商品はゆるやかな伸びだった。上半期の機械・電気製品の輸出は 24% 増の 680 億 7000 万ドルで、輸出全体の 47.9% を占めた。

中国の地方別貿易では、広東省の 2002 年上半期の貿易総額が、対前年同期比 19.9% 増の 978 億 7000 万ドルで全国第 1 位となった。うち輸出が 20.9% 増の 521 億 8000 万ドルに達した。上半期の月ごとの伸び率は対前年同期比で 2 桁を維持し、特に第 2 四半期は各月の輸出が 90 億ドルを超えて、前年同期を 25% も上回った。また通常貿易の輸出に回復的伸びがみられ、前年同期比 32.6% 増の 97 億ドルに達した。品目でみると機械・電気製品とハイテク製品は、輸出全体に占める比率が急速に拡大した。機械・電気製品の輸出は 26.8% 増の 315 億 7000 万ドルで、省全輸出の 60.5% を占めた。ハイテク製品の輸出は 37.6% 増の 133 億 5000 万ドルに達した。

広東省ではますます多くの企業が輸出入権を獲得し、輸出全体が多様化し輸出市場もより拡大されている。外資系企業の輸出は 21.5% 増の 300 億ドル、

私営企業は2.6倍の15億ドルに達した。とりわけロシアとメキシコへの輸出がそれぞれ77.2％増、56.4％増となり、もっとも伸びた新興市場であった。外資による投資にも新たな高まりがみられ、02年上半期における新規の投資契約金額が18％増の77億5000万ドル、投資実行金額が12.6％増の62億7000万ドルに達した。同省の外資利用事業は年々規模が拡大し、外資系企業の増資、生産拡大が続いている。02年6月末時点で投資総額1000万ドル以上の外資事業は243件で、投資契約金額が37億6000万ドルに上る。また既存企業の増資事業契約は24億3000万ドルで、同省の直接投資実行金額の35.5％を占めている[14]。

　近年目覚しい経済発展を遂げている浙江省は、投資が急速に伸び、民間投資が活発である。2002年上半期の社会固定資産投資は前年同期比23.5％増の1206億元で、うち非国有企業投資が30％増の819億元だった。輸出規模が拡大し、上半期の輸出総額は対前年同期比19.5％増127億6000万ドルで、全国平均を5.4ポイント上回った。貿易総額は16.3％増の178億3000万ドルで、広東省（978.7億ドル）、上海市（316.1億ドル）、江蘇省（295.3億ドル）、北京市（237.9億ドル）に次ぐ全国第6位の規模である[15]。

　上海市は、2002年1〜5月の外資導入契約が前年同期比35.9％増となり、全国平均を28.6ポイント上回った。01年以来、上海の外資導入は1日1220万ドルに達しており、外国企業は上海を有望投資先とみている。01年の外資系企業の売上高は4754億元に達し、利益総額は前年比7％増の233億元、納税額は20.8％増の192億元となった。また外資系企業の従業員数は過去最高の105万8900人に達した。

　上海市の蒋以任常務副市長は、「外資が引き続き上海を有望視しているのは、中国のWTO加盟後、開放された市場に外資をより強く引きつける力のあることを示している。同時に大量の外資が上海の経済、社会の発展を力強く促し、上海の総合経済力と国際競争力を高めている」と指摘した[16]。

　同市外国投資工作委員会の統計によると、1996〜2000年の外資導入実績は193億7000万ドルで、1日当たり1060万ドルだった。うち96、97年は外

資導入がピークを迎え、それぞれ47億1600万ドル、48億800万ドルに達した。02年1～5月に上海市が認可した外資系企業は1200件、外資導入契約額が44億8300万ドル、実行額が18億4400万ドルだった。うち投資総額1000万ドル以上の大型事業は95件で、外資契約額が29億900万ドルとなった。

　2002年5月に設立された中仏合弁の浦東ビバンディ水道有限公司は、中国で初の浄水、給水、販売を一体化した合弁水道会社で、ビバンディ側が9200万ドルを出資し、上海の浦東水道公司の株式を50％買い取った。同公司上海事務所代表は、ビバンディが多くの競争相手と異なっていた点は、浦東の開発、開放で発展の余地が大きく、発展の期間が長く、投資期間がかなり長い水道市場に進出することは有望であると考えていたからと指摘している。

　2002年2月、米ゼネラル・エレクトリック（GE）は浦東新区の張江で米国、インドに続き3番目の世界的研究開発センターの建設に入った。03年には職員が400人規模になる予定で、研究分野はプラスチック、有機シリコン、照明などである。上海を訪れたGEのジェフリー・イメルト会長兼最高経営責任者（CEO）は、今後10年から20年で中国は世界でもっとも重要な市場になるとみている。また、05年にはGEの中国での買い付け額は50億ドルに達し、中国市場での売上高も50億ドルに及ぶとみている[17]。

5. 公平貿易活動と模倣品問題

　中国は2002年6月5日、大連市で全国輸出入公平貿易会議を開催した。WTO加盟にともない、WTOルールを利用して中国の輸出利益と産業利益を保護し、輸出入の公平貿易を積極的に推進するため、対外貿易経済合作部（注：03年3月に経済貿易委員会国内貿易局を吸収して商務部に名称を変更）は01年11月に独立機関として輸出入公平貿易局を設置している。同局の王世春局長は同会議において次のような内容の発言をした。

　中国の輸出入公平貿易活動は現在、法制化、規範化に向かっており、2001

年12月「ダンピング防止条例」「補助金防止条例」「輸入制限措置（セーフガード）条例」を公布し、02年1月1日から施行している。これら条例の施行に合わせて、同省は02年初めに17の部門規定を公布し、ダンピング防止、補助金防止、セーフガード調査の決定、アンケート調査などに関する手続き、ダンピング認定などの内容を規範化した。また「輸出商品ダンピング応訴規定」を公布し、セーフガード応訴にも適用している。これらの部門規定、「貿易法」と3つの条例は、中国の輸出入公平貿易においてレベルの異なる3つの法律体系を構成するものである[18]。

中国では投資環境の改善とWTO加盟の効果で、外資による直接投資が大幅に伸びている。2002年上半期に認可された外資系企業は、対外貿易経済合作省の発表によれば、契約件数が前年同期比26.4％増の1万5155件、外資契約金額が31.5％増の439億9000万ドル、投資実行金額が18.7％増の245億8000万ドルに達した。02年6月末現在、中国全体で認可された外資系企業の累計は40万5180件、投資実行金額が4198億200万ドルとなった。中国向け直接投資の上位は香港、米国、日本、台湾、シンガポール、バージン諸島、韓国、英国、ドイツ、フランスの順である[19]。

2002年3月11日には国家発展計画委員会、国家経済貿易委員会（注：03年3月の機構改革で国家発展計画委員会は国家発展・改革委員会に、国家経済貿易委員会は一部の局を除き国務院国有資産監督管理委員会に名称を変更）および対外貿易経済合作部が共同で、新たな「外国企業投資産業指導リスト」と「付属書」を公布した。奨励項目は76種類増えて262種類に、制限項目は37種類減って75種類となり、4月1日から実施されている。

新リストでは371種類の投資案件を奨励、許容、制限および禁止の4項目に分類している。今次改正の特徴は、①外資比率制限の緩和、電信やガス・熱エネルギー・給水などの都市インフラ網の初めての対外開放、②WTO加盟時に約束した地域、数量、経営範囲、出資比率要求とスケジュールに基づく銀行、保険、商業、貿易、観光、通信、運輸、会計、法律などの開放（付属書に明記）、③中国西部地区での投資比率、業種制限の緩和、④市場競争メ

カニズム推進のため一般工業製品を許容項目とする、などである。

主な奨励項目は農業、基幹産業、ハイテク、研究開発センター、先進技術による改造、西部開発などの案件で、設備輸入時の関税と増値税は免税となる[20]。

対外貿易経済合作部の魏建国副部長は、2002年6月3日に杭州で、WTO加盟後の中国の外資導入と経済発展に関し、「4つの結合」の実現に努力していく方針を語った。4つの結合とは、①外資導入と経済構造調整、産業の最適化促進、企業の経済効率向上との結合、②外資導入と市場経済体制の確立・整備、企業の国際競争力の強化との結合、③外資導入と輸出拡大、輸出志向型経済発展との結合、④外資導入と地域経済の協調的発展の促進、西部大開発推進との結合である。

さらに2002年4月末で中国に投資している国と地域の数は180を超え、世界の大企業500に入っている多国籍企業のうち400社以上が中国に投資していることを明らかにした。また同副部長は、「WTO加盟後の新しい情勢に対応し、国民経済の発展を促進するため、中国は今後も積極的、合理的、効果的に外資を利用する方針を堅持し、外資導入政策の安定性と連続性を維持し、外資導入の質と水準を絶えず高め、外国の先進技術、近代的管理制度、専門人材の導入を加速し、外資の導入と中国経済発展の4つの結合を実現するために努力をしていく」と表明した[21]。

中国に対する世界各国・地域からの直接投資が積極的に行われるなかで、日本の対外直接投資先もアジアから中国シフトが進んでいる。その一方で、アジア諸国・地域を中心に日本製品の模倣品や海賊版が氾濫し、知的財産権侵害による被害が拡大している。このような状況を放置すれば潜在的な市場の喪失、ブランド・イメージの低下につながりかねない。特許庁が発表した『2001年度模倣被害調査報告書』（2002年4月）によれば、日本製品のニセモノ製造基地としては、中国が約34％、台湾が約18％、韓国が約14％などと推定されている（注：発明協会の00年調査では、中国47.7％、台湾25.5％、韓国24％としている）。

Quality Brands Protection Committee『中華人民共和国における偽造行為に関する報告書』(2000年3月)によれば、中国において先進国企業は、模倣品のために年間売上げの20～25％を失っているといわれる。また「産経新聞」2000年8月27日の報道では、模倣品による日本企業の年間損失は8500億円に及ぶと指摘している（注：「日経産業新聞」03年4月5日付けによると被害総額年間3兆円）。

　中国から模倣品輸出が増加しだしたのは1987年頃からであり、輸出先は東南アジアだけでなく、ロシアや中欧諸国、南米にまで拡大している。中国で製造されるニセモノの約66％は広東省で生産され、主な製造基地としては恵州や東莞、深圳などがあげられる。次いで浙江省が約13％、河北省が約11％との調査結果である。

　中国の模倣品のなかでもっとも多いのは商標権侵害であり、デッドコピーなども目立っている。デッドコピーでは化粧品、シャンプーや石鹸などの日用生活品、写真フィルム、電池等々で、素人ではほとんど見分けのつかないものが多い。変形商標ではHONGDA（轟達）やPonasonicといった紛らわしいものも見受けられる。

　「日本経済新聞」2002年4月1日によれば、ベトナム市場でのホンダ・オートバイのシェアは1998年まで約8割と高かったが、日本製を模し半値で市場を急襲した中国製二輪車の登場で、2001年末には約9％までシェアが急落したとしている。

　日本企業の模倣品に対する対応が遅れる原因としては、①「有名税」とか「やがて淘汰される」といった甘い認識、②取り締まっても効果が期待できないといった諦め、③模倣品に対する認識や情報不足、④知的財産権侵害に対する対処方法を十分承知してない、⑤良質のものを作っていれば最後は勝つという認識、⑥本社対応のため時間がかかる、といった点があげられる。従って中国がWTOに加盟したことでもあり、模倣品は悪であるということから日本国内の業界や国際間で協調し、この問題に厳格に対応していく必要がある。

さらに近年では、日本やアジア諸国で「中国脅威論」がとりざたされるようになった。日本で生産する製品が米国市場で中国製品と競合する割合は、今のところ 20％以下である。産業構造上、日本よりも ASEAN 主要国のほうが、中国と競合する割合は大きい。いうまでもなく日本人は、「失われた 10 年」といわれる間に先進国という名のもとで安穏と暮らしすぎ、次の時代への対策を怠ったことに問題がある。その結果、経済の停滞のなかで自信喪失となり、中国の脅威を過大に評価しているのである。

日本人は自信を回復することが不可欠である。中国との間では競合関係よりも補完関係の道を積極的に求めていくべきである。補完関係のなかでこそ交易条件は改善されていく。日本は構造改革を進め、中国の活力を補助として、共生の道を模索しなければならない。そのためには、高度技術開発や IT 活用による知識集約産業への転換をはかり、中国の産業構造との差別化を推進する必要がある。

日本政府としては、企業の国際競争力強化を支援し、新技術開発などに対する優遇政策を打ち出すことが大切である。また、外国人には真似しようとしても簡単にはできない蓄積と重みを備えた「職人技」といわれるものも、継続的に育成していくことである。あわせて、自然や文化に対しても豊かな発想と寛容を備えた国家を目指していかなければならない。

6. 経済の国際化と自由貿易協定

中国の朱鎔基首相は、2001 年 11 月にブルネイで開催された「ASEAN (Association of Southeast Asian Nations) +3 (日本、中国、韓国)」首脳会議の席上、10 年以内に ASEAN と自由貿易協定 (Free Trade Agreement、以下「FTA」という) を締結することを念頭において協議に入ることを明らかにした。これが実現すれば、人口 17 億人を超える巨大市場が形成されることになる。韓国も同じ時期に、ASEAN と FTA 締結を検討するための専門家会議を設置す

ることで合意した。中国にとっては、最大の輸出相手国である米国への依存度を減らし、ASEANばかりでなく日本や韓国との経済関係強化を図りたい意向がある。

　FTAは、1958年に欧州経済共同体（EEC）が第1号として設立されて以来、これまで世界では100を超える組織がWTOに通報されている。FTAはWTOを補完し、活動を促進するという観点から、積極的な取組みが行われており、とりわけここ10年間に多くの設立をみている。しかしFTAは、地域主義を強めるのではないかとの懸念もある。また、WTOとの整合性を図る必要があり、WTO新ラウンド立ち上げにとってもFTAが、側面から重要な役割を果たしていくことが期待されている。

　近年、取り分け天安門事件以降の中国の軍事支出の増加は、ASEANをはじめ周辺諸国にとって脅威と感じられている。2001年の軍事支出予算は、対前年比17.7%増の1410億元である。また高い経済成長と商品輸出の拡大は、米国市場などでアジア諸国・地域との競合度を強めている。ある研究によれば、米国市場における輸出商品をめぐる中国製品との競合度は、2000年の貿易統計でみるとインドネシアが82%、タイ65%、台湾49%、韓国38%とかなり高い数字となっている[22]。一方、米国市場における中国製品に対する日本の輸出商品競合度は、90年に3%であったが、95年8%、2000年16%と上昇しているものの、ASEAN諸国などに比べて現時点ではそれほど高くない。

　そこで中国は、競合度の高いアジア諸国に対する宥和策として、成長する経済力をテコにFTAを締結し、関係強化を図りたい意向をもっている。WTO未加盟のASEAN加盟後発国であるカンボジアやミャンマーなどへ最恵国待遇を供与し、ミャンマーには経済協力や資金協力を開始した。また、メコン川流域開発計画へも500万ドル支援を約束した。さらに中国の昆明とタイのバンコクを結ぶ高速道路建設費用の3分の1負担を表明するなど、ASEAN諸国に対して積極的に譲歩する態度をとろうとの姿勢を窺うことができる。また華僑・華人との関係を引き続き強化し、貿易や投資の一層の増加を図っていくことにしている。

WTO 加盟を契機に中国は、加盟発展途上国の中心的存在として、途上国の主張を取りまとめていく役割を担っていくことになろう。ウルグアイ・ラウンドの結果を踏まえた WTO は、協定の実施段階に入って、途上国にさまざまな困難をもたらしているといわれる。途上国からは、WTO があまりに野心的であり、途上国に不利な条件が多すぎるとの批判がでている。先進国は、これらに真剣に耳を傾けて対応しないと、新ラウンド交渉が妥結しない可能性もある。

　そのため WTO 協定を改定して、利益の不均衡是正を図る必要がある。また、途上国配慮規定（S&D 条項）は実行性がないので、それを活性化するとともに、先進国に対して義務化すべきであるとの主張がみられる。途上国には協定の遵守能力も交渉能力も不十分なので、先進国の技術支援や生産能力助成が不可欠となっている。さらに、TRIPS 協定による特許権者の保護が過大であるため、途上国ではエイズ等の治療薬を安価に入手できにくい状況が見受けられる。したがって TRIPS 協定を改正し、安価なコピー薬を途上国で生産したり、輸入できるようにすべきとの言い分もでている。

　このいわゆる「途上国問題」について発展途上国は、ローカルコンテント禁止規定の免除、TRIPS 協定の経過期間（2000 年で終了）の延長などの改正提案を既に提出している。これに対して日本や EU は WTO 協定の規律を維持しつつ途上国の要望にできる限り応える方針だが、米国はその緩和に反対の意向を示している。また、HIV 感染者は世界に約 4000 万人いるが、その 92% が途上国に集中している。特にアフリカなどの後発発展途上国は、エイズ治療薬を安価で購入したい意向が強い。そこで強制特許権を実施して生産すればよいわけだが、生産能力を備えていないのである。米国などは、コピー薬は TRIPS 協定違反だが紛争処理に訴えることはしない替わりに、ウエイバーを認めてよいとの考えである。しかし、これを途上国が了解するかどうかは疑問である。

　このようななかで中国は、米国や EU とも協調を強め、WTO 体制を中心とした多国間主義（Multilateralism）の優位性を確認し、これを成功に導いてい

く役割を担っていく必要がある。そのためにはAPECやASEM（アジア欧州首脳会議）など、地域間協力の枠組みを活用していくことである。そして閉鎖性や地域内保護主義を避けていくことが重要となる。

　一方、アジアへの依存度がますます高まっている日本は、2002年の年明け早々に小泉純一郎首相がASEAN諸国を歴訪し、経済連携強化の話し合いを行った。シンガポールとは「新時代経済連携協定」を締結し、ASEANに対して「日本・ASEAN包括的経済連携構想」が提案された。しかし、WTO加盟を果たしたばかりの中国に対しては、まずWTO枠内での整備を進め、自由かつ円滑な通商関係樹立を目指すべきである。その上で2国間のFTA問題に取り組んでも、決して遅くはないであろう。

注
1)「国営企業」は、自主権を拡大する目的から所有と経営を分離する試みが行われ、1993年3月に開催された第8期全人代第1回会議の憲法改正により、「国有企業」という呼称に変更された。
2) 陳水扁総統は、APEC非公式首脳会議に早い段階から参加希望を表明していたが、中国は直前まで招待状を送らなかった。台湾側は抗議の意を込めて同首脳会議をボイコットした経緯がある。
3)「中国時報」2001年10月24日。
4)「人民日報」2001年11月10日。
5) 台湾のWTOメンバーとしての名称は、「台湾・澎湖・金門・馬祖個別関税領域」（略称は「中華台北」）である。
6) World Trade Organization."Report of Working Party on the Accession of China"10 November 2001.及び横田高明「WTO加盟後の中国と日中経済関係」『中国研究月報』2002年5月号、（社）中国研究所を参照。
7)「中国通信」2002年7月23日。
8) 人民元建てによる外国人の取引参加は認められていないが、段階的に開放する予定である。外貨建ては上海証券取引所が米ドル、深圳証券取引所が香港ドルであり、原則として外国人及び香港・マカオ、台湾同胞の取引が認められている。中国の株

式制導入に関しては別稿、横田高明「中国の国有企業改革と株式制導入」中央大学経済研究所編『市場経済移行政策と経済発展』中央大学出版部、1998年7月所収がある。

追注)「日本経済新聞」2002年11月9日によれば、2002年12月から「財務内容や資産規模で的確と判断された外国機関投資家は、これまで未開放だったA株を一定の保有上限の範囲内で購入できるほか、国債、転換社債などの取引も可能になる」とのことである。

9) 詳細については、朱炎「地域経済構造の実態—地域間格差の実態とその原因」、横田高明編著『中国の経済成長と地域発展に関する調査研究』(社)アジア社会問題研究所、1994年3月所収、及び横田高明「中国の経済発展と地域経済」横田高明・梶田幸雄『改革開放下の中国経済と日本』アイピーシー、1996年6月などを参照されたい。なお90年代初め以降は、沿海部と内陸部の地域間経済格差や都市と農村の所得格差が拡大している。

10) 2002年1月31日の中国国際貿易経済合作研究院との研究交流における中国側提供資料による。

11)「人民日報」1999年11月24日。

12) 詳細については、横田高明「中国繊維産業の発展と日本企業の対応──『ユニクロ』の事業展開を分析する」、『経済学論纂』第41巻第6号、中央大学経済学研究会、2001年3月、及び横田高明「日本の繊維産業の現状とメイド・イン・チャイナ」『日中経協ジャーナル』2001年6月号、(財)日中経済協会などを参照されたい。

13) 債務比率は、(政府債務残高+銀行の不良債権+対外債務)÷名目GDPで計算。

14)「新華社」2002年7月14日。

15)「中国通信」2002年8月21日。

16)「中国通信」2002年6月24日。

17)「新華社」2002年6月20日。

18)「中国通信」2002年6月7日。

19)「新華社」2002年7月11日。

20)「中国通信」2002年3月14日。

21)「中国通信」2002年6月5日。

22) 関志雄「日中の経済関係は補完的」「日本経済新聞」2002年6月18日所収。

第8章
東アジアのモノづくり構造と日中産業協力

1. 中国の経済発展は脅威か

　中国の経済発展は、アジアと日本の産業構造や経済にどのような影響を与えるのか。中国経済の持続的な高成長は、周辺諸国・地域にとって脅威となるのか、中国の生産環境を生かして産業内分業などを検討し、共生の道を模索する契機となるのか。また、中国で外資系企業が増加し「世界の（共同）工場」といわれる一方、地域経済格差や個人所得格差が拡大する問題状況を抱えながらも、人口13億人の巨大市場をどう評価するか。これが本稿の大きな関心事である。

　中国は、1978年12月に国内経済改革・対外開放政策を採用して以降、国内総生産額(GDP)の2005年までの年平均成長率は9.7％を記録している。91～95年（第8次5ヵ年計画期）の平均成長率は12.3％、96～2000年のそれは8.6％である。近年は変動幅が比較的小さく安定成長の傾向をみせているが、01年は8.3％、02年は9.1％成長と、世界的不況下にもかかわらず中国のみが高い成長を維持している。この背景には、どのような要因があるのだろうか。まずは、この検討から始めたい。

　中国の改革・開放政策採用後の経済発展戦略は、外資系企業にかなりの程度依存したものである。1979年7月に中外合資経営企業法（いわゆる合弁法）を公布して以降、外資企業法（独資法）、中外合作経営企業法（合作法）およ

び関連法規の施行や改正を繰り返すなか、2003年末時点では、外資系企業累計契約件数は46万4800件を超えた。また、外資の累計投資契約金額は9429億ドル、累計投資実行金額が4997億ドル余となった。

2002年現在、中国で稼動している外資系企業数は20万社余りといわれるが、そこに雇用される中国人労働者は約2300万人と推計されている。この数字は、都市部就業者総数の約1割にあたる。また、外資系企業のうち製造業に限ってみると、その企業数は2001年で製造業企業総数の18.3％、生産額は製造業生産総額の28.5％である。しかし、外資系企業の輸出入額が中国の貿易総額に占めるシェアは50.8％と発表されているように、中国のGDPや対外貿易にとって、外資系企業は無視できない存在となっている。

改革・開放政策のもとでは、かつての社会主義体制における「政治の季節」と「経済の季節」の周期性から脱出し、中国を社会主義初級段階と位置づけ、生産力拡大のためには西側先進諸国が豊かな今日を築くために過去に採用した、あらゆる手段を用いてよいというものである。農村においては生産請負制を導入し、各農家が独自判断で作付けすることを許可した。企業も公的所有だけでなく個人・私営[1] さらに外資系企業など多様な所有形態を認め、株式制を実験的に取り入れて証券取引所も深圳と上海の2ヵ所に設置し、競争と市場のなかで、経済の発展に邁進する方式を模索・実行してきた。

しかし当初は、中国に対する外資系企業の進出は少なく、広東省や福建省に設置した経済特別区に、香港をはじめ東南アジアに住む華僑・華人により、故郷に錦を飾る意味での感情的投資が中心であった。これが一段落すると、華僑・華人投資は実利追求型の投資に転換していくことになり、段階的に投資環境も整備され、他の国々の企業による投資が次第に増加していった。そして、外資系企業が増加するにともない、また外資参入地域の経済が活性化することで、中国は沿海地域を南から北に向かって経済開発区を設置するなどし、外資系企業を積極的に誘致してきたのである。

中国向け直接投資には、これまでに3回ほどの投資ブームがあった。第1回目は1980年代後半に発生したが、金額的にみては大規模なものは少なかっ

た。2回目は、鄧小平が92年1月から2月にかけて武昌・深圳・珠海・上海などを視察し、その際に発した「南巡講話」で改革・開放と経済発展の2つの加速を打ちだしたことを契機に、対中国直接投資が著増した。さらに3回目として、中国が2001年12月にWTO加盟を実現する前後にも大幅増となり、今もその勢いが続いている。2回目までは、中国の安い労働力や比較的良好な生産条件をもとに、「世界の（共同）工場」化が進展したが、今次3回目は、WTO加盟で規制緩和や市場開放が促進されることを期待して、中国の巨大な「世界の市場」化を目指すものである。したがって、ここへきて日本企業などの中国に対する位置づけも少しづつ変化の兆しがでてきた。

現時点で中国の産業や業種をよく観察してみると、技術や品質面で国際競争力水準に到達している分野はそう多くない。つまり中国が、すべての分野で有利にあるわけではないし、早急に先進国レベルに到達する可能性も少ない。一般的に産業発展要因としては、資本、技術、人材などが前提にあり、先進国が得意とする資本集約的な産業は、本来、経済発展とともにより大きな資本投下が可能な資本蓄積を前提としている。技術集約的産業も、技術の移転と集積に時間を要するはずである。それゆえに多くの国が工業化に向かう初期段階では、労働集約的な産業、つまり繊維などの軽工業から出発し、段階的に重工業、情報産業へと展開していくことになる。

中国のように外資系企業にかなり依存した工業化では、部分的に弱い産業分野が多く見受けられる。そのため日本企業は、自社製品のアーキテクチャーをよく見つめなおし、ターゲットとすべき市場をどこに置くかを見据え、中国の比較優位がどこにあるかを検討し、中国への進出の是非も含めた企業戦略を構築する必要がある。日本の製造業のなかには、これまでに蓄積された高度な産業集積、簡単にはキャッチアップされない底力を持つ分野が多数存在する。このような分野は、いたずらに自社製品のオープン・アーキテクチャー化は避けて、技術の高度化や組織進化で対応すべきである。

いたずらに「空洞化」を避ける意味からも、産業・業種ごとの競争力見極めが重要である。また、各々の企業はコア・コンピタンス（Core Competance、

他社がまねできない、その企業独自のスキルや技術力）がどこにあるか見定め、思い切って残す部分と切り捨てる部分を選別することになる。グローバリゼーションが急速に進展するなか、競争力のない分野にしがみついていても、優位にことを進めることは不可能である。非コア部分の切り離し、戦略分野の強化、場合によっては合併や提携など、大胆な戦略を講じなければ企業として生き残れない。企業経営にとっては難しい時代にちがいないが、利益の源泉、雇用、求心力を見失わないことである。このようなことからして中国の勃興は、企業戦略を立て直し、転換能力を発揮し、強い企業に再生する好機と捉えなければならない。

　確かにWTOに加盟したことで中国が、これまでの生産基地に加えて、巨大な消費基地になる可能性が見えてきたことは明らかである。日本が競争力を失った労働集約的産業で、日本で大量に消費する繊維製品などは、従来どおり中国で生産し日本に輸入する。しかし今後はこの分野で、現地市場向けの生産が拡大してくる可能性は高い。さらに現地販売の一層の拡大が見込まれ、現地で生産したほうがコスト面で有利と判断できる一部家電製品、建設機械、日用品、食料品や飲料などは、いままで出遅れていた企業も直接投資に拍車がかかり、現地に工場を建設して対応することになる。

　しかし資本・技術集約的産業で、国内と海外に市場があり、日本国内で生産したほうが有利な産業用ロボット、自動車や進出企業向け一部自動車部品、機械・電機機器などは、製品を従来どおり国内生産で販売・輸出していくことになる。この分野でも輸送コストやニーズの多様性から、合弁企業を設立して主要部品は日本から持ち込み、他国進出企業との競争に備えなければならない。つまり日本および日本企業は、多様性のなかで長期的視野に立ち、産業・業種によって生産面で中国とどのように共生していくのか、中国市場の評価と対策ををどうするかなど、検討しなければならない課題は多い。

2. 拡大を続ける対外貿易

　中国の2000年の対外貿易総額は、対前年比31.5％増の4743.1億ドルを記録した。うち輸出2492.1億ドル、輸入2251.0億ドルで、中国の241.2億ドルの出超であった。その後も図8-1に見るように順調な拡大を続け、02年は総額6207.9億ドルで、貿易黒字も303.5億ドルとなった。

　発展途上国を自認する中国の貿易外収支は、1995年以降赤字を続けているが、総合収支は93年以降継続して黒字である。また外貨管理は、企業で一定金額以上の外貨保有を認めない政策のため、輸出による外貨収入の保有限度を超えた部分は、人民元への交換を強制された。さらに中国では資本取引が厳しく管理されているので、外貨準備高は順調に増加し、02年末には前年末比741.4億ドルの大幅増となり、2864.1億ドルを確保した。この準備高は、日

図8-1　中国の対外貿易推移

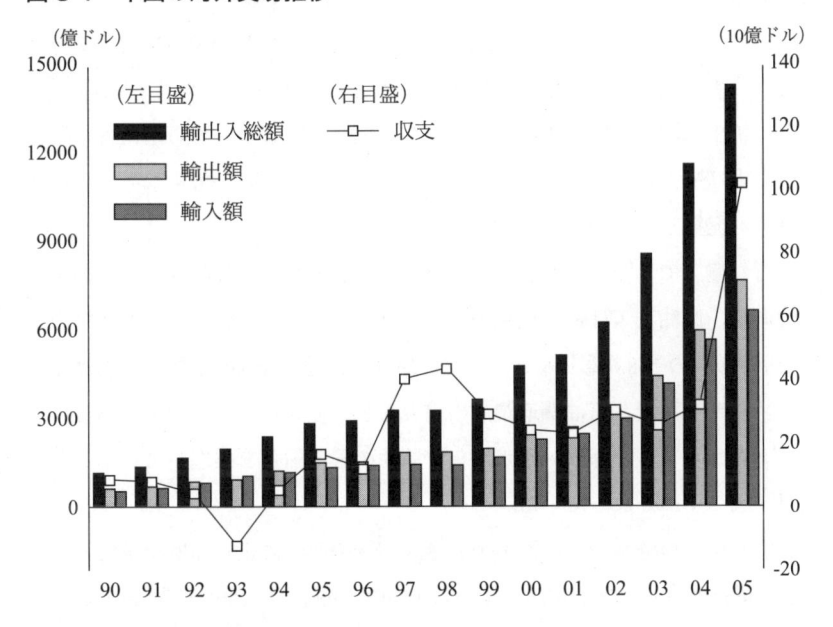

出所：『中国統計年鑑』及び「中国海関統計」。

第8章　東アジアのモノづくり構造と日中産業協力

本の4697.3億ドルに次いで世界第2位の水準にある。

なお中国はここにきて、過度の市場介入を回避する試みとして、外貨取扱高の多い国際海運、外国での建設工事請負い、労務輸出企業などの外貨建て収入の全額保有を2003年9月1日から認める方針を打ち出した。これは、02年6月に国内企業の外貨保有制限の緩和に続く決定であり、外国からの人民元切り上げ圧力への対応の一環とみられる。

2000年の貿易上位相手のうち第1位は日本の831.7億ドル（前年比25.7％増）、次いで米国744.7億ドル（21.2％増）、EU690.4億ドル（24％増）で、これらの合計が中国貿易総額の47.8％を占めた。なかでも中国の対米輸出額は294.7億ドルであるが、米国の貿易統計では中国からの輸入額に大量の香港経由などが含まれるので[2]、同年の対中貿易入超額が日本との貿易入超額813.2億ドルを上回る838.1億ドルという膨大な数字を記録した。さらに02年には、この入超額が米国貿易赤字総額の20％強にあたる1031.1億ドルに達した。ちなみに、同年の対日入超額は700.5億ドルである。

中国の2002年の対外輸出をみると、日本、米国、EU、ASEAN向けが好調で、品目ではハイテク製品を含む機電製品輸出が1053億ドル（36.9％増）となり、輸出総額の42.3％を占めた。さらに輸出品に課税される増値税の還付率引き上げや民営企業に対する貿易自主権付与などの要因も重なり、輸出促進効果を発揮したものとみられる。

一方、輸入では原油や委託加工用原材料、機械・電気部品などの増加が顕著である。原油輸入は前年比91.9％増の7027万トン、金額では原油価格の上昇で同3.2倍の148.6億ドルとなった。原油輸入量の増加は、国内における石油エネルギー消費、石油関連製品の需要などが拡大しているためである。また、エネルギー安全保障の観点から、原油の国内備蓄を推進していることも増量要因の1つとなっている。

中国が長年の懸案であったWTO（世界貿易機関）に正式加盟を果たしたのは、当時のガットに参加申請してから15年を経過した2001年12月のことである[3]。加盟当初は関税率の引下げなどから輸入の大幅増加が予想されたが、

02年の中国の対外貿易額は輸出入ともに対前年比で20％増を超える金額となった。世界経済が低迷するなか、WTO加盟による規制緩和や外国（地域）企業の生産基地中国シフト、外資系企業による部材輸入と増値税還付による輸出奨励策などが大きく貢献した結果である。

　2001年に引き続いて02年も委託加工貿易の拡大が目立ったが、その輸出は前年比22％増の1799.4億ドル、輸入は30.1％増の1222.3億ドル、合せて3021.7億ドルとなった。また、同年の外資系企業の輸出入総額は、中国貿易総額の53.2％を占める3302.2億ドル（前年比27.5％増）であった。うち輸出は1699.4億ドル（27.6％増）、輸入は1602.8億ドル（27.4％増）といずれも大幅増を記録した。さらに国有企業の輸出入総額は前年比9.5％増、2373.5億ドルと順調に伸び、集団、私営及びその他企業の輸出入総額は57.1％増の532.2億ドルと著増を示した。

　中国の貿易相手国・地域別では、日本が10年前に対香港貿易額を上回って以降、2002年も第1位の金額となった。02年は日中国交正常化30周年に当たり[4]、同年の日中貿易額は1000億ドルの大台を超え、1019.1億ドルを記録した。対日輸出額は中国にとって第3位の484.4億ドル（前年比7.8％増）、同輸入額が第1位の534.7億ドル（25％増）で、貿易収支は99年以来3年ぶりに50.3億ドルの中国側の赤字だった。第2位の貿易相手国は米国の971.8億ドル、3位はEUの867.6億ドルの順で、上位10ヵ国・地域のうちカナダ以外はすべて2ケタの伸びであった。

　ところで日本財務省発表の対中貿易統計では、総額は1015.4億ドルで中国発表の数字と大差ないが、収支は日本の218億ドルの入超となっている。しかし、香港を経由して中国に再輸出されたものを考慮すると、日本の対中赤字額はほぼ相殺され、中国の発表数字に近づくことになる。日本の対中輸出は、日本の輸出総額の9.6％のシェアで米国に次いで引き続き第2位、輸入は米国の17.1％を抜いて、中国が18.3％のシェアで初めて第1位となった。2002年は中国による日本製鉄鋼製品の緊急輸入制限（セーフガード）や中国野菜の残留農薬問題などが発生したが、通年では輸出入ともに一般機械や機

電製品など工業製品を中心に増加した。

　日本の対中輸出に占める一般機械と電気機器を合せたシェアは47.7％で、うち構成比25.8％の電気機器は前年比31.5％増だが、ICは倍増となった。さらに音響・映像機器部品が37.2％増、電気計測機器が32.7％増となったほか、VTR、テレビカメラも増加した。一般機械は前年比で36.7％増となったが、なかでも事務用機器（42.9％増）、金属加工機械（52.3％増）、加熱・冷却用機器（45.9％増）、荷役機械（62.5％増）などの伸びが目立った。

　中国がWTOに加盟したことで関税率が大幅に引き下げられたこと（例えば乗用車の関税率は、01年の80〜70％から02年には50.7〜43.8％へ）や割当量の増加で、日本からの乗用車輸出が218.8％増、バス・トラックも154.9％増と急増した。特に乗用車輸出台数は、前年比216.1％増の7万8931台を記録した。また自動車用部品、有機化合物、プラスチック、鉄鋼、科学光学機器なども堅調な伸びを見せた。一方、合成繊維織物、テレビ受像機、船舶、コピー機などの輸出は減少した。

　日本の対中輸入で最大の構成比をもつ機械機器は前年比29.4％増で、とりわけ事務用機器が81.7％、通信機器が52.4％とそれぞれ大幅に伸びた。半導体等電子部品、音響映像機器輸入も順調に増加した。繊維製品は、衣類及び同付属品が日本国内の需要減退と供給過剰などで輸入減となった。食料品では魚介類や飼料用トウモロコシが増加したものの、野菜や果実は残留農薬問題の発生で減少した。また原油（15.6％減）と石油製品（3.5％減）は、中国国内の品不足状況から輸入減となったし、肉も1.2％減、非鉄金属も13.5％減であった。ちなみに、中国からの輸入総額の85％余が製品輸入となっており、その6割以上は日系企業が生産に関与していると見られている。

3. 外資系企業の増加と産業発展

　近年の中国は、外資系企業や非国有企業の活力に依存した経済発展を遂げ

ており、貿易においてもそれらが牽引的な役割を果たしている。2000年の外資系企業の貿易額は、中国貿易総額の49.9％を占める2367億ドルであった。特に電子情報関連製品輸出に占める外資系企業のシェアは、76.9％にも及んでいる。80年のそのシェアが0.1％であったから、近年の当該分野における企業進出の顕著なことを読みとることができる。携帯電話やパソコンなどの分野では、欧米や台湾からの進出が目立っている。

中国対外貿易経済合作部（日本の省に相当、2003年3月の機構改革で商務部となった）の発表によれば、00年の中国の直接投資受入額は、実行ベースで407.7億ドル（対前年比1％増）とほぼ前年並みであった[5]。しかし契約ベースでは、件数で32.1％増の2万2347件、金額で51.3％増の623.8億ドルと、それぞれ大幅増をみせた。これは件数で7年振り、金額で2年振りの増加である。00年末の直接投資累計契約件数は36万3885件、累計投資契約金額は6761億ドルとなった。

2000年の対中直接投資は、当初、実行ベースで370億ドル程度と予想され、第3四半期までの累計は266.8億ドル（前年同期比8.7％減）だった。しかし、01年には中国のWTO加盟が確実視されたこともあり、その後は各国・地域からの直接投資実行が本格化し、第4四半期に前年同期比で26.3％の急増をみせた。

日本企業の対中進出形態は、合弁と外資100％がほとんどで、合作企業は少ない。とくに2000年以降は、進出企業の70％以上が外資単独投資である。業種では製造業が多く、近年は小売業やコンサルタント、現地統轄会社なども増加している。さらに合弁企業の中国側出資分を買い取り、独資企業に切り替える状況も見られた。逆に経営が思うように進展せず、出資分を中国側パートナーに売却し、引きあげるケースも多く存在した。

日本側が出資分を中国側に売却するケースは、企業文化の違いに起因していることが多く見受けられる。パートナー間の企業文化の違いからくる経営方針の不一致のほか、事業の将来性、事業展開をめぐって日本本社と現地出資企業との意見対立など多様である。これらの問題を回避するには、一層の

表8-1　主要国・地域の対中国直接投資（2002年）　　　単位：件・万ドル・％

	件数		外資契約額		外資実行額	
香港・マカオ	11,363	(34.7)	2,583,337	(22.4)	1,832,931	(7.2)
台湾	4,853	(15.7)	674,084	(-2.3)	397064	(24.1)
米国	3,363	(29.6)	815,647	(8.8)	542,392	(10.7)
日本	2,745	(37.0)	529,804	(-1.9)	419,009	(-8.9)
韓国	4,008	(36.7)	538,222	(50.9)	272,073	(36.0)
英国	334	(24.2)	114,199	(-28.6)	89,576	(-18.6)
ドイツ	352	(4.4)	91,532	(-8.5)	92,796	(-28.6)
フランス	162	(-)	87,866	(-)	57,560	(-)
バージン諸島	1,969	(30.6)	1,264,980	(43.7)	611,739	(19.9)
全世界合計	34,171		8,276,833		5,274,286	

注：()内数字は対前年比％。出所：中国対外貿易経済合作部資料。

　意思疎通を図るとともに、各国の企業文化を押しつけるのでなく、双方が努力して第3の企業文化を育んでいくことが重要となる。

　対中国直接投資状況は表8-1にあるが、2002年単年では、中国が米国を抜いて世界で第2位の直接投資受入国となった[6]。この背景には、中国経済の持続的かつ急速な発展とWTO加盟による規制緩和など、プラス要因が密接に結びついた結果である。中国は、外資系企業が多数進出して発展している沿海地域とそのような状況があまりみられない西部内陸地域との間の経済格差、さらに同一地域内での個人間所得格差拡大、財政赤字、環境汚染など多くの問題を抱えながらも、巨大市場としての潜在力と労働力資源や生産条件に魅力がある。また、WTO加盟による市場開放が予想されるなどで、中国向け直接投資がさらに拡大していく可能性は高い。

　2002年の対中直接投資を業種別に見ると、製造業向け投資が全体の約68％を占めている。なかでも電子・通信設備製造業が15％で、最大のシェアとなっている。他にはサービス産業や現地統轄会社などの案件が増加している。中国への生産移転が相次ぐノート・パソコンでは、親会社の先進技術が中国の生産拠点に持ち込まれている。つまりモジュラーが可能なIT製品において、中国が新たな競争力を発揮しつつある。外資系企業の投資地域としては、上海市・江蘇省・浙江省など華東地域への投資が増加しており、投資契約金額で全体の約45％、投資実行金額で同35％となっている。ちなみに広東省へ

の02年の投資は、実行金額ベースで約14％のシェアである。

　日本の2002年の対中直接投資契約件数は、前年に引き続いて大幅増となったものの、投資契約金額、投資実行金額ともに伸び悩んだ（表8-1参照）。この要因としては、大手電機・機械メーカーによる中国での生産拠点作りがほぼ一巡し、現地での再投資や大手企業の下請けメーカー、さらに部品など裾野産業からの比較的小規模投資が増加していることを指摘できる。また最近の特徴としては、日本国内の工場閉鎖や規模縮小から、投資実行段階で中古設備を中国へ持ち込むケースが増加する傾向にある。

　このようななか中国は、2002年12月31日に「輸入中古機電製品検験監督管理規則」を公布し、03年8月1日から施行することにした。本規則によれば、人身と財産の安全を保障し、詐欺行為を防止するため、すべての中古機電製品の輸入について、貨物到着前の届出と到着後の検査を義務付けている。特に圧力容器や起重設備など一部中古機電製品には、船積み前の予備検査が要求されている。船積み前検査を日本の代理機関に委託するかなどを含む「認可管理規定」は明らかにされておらず、日本側関係者は、この新たな規則への対応に苦慮している。

4. 日本型生産システムの終焉

　第2次世界大戦後の日本で生成された自己完結的生産システムは、図8-2に見るように富士山型の体系で示すことができる。日本の工業化過程で形成されたた親会社、子会社、孫会社という「系列」構造は、モノづくりにおいて親会社が総合的かつ先進的技術分野を担い、子会社が中間的技術分野を、孫会社が裾野産業といわれる基盤的技術分野を分担するという交互連関の関係にある。親会社は、製品ごとの最適設計をもとに傘下の企業を競争させ、そこから良質かつ安価な部品などを供給してもらい、製品全体の性能を高めることで国際競争力ある完成品にし、次第に輸出を拡大していった。

　アジアにおいてもっとも早く工業化に成功した日本は、資源の多くを海外

図 8-2　自己完結的生産システムの位層連関

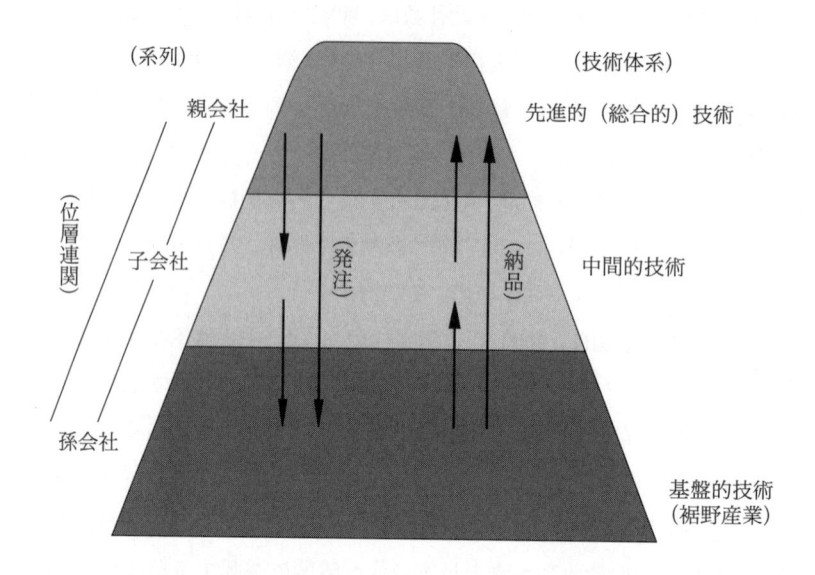

（系列）／（位層連関）：親会社・子会社・孫会社
（技術体系）：先進的（総合的）技術・中間的技術・基盤的技術（裾野産業）
（発注）／（納品）

に依存しながら国産製品で国内市場を満たし、さらに貿易立国としての地位を確立すべく、さまざまな努力を重ねてきた。20世紀前半の経済発展の中心は米国であり、後発国日本は先進国米国から設備や技術を導入したのは当然の成り行きである。この時点では、明治維新以降の海外からの生産設備・技術導入の失敗の経験も生かされ、必死に努力した状況を見出すことができる。

例えば高炉などの製鉄技術は、米国から導入することになる。米国は製鉄原料など多くを自国資源に頼っているわけだが、日本はそれより良質の鉄鉱石や原料炭を海外から開発輸入というかたちで持ち込み、技術革新によって米国の製鉄技術を追い越していく。良質な大量の鋼材生産は輸出を拡大するとともに、日本の自動車産業発展にも大いに貢献していくことになった。

さらに1964年にアジアで最初の東京オリンピックが開催されるが、家電メーカー各社は国民に国産のカラーテレビで観賞してもらうため、その開発に着手した。しかし、色合わせ技術の開発に難渋し、やむを得ず米国のゼネラル・エレクトリック（GE）社から各社とも高額の技術料を支払ってそれを

導入し、やっと生産にこぎ着けることができた。日本の「同方向を目指す家電メーカー群」は、その投下資本を他社より早く回収すべく、猛烈な企業間競争を展開した。GE社から導入したのは手動式のものであったが、日本のメーカー各社はほどなく自動式の色合わせ技術を開発したのである。その結果、日本製のカラーテレビが米国のカラーテレビ生産技術を上回って、世界に向けて輸出を拡大していったのは既に広く知られているとおりである。

　このような事例は、自動車など他の産業分野でも見出すことが可能である。そこには、先にみた系列関係を中心とする自己完結的生産システムが重要な役割を果たしている。さらに国内での品質やコスト削減をめぐる激しい企業間競争は、一方で従業員を企業内に閉じ込める年功序列制度や熟練形成を企業内で達成する終身雇用制度、さらに労使関係を企業内に封鎖する協調型集団主義の企業内組合という、いわば「三種の神器」といわれる「日本的経営」を形成してきた。

　日本のそのような生産システムでは、どのような職種を求めるかより、どの企業に就職するかを目指す激しい「就社」活動を生みだし、入社すれば企業内教育と訓練で「会社人間」に育て上げる「人材養成型」であった。さらに下請け取引、系列取引、メインバンク制、企業グループにおける株式の相互持ち合い、親会社から子会社への役員出向などという方式は、さまざまな社会関係を封鎖して企業内や系列企業間の機密情報が外部に漏れにくいシステムとなった。このような「タテ型ネットワーク」は、中間管理職を多く抱え込むことにも特徴がみられる。

　これに対して個人主義が重視され、多様性のなかで個々人でも生き残れる情報や人材ネットワークを形成してきた米国などは、人材採用型の「ヨコ型ネットワーク」といわれる。最近の日本でも低成長ないしマイナス成長時代に入り、企業に経済的な余裕が無くなってきたことから、かつての「三種の神器」が崩れだし、人員整理や契約社員への切替え、能力給制度の導入、人材採用型への軌道修正が見られるようになった。このような状況に対応するため従業員は、個人でキャリア向上などに努力するとともに、各種資格の獲

得や社会人のための夜間大学院などに入学して、企業の外で再教育を受けるようなことも目立って増えている。

　日本の系列構造や企業組織など自己完結的な生産システムが崩れだしたのは、1985年9月にニューヨークのプラザ・ホテルで当時の先進5ヵ国の蔵相・中央銀行総裁会議が開催され、各国間の不均衡是正、為替安定のための国際的政策協調が合意（プラザ合意）をみ、多額の貿易黒字を計上してきた日本に対して円高要請が決議されて以降である。その後10年間で円の価値は、1ドル240円から80円まで3倍もの急激な高騰に見舞われた。このような状況のなかで日本の1人当たりGDPは、87年に米国のその水準を一時的に追い越すこととなった。

　それまで完成品輸出によって多くの利益を獲得してきた親会社は、激しい円高・ドル安に対処するため過酷なコスト削減を子会社に要請し、子会社はさらに下請けの孫会社に要請していくという連鎖が生まれた。その結果、モノづくりの裾野を担う多くの町工場や中小企業にしわ寄せが集中し、それら下部組織では利益を確保することが困難となっていった。町工場や中小オーナー企業の経営者は、息子たちに工場や企業を継がせることを断念し、高等教育を受けさせてサラリーマンにでもしようと考え、自分の代限りで工場を閉鎖する決心をするようなところも目立って増加した。このように日本の自己完結的生産システムは富士山の裾野から崩れだし、次第に中間技術分野にも影響を及ぼし、さらに親企業にまでさまざまな変化を迫ることになった。

　国内で供給困難となった下請け部品などはどうするかというと、まずは周辺のアジアNIEsに求めていくことになった。当初は委託加工による部品供給というかたちであるが、次第に現地で合弁企業などを設立し、そこから輸入してくる。その形態も零細部品から組立部品、さらに半製品までも現地生産することになり、日本国内においては業種にもよるが、基盤的技術分野ばかりでなく中間的技術分野までも海外へ移転していくこととなった。

　それは「コスト削減、玉突き、製品輸入型」というかたちで、部品や中間製品の供給拠点や生産拠点がNIEsからASEAN主要国へ、さらに中国へと

次々に移動していくことになった。このような転換連鎖のなかで、モノ作り産業のいくつかが日本国内から消えようとしており、生産拠点を海外に移す企業の比率が拡大している[7]。いわゆる「産業空洞化」の進展ということである。

5. 東アジアの相互補完的モノづくりの進展

　一国内のさまざまな産業には、平均して30年前後の寿命がある[8]。多くの国が経験することであるが、工業化過程においてはまず労働集約的な繊維産業から出発し、繊維製品が量産化に進むと無機化学の技術が発展してくる。木綿は原料が黄ばんでいるので、晒して白くする必要があるからだ。そこで従来の灰汁などを用いて天日で晒す方法では間に合わなくなり、希硫酸で晒す方法が考えだされて、硫酸の工業化が進んだ。さらに塩素、ソーダなどを生産する無機化学工業が発展した。

　無機化学から化学繊維や高分子化学など石油化学が一世を風靡したあと、化学工業に次いで時代を主導する産業となったのは鉄鋼業である。さらに鉄鋼業の発展を背景に現れたのが造船や自動車産業である。そして電気・電子産業、情報技術産業へと引き継がれていく。このように時代とともに主導産業が、労働集約的産業から次第に資本・技術集約的産業へと転換してきた（図8-3参照）。

　工業化に成功し、経済が発展するとともに賃金上昇などで製品の製造コストが上昇すると、より労働集約的な分野は比較劣位化のなかで新たな産業分野に転換するか、周辺の途上国（地域）に委託生産をしたり、直接投資をして合弁企業などを設立し、製造拠点を移転していく。それも当初は部品などの単品から、次第に半製品さらに完成品、そして産業そのものへと拡大していくことになる。

　したがって図8-4に見るとおり、日本国内で採算が取れなくなった基盤的

図 8-3　産業の転換連鎖

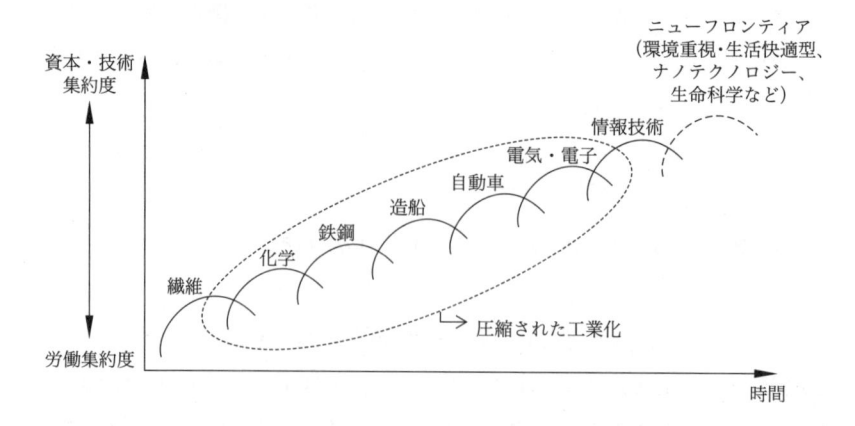

縦軸：資本・技術集約度 ↕ 労働集約度
横軸：時間

繊維 → 化学 → 鉄鋼 → 造船 → 自動車 → 電気・電子 → 情報技術 → ニューフロンティア（環境重視・生活快適型、ナノテクノロジー、生命科学など）

→ 圧縮された工業化

技術分野がアジア NIEs へ移転し、そこが経済発展してコストが上昇すると ASEAN 主要国へ移動する。さらに ASEAN 主要国での製造コストが上昇すると中国へ移動するという仕組みである。このようにアジア域内で、産業内

図 8-4　アジアにおける構造転換連鎖

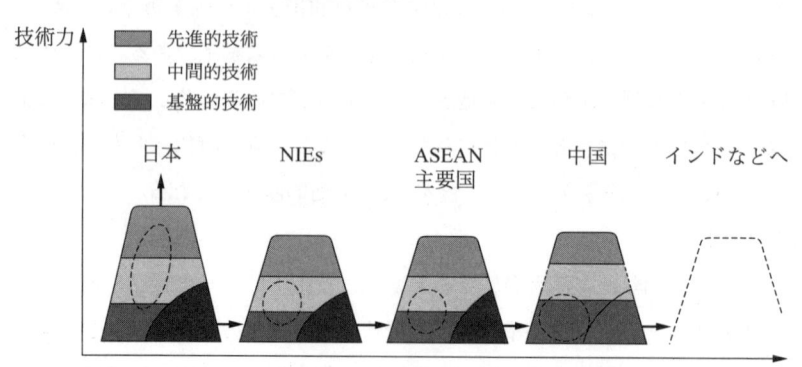

技術力
　■ 先進的技術
　■ 中間的技術
　■ 基盤的技術

日本 → NIEs → ASEAN主要国 → 中国 → インドなどへ

転換方向

注1：点線内部はアジアの相互補完的生産構造のなかで、比較的優位にある分野
注2：日本がアジアにおいて共生を目指すには、高度技術開発などにより一層頂上を高めていく必要がある
注3：「外資主導型工業化」以前の中国では、軍事技術開発などの先進技術分野と基盤的技術分野の二極分化構造にあったが、外資系企業の参入や民間企業の発展で中間技術分野が形成されつつある。
注4：発展連鎖は、経験則からみると西に向かって移動している。

分業を原形とする相互補完的生産システムが進展し、域内貿易が拡大した[9]。また日本に対する後発国の追い上げのなかで、日本が先進的技術分野を担い、NIEsが中間的技術分野、ASEAN主要国が中間的技術分野と基盤的技術分野、中国が外資主導による基盤的技術分野を分担するようになった。

　この構造転換の連鎖を活発に動かしているのは、コスト削減を目指して玉突き的に移動する委託加工や直接投資である。とりわけASEAN主要国や中国では、工業化過程において外資系企業が大きな役割を果たしている。台湾や韓国では輸出加工区を設置し、主として、その限られた地域に外資系企業を誘致する方式を採用した。だがASEAN主要国や中国の工業化では、地理的にも業種においても段階的に範囲を広げることで、外資系企業を積極的に誘致した。「外資主導型工業化」といわれる所以である。

　したがってASEAN主要国や中国では、工業化過程で労働集約的産業である繊維産業から出発しても、技術・資本集約的産業に向かって転換を重ねていく早い段階で、外資系企業が主導してあらゆる産業分野が同時に参入してくる状況を見出すことができる。いわば繊維産業や化学工業ばかりでなく、自動車産業も電気・電子産業、情報技術産業も同時並行的に参入してきて、いわば「圧縮された工業化」（compressed industrialization）が外資系企業を中心に展開されているのである。

　とりわけ「圧縮された工業化」は、ここ数年の中国で顕著にみられるが、アジアの相互補完的モノづくりにおいて先進的技術分野を担当してきた日本のみならず、中間的技術分野を主として担ってきたNIEsとも、また基盤的技術分野を主に担当してきたASEAN主要国とも競合する部分が拡大する気配を見せている。それは、いずれも外資系企業が中心となり、中国で生産できない部品などは輸入してモノづくりを推進してきた結果である。そして、アジアの「雁行型モデル」といわれる生産形態を、安い人件費や市場規模で比較優位を獲得しだした中国が崩しだした。先進国との同質化を目指す中国は、「世界の工場」といわれるまでに一人勝ちの様相を呈するまで変貌してきた。

　中国における労働集約的な産業においては、内陸農村地域からの安い労働

力が入れ代わり立ち代わり供給されるので、低コスト生産の優位性を一向に失う気配が見られない。特に「出稼ぎ単能工型」の業種では、長期にわたって低コスト生産が維持されている。また、技術・資本集約的な生産分野においても外資系企業や民営企業を中心にして、競争力を高めつつある。現代的経営管理手法や先進技術の導入、不足する人材を獲得するためには海外に留学した人々の帰国を積極的に呼びかけるとともに、創業する機会を支援するなどの優遇政策を採用している。さらに不足する管理人材を日本や香港などに求めようとしている。2001年12月に世界貿易機関（WTO）加盟を実現した中国は、産業もそれを支える企業も国際競争のなかで発展していくために、人材確保が重要な課題となっている。

6. 日本のモノづくり構造と日中産業協力

　中国が改革・開放政策を採用した直後の工業化政策は、プラント・設備の輸入や技術導入が中心であった。しかし、最初から順調に進展したわけではなく、外資主導型の工業化が軌道に乗るまでに試行錯誤を繰り返してきた。つまり、中国の事情に応じた適正な生産設備と製造技術の選択ができず、消化不良のため高い授業料を払うことが多く見うけられた。そこで中国は、国際的なライセンス契約から大きく乖離した「技術導入契約管理条例」を制定して対応することにした。
　条例の内容を見ると、ライセンス契約には政府認可が必要であり、技術・設備の供与側は、それらを使って生産した製品の品質保証をしなければならず、製品の販売範囲の制限はできず、事前に予期し得ない特許訴訟等の権利侵害の責任をすべて負わなければならないというものである。また、契約期間は10年以内ということなので期間以内に陳腐化する技術しか供与できず、契約終了後は使用側が供与技術を自由に使用できることになっている[10]。さらに実行段階で、無形であるソフトに対する評価は低く見積もられ、ロイヤ

リティの上限指導が行われた。使用側に貿易権が付与されてない場合は契約当事者になれないため、技術に直接関係ない貿易関連部局が、「貨比三家」といういくつかの見積書のなかから一番安いものを買付けるなども散見された。

自動車の例では、1984年頃には、主に完成車購入と技術導入（実質的には図面等の無償提供）を抱き合わせるかたちで商談を強要する状況がみられた。この方式は「技貿結合」といわれるもので、欧米企業への合弁企業設立要求に対し、日本企業中心に提唱されたものである。日本の多くのメーカーは、完成車輸出とともにキャビン、トランスミッションなどの技術提供に応じることになった。

しかしトヨタは、中国が要求する完成車価格では採算が取れず、また図面などの提供先や具体的内容の情報開示がなかったことなどを理由に、同商談から撤退した。当時は日本の自動車業界にとって、半導体やVTRなどとともに日米貿易摩擦が発生しており、トヨタは米国現地生産などの対策を優先したという一面もある。しかし、商談に応じなかったことがトヨタの技貿結合拒否として報道され、中国側から厳しい発言を招く要因となった。

中国要人の発言のなかにも、「トヨタは大きなチャンスを逃した。今や中国の自動車市場は米国、ドイツに占有された」「トヨタは80年代末から90年代初めに合弁の投資をしていれば大きな成功を収めることができたのに、完成車販売のみに満足して投資をしなかった」「この例を示すのは、日本の友人にチャンスを逃して欲しくないからであり、短期的な視野でなく長期的な視野で見て欲しい」などといったものがみられ、これらからしてトヨタの中国進出が大幅に遅れた理由とされることがある。

しかし、トヨタ自動車の中国展開は、1980年に北京でトヨタ認定修理工場を設置したのに始まり、82年には広州にも修理工場を設置した。88年には瀋陽金杯客車との間で技術支援契約を締結、技能工センターを設置した。97年に天津トヨタ自動車エンジン有限会社が創業を開始、98年には四川トヨタ自動車有限会社を、さらに2000年には天津トヨタ自動車有限会社を設立した。01年になると中国での本格的展開を目指して、トヨタ自動車（中国）投資有

限会社を設立した。02年には長春第一汽車(自動車)と包括的提携を結び、04年には広州汽車との間でエンジン生産・車両生産合弁の契約を締結するなど、段階的かつ着実に進めてきたことを見逃してはならない。

　日本の自動車産業は「擦り合わせ（インテグラル）型、統合型）」製品といわれ、部品設計を相互調整し、製品ごとに最適設計をして製品全体の性能を高めるタイプである。日本では、家電製品やオートバイなどもこのタイプとして発展してきた。これに対して米国が得意とするパソコンやインターネットなどは、「組み合わせ（モジュラー）型」と呼ばれ、部品・モジュールのインターフェイスが標準化され、既存部品を組み合わせて多様な製品を作り出すものである[11]。

　一方、中国のモノづくりは、かつて「大而全」「小而全」といわれ、大きな工場でも小さな工場でも部品製造から組み立てまで、すべてを同一工場で行ってきた。また、低開発社会主義国というモノ不足、かつ競争も市場原理も働かないなかで、製品はすべて指令により分配されるシステムであった。したがって品質のよい製品を安く作り出すような、企業努力はみられなかった。しかし、改革・開放政策が採用され、外資系企業が増加し、公的所有ばかりでなく多様な所有形態の企業が利潤を求めだし、人々が豊かさを追求する「先富論」が許されると、利益を求めてさまざまな状況が現れてきた。

　日本の製造業は、もはや全面的に優位にあるわけではない。規制や円高による高コスト構造で、中国のような低コスト国に工場移転が進んでいる業種もある。例えばテレビなどの海外生産比率は、高い水準まできている。反面、国内で堅実に発展している業種や企業も多くみられる。したがって、どこで空洞化が起こっているか、起こりうるのか、分野別に細かく検討する必要がある。そのうえで日本が得意とする分野は伸ばし、苦手な分野は潔く中国などと連携する道を選択することにならざるをえない。労働集約的汎用品は中国などへ移し、国内では高付加価値製品に切り替えていくことになる。双方が比較優位にある分野をうまく組み合わせ、互いに有利なビジネスモデルを構築することが肝要である。

中国における外資系企業以外の製造業では、部品のコピーと改造を通じて独自のモノづくりを展開し、テレビや白モノ家電、オートバイ、トラクター、小型トラックなどを作り出してきたところも多く見受けられる。これら製品は、日本製に比較して性能は劣るものの、コストが極端に低いのである。品質は良くないものの安い国内原材料を使用し、安い労働コストで製造するからである。これに対抗するには、日本が比較優位を持つ製品については、中国の優位を取り入れた新たなビジネスモデルを作り出す工夫が必要になる。それが「共生モデル」である。

　共生モデルは、1つは比較劣位化した産業や業種にしがみつくのでなく、「創発的な進化システム」で製品開発能力を高め、品質を向上し、常に新しい分野を先取りして転換していくことである。その際は、従来のように業種単位ではなく、個々の企業の経営の質が問われることになる。正確な状況判断によるダイナミックな転換能力をもつ組織が生き残るのである。もう1つは、本田技研などが取り組んでいるが、従来どおり国内を中心に高級モデルオートバイを生産するとともに、模倣などで低価格オートバイを作り出した中国企業と提携し、多様な消費ニーズに対処していくという二面戦略が必要である。

7. 日中産業協力の方途を探る

　他の国（地域）にも見られる現象かもしれないが、日本では一部の人や企業、また業界団体などが既得権益を守るために競争を恐れ、競争を拒否しようとしている一面が見受けられる。例えば日本政府は2001年4月23日、中国からの輸入が急増した長ネギ、生シイタケ、畳表（い草）の3品目に対して暫定的な緊急輸入制限措置（セーフガード、適用期間200日以内）を発動した。しかし、限られた期間内に日本の競争力が復活するとは考えにくい。同質分野で競合することは避けて、高付加価値製品への切替えや新たな方向

へ転換していく対策を講じなければ、産業や企業が長らえていくことは出来ない。

日本の採ったこの緊急輸入制限措置に対して、中国政府は同年6月21日、日本製の自動車、携帯電話（自動車電話を含む）とエアコンの3品目に同月22日から100％の報復関税を課すことを発表した。中国の「海関統計」によると2000年の中国産長ネギ、生シイタケ、畳表の対日輸出額は約1.5億ドルで、輸出総額の0.4％のシェアに過ぎない。しかし、それら産地が一部地域に集中しており、多くの農家が日本企業や商社の委託ないし指導を受け、先行投資をして日本向けに生産を行ってきたものである。したがってセーフガードの発動は、中国の生産者にとって深刻な問題となった。

一方、報復措置関連3品目の中国の対日輸入額は合計約7.3億ドルで、日本からの輸入総額の1.7％のシェアである。中国ではいずれの品目も国内生産が拡大しており、特に自動車輸入は1993年に31万台であったが2000年には4.2万台にまで減少している。うち日本からの輸入シェアは約6割である。エアコンについても日本製が4割強を占めている。これら品目の日本メーカーにとっては、中国の報復措置が痛手であることはいうまでもない。しかし中国は、WTO加盟で自動車などの輸入関税を引き下げており、さまざまな分野で国産と輸入製品との競合が激化の様相を呈してきた。

農産物の緊急輸入制限措置は同年11月8日に期限切れとなり、政府調査の期限である12月21日までに日本の正式発動は行わなかった。このような問題に対して日本としては、中国と同じ土俵で競争するのでなく、品質や香り、味、安全性、高級品化などの異質化によって生きていく以外に道はない。食糧や新鮮で安全な野菜の自給率を一定割合確保することは、日本にとって重要な課題である。そのため日本政府は、指導力を発揮するとともに、自らの競争力を絶えず高める政策を打ち出さなければならない。生産者もまた、それぞれの能力を発揮して競争力ある分野の開拓に取り組む必要がある。

日本で比較優位を失った産業の周辺諸国（地域）への移転、さらに外資主導型の工業化が「圧縮された工業化」をもたらし、とりわけ近年の中国に製

図 8-5 アジアにおける補完と競合関係（概略）

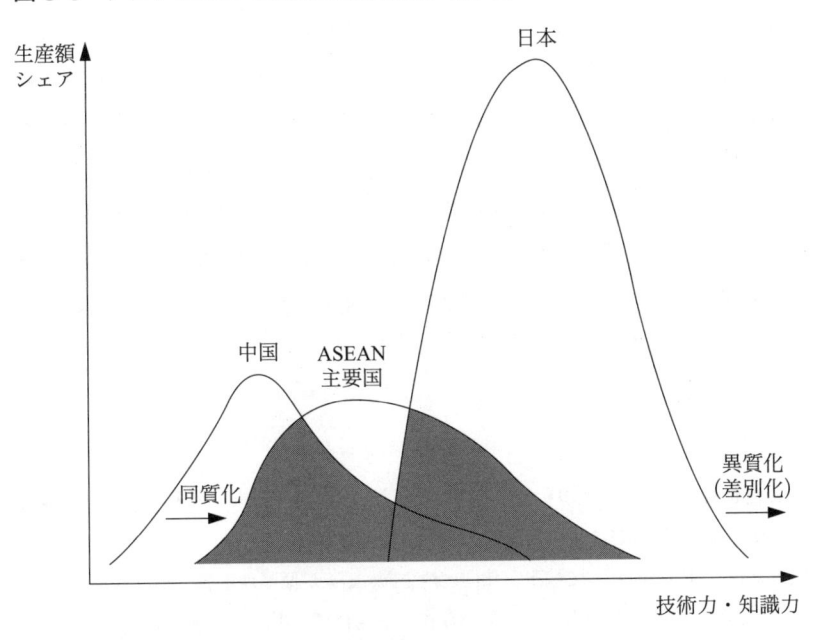

注1：白い部分は補完関係、グレー部分は競合関係にある。
注2：日本は、左から右に向かって追跡している中国などとの競合関係を拡大させないためには、より右にシフトする必要がある。

造拠点が集中している現状では、日本にとってどのような方策があるのだろうか。それは中国を中心とするアジア諸国（地域）と同質化した産業分野にしがみつくことでなく、日本が比較優位にある産業を中心に、イノベーションによってハイテク部品や素材、高度の産業機械などの開発を推進し、産学連携によって研究開発能力を高めることである。

いま日本で生産する製品が中国製品と競合する割合は、米国市場などにおいては現時点の統計では20％以下である。図8-5に見るように、日本よりもASEAN主要国のほうが中国との競合部分が、ずっと大きいと。むしろ日本人は、「失われた10年」といわれる間に先進国という名のもとで安穏と暮らしすぎ、次の時代に対する対策を取らなかったことに問題がある。その結果、経済停滞のなかで自信喪失となり、中国の脅威を過大に評価しているのであ

る。

　日本と中国との間では、競合関係よりも補完関係の道を積極的に求めていくべきである。補完関係のなかでこそ交易条件は改善されていく。日本は構造改革を進め、中国の活力のなかで共生の道を模索しなければならない。そのため日本は、高度技術開発やIT活用による知識集約型産業への転換を図ることになる。また、多品種少量生産や得意分野を最大限に伸ばす体制も検討しなければならない。さらに、グローバリゼーションが進展するなかで、日本を飛び出して、中国などアジアにおいて活躍していく若い人材を積極的に育成していく必要がある。

注
1) 私営企業は、企業資産が私的所有で、従業員8人以上を有し、営利性をもつ経済組織である。従業員7人以下が個人企業に分類される。
2) 貿易統計は、原則として輸出が仕向け地主義、輸入が原産地主義で集計されるので、第三国（地域）を経由した貿易が存在する場合に、両国（地域）間の統計数字に差異が生じる。
3) 中国のWTO加盟交渉や加盟条件等に関しては、横田高明「中国のWTO加盟とアジア」（財）アジアクラブ編『多角的視点からみたアジアの経済統合―アジアの新潮流と日本の行方』文眞堂、2003年9月などがある。
4) 日中交正常化30周年に関しては、横田高明「日中経済関係の進展と課題」（財）アジアクラブ「アジアビジネス研究会」編『中国産業の興隆と日本の試練―日中共生の可能性を探る』エルコ、2003年3月がある。
5) 実行ベースとは、過去に契約したものを実行段階に移したものであり、契約ベースと実行ベースとの間にはタイムラグが存在する。なかには契約ベースで計上されても、実行しない案件がある。
6) 第1位はルクセンブルクであるが、これは欧州の鉄鋼大手3社が合併して、同国に本拠を設立したことによる資金移動が理由。米国は前年比8割減の約300億ドルで、5位に後退した。
7) 日本製造業の海外生産比率（現地法人売上高÷国内法人売上高×100）は、2001年推計で14.3％である。85年は3％であったから、近年急速に高まったことが分か

る。海外に生産拠点を持つ企業の海外生産比率は 35％ である。家電製品などの電気機械は 23％、自動車などの輸送機械は 33％ 余であるが、これらの海外生産比率はここ数年横ばい傾向がみられる。

8) 例外もある。例えばトヨタ自動車などは、過去約 50 年間で生産量を 100 倍にし、赤字を 1 度も出していない。この傾向は、今後も当分の間続くものと思われる。

9) 東アジア（韓国、台湾、香港、シンガポール、タイ、マレーシア、インドネシア、フィリピン、ベトナム、中国）の域内貿易比率は、1980 年代前半で輸出が平均 2 割強、輸入が 3 割弱であった。それが 90 年に輸出が 3 割を超え、その後 4 割近い比率を堅持している。輸入も 97 年以降は 4 割を超えてた。東アジアの 2001 年域内貿易額は、輸出ベース 4207 億ドルで、うち機械類が 53％ を占め、中でも主要商品の IT 関連機器が 39.6％ である。次いで化学品 11％、繊維・同製品 10.3％ と続いている。

　また、日本を加えた域内貿易比率を見ると、2001 年の輸出で 47.4％、輸入で 56.7％ まで高まる。特に IT 関連機器の域内貿易比率は 52.3％、プラスチック・ゴム 54.8％、食料 60.7％、鉄鋼 57.9％ などは、域外向けを上回っている。

　1 を超えれば緊密とされる貿易結合度〔((中国から A 国への輸出額／中国の総輸出額)／(A 国の総輸入額)／世界総輸入額))〕は、中国にとって日本との結合度が 2001 年で 3.2 と高く、次いでベトナム 2.9、韓国 2.1 である。特別行政区の香港との結合度は 6 であり、香港から見た中国との結合度は 10 と極めて高い数字を示している。

10) 日本が契約したものは、契約期間 4～5 年のものが多く、2～7 年の契約期間が全体の約 8 割を占めた。

11) これらに関する手ごろな専門書としては、藤本隆宏『能力構築競争―日本の自動車産業はなぜ強いのか』中公新書、2003 年 6 月があり、本稿でも参考にした。

第9章
中国繊維産業の発展と日本企業の対応
― 「ユニクロ」の事業展開を分析する ―

1. 中国繊維産業発展の経緯

　世界人口の約20％をかかえる中国は、紡織工業や化学繊維工業さらに縫製工業を一国内に備えた繊維大国である。衣服の国内需要が膨大なことはいうまでもないが、その原料生産においても世界的に重要な地位を占めている。1999年の綿花と生糸の生産量は世界第1位、羊毛は第2位、化学繊維は第1位である。この繊維原料と衣服消費をつなぐ繊維産業には、約1500万人の人々が従事しているといわれる。

　綿花を原料とする紡織工業は比較的早い時期から発展してきたが、化学繊維工業は1970年代以降、政府の重点プロジェクトとして育成されてきた。また縫製工業は外資系企業を誘致する政策のなかで著しい発展を遂げた。中国のように天然繊維を豊富に産出し、豊かで良質な労働力と低賃金という環境のもとで、繊維産業が発展するのは当然のことである。

　1970年代の末ごろまでは、軽紡工業（軽工業と繊維産業）の利潤上納額が、中国国家財政収入の約3割を占めた。また、輸出による外貨獲得額の4割が軽紡工業によるものであり、繊維産業だけでも2割を占めていた。繊維製品輸出の中心は綿織物であったが、すでに60年代末には国内消費を抑えて、中国が世界第1位の輸出国となっていた。

　もともと中国繊維産業の原動力は、建国前の「民族紡」とともに日系資本

の「在華紡」と「欧米紡」であったが、1949年の新中国成立後もそれら旧資産を基礎に、産業界のなかで重要な地位を占めていた。企業数でも従業員数でも、また生産額や外貨獲得額においても、他の産業分野を大きく引き離しながら発展してきた。英国など多くの国々の工業化と同様に、中国においても早くから繊維産業が先導的役割をはたしてきたのである。

工業化の初期段階で繊維産業が有効なのは、きわめて労働集約的産業であり、また農村の安価な余剰労働力を吸収しやすいという点にある。また初期投資が比較的少額で済み、資本の懐妊期間が短く、資本の装備率が低くても国内外の競争に対して不利になりにくい産業であるといえる。従って中国では、手っ取り早い外貨獲得産業として、長い期間にわたって重要視されてきた。

しかし社会主義計画経済のもとで人民の生活は次第に疲弊してしまい、生産性も伸び悩むことになった。そこで政府は、1978年末に改革・開放政策の採用を決定し、まず経済改革を農村から着手することにした。生産請負制を実施するとともに、綿作農民に対しては生産意欲を高めるために綿花の国家買付け価格の引き上げ、同時に生産財価格の引き下げを実施した。

この政策は大きな効果を生み、綿花生産量は1979年から6年連続して拡大し、84年には79年に比べて2.9倍、625.8万トンの史上最高を記録した。そのような状況から、従来より原材料の供給不足から綿紡織工業の発展を制限してきた問題の1つが解決され、紡織工業は再び急成長することになった。綿糸や綿布の生産量が拡大するとともに、市場での繊維製品の不足状況は次第に解消されることになった。もはや配給券がなくても、市場で繊維製品を購入することが可能となったのである。

1980年に中国政府は、軽工業と繊維産業に対して「6つの優先政策」を適用することを発表している[1]。それは、①原料およびエネルギーの優先供給、②原料の輸入拡大、③投資と外貨割当の増大、④技術革新と合理化に対するプロジェクトの優先的承認、⑤一部製品の自主販売の認可、⑥輸送手段の提供、である。さらに70年に紡織工業部（省）と第一・第二軽工業部（省）が

合併した軽工業部は、再び組織改革の一環として分離されることになった。

このような政策変遷のなかで紡織工業は順調に発展していくかにみえたが、改革・開放政策は一方で分権化を推進する結果となった。地方政府の積極的な投資を誘発し、綿花生産地域では、いわゆる後に「郷鎮企業」と呼ばれる中小規模の工場が乱立した。新規に設立された技術水準の低い地方工場で綿花を大量に使用することになり、従来からある技術水準の高い上海などの国有企業に綿花が安定して供給されないという事態が発生した。このような設備の増強と原料供給がうまくマッチしない状況がみられ、さらに流通段階の混乱（売り惜しみ、思惑買いなど）が加わり、マイナス局面が表面化した。

そこで政府は「国民経済調整の方針を貫徹することに関する国務院の規定」を発表し、綿花生産地域における中小工場の設立を禁止した。さらに「固定資産投資規模を厳格に規制することに関する国務院規定」を公布し、綿紡績、毛紡績、化繊原料とフィラメント、紡績・繊維機械への投資が規制された。1980年代には、綿紡織工業への投資は活発だったが、綿花の増産も順調だったので一時的には問題が発生したものの、深刻な綿花不足に陥ることはなかった。しかし、綿紡織工業はエネルギー供給の配分を十分に受けられず、稼働率が低下した。また、綿製品価格が引き上げられたことで、当時の所得では需要が付いていけない事態が発生した。

しかし1980年代の後半には紡織工業を中心に海外からの委託加工などが増加し、それを政府も外貨獲得のための積極策として奨励した。86年には、それまで軽工業部傘下にあったアパレルを扱う「服装工業総公司」と国務院の下に所轄されていたシルクを扱う「絲綢公司」を紡織工業部の管理下に移し、原料から製品に至る完結的な工業体系を目指した「大紡織」を行政レベルで実現した。また生産部門と貿易部門を結び付ける動きや加工段階の垂直的連携、同業種間の提携を含む「横向き経済連合」[2]などが具体化し、効率的な生産体制の確立に努力が傾注された。

その後も機構改革や調整が繰り返された。工業関連の「部」は、程度の差はあれ計画経済の古い体制が残されており、国有企業を抱え込む体質が市場

経済への移行過程で、改革の阻害勢力として立ちはだかってきた。このような状況が効率追求を重視するということより、むしろ国有企業の赤字体質を増長させていった。

そのようななかで1993年には軽工業部と紡織工業部が、「軽工業総会」と「紡織工業総会」に改組された。独占的業種は国家級の総公司に、競争業種は全国総会に改組する改革が実行された。これら業種分野では関連企業が多く、削減された公務員の配置先に大きな問題はないものの、民間に格下げされたと考える公務員の地位低下感をどのように埋め合わせるかという問題が取りざたされることもみられた。

市場経済化に向けてのさまざまな試行錯誤が繰り返されるなかで、1998年の国務院機構改革では、紡織工業総会は再び国家経済貿易委員会傘下の国家紡織工業局として行政組織に組み込まれることになった。それは強力な指導力のもとで、更なる改革の推進を意味するものであった。つまり、局内に「紡機の削減と赤字解消のために指導グループ」を設置し、古い紡績機械1000万錘の廃棄に向けて管理と指導が開始された。各省・市は紡機削減計画を立てるとともに、それを実行するため「紡機削減作業グループ」を設立した。紡機廃棄予定企業は作業グループに廃棄処分を申請し、それが許可されると、同局指導グループのメンバー立会いの下で紡機を処分するというものである。

国務院と関係部門が決定した紡績機械の廃棄のための政策的援助としては、つぎの6点が決定された[3]。

①老朽化した紡績設備の廃棄を促進するため、紡機1万錘を削減するたびに300万元の補助金を支給する。補助金は中央と地方財政から折半する。また、200万元の融資を行う。この利子分は地方財政から拠出する。

②1998年の銀行貸倒れ引当金は、紡織工業に重点的に投入する。紡織工業への支出規模は前年を下回らず、新規増加の100億元は主に綿紡織企業の紡機削減と再編成プロジェクトに利用する。

③国有企業のレイオフといわれる一時解雇者(中国語で「下崗」)の再就職問題を解決する。一時解雇者を再就職サービスセンターに登録し、最長3年

間は基本生活費と養老および医療保険の支給を保証する[4]。

④繊維製品の輸出を助成、拡大する。繊維製品の増値税の輸出還付率を9％から12％に高め、欧米向け輸出の繊維製品のクォータ総量の15％以上を輸出自主権のある繊維企業に直接割り当てる[5]。

⑤綿精紡機の国内供給は生産許可証と購入許可証制度を厳格に実施し、綿紡績加工能力の新規増加を厳しく制限する。同時に精紡機の輸出を奨励し、輸出信用を供与し、増値税を全額還付する。

⑥綿花の供給方法を改善し、6％の価格変動を認める。また、輸入綿に代えて国産の新疆綿を使用し、輸出する場合、綿花価格を50kg当たり90元引き下げ、かつ増値税は徴収しない。

紡績設備削減3ヵ年計画の初年度にあたる98年の主な活動目標は、次の3点が示された。

①まず沿海地域から開始し、480万錘の削減任務を基本的に達成し、3年間で1000万錘を削減する。

②60万人を解雇するとともに再就職させ、3年間で120万人を解雇ないし一時解雇する。

③国有紡織企業の赤字を30億元減らし、3年間で業界全体を黒字化する。

紡織工業は「国有企業改革の突破口」としての役割を担い、1998年に以下のような成果をあげた[6]。設備については、目標480万錘に対して512万錘が廃棄された。うち81％が国有大中企業のものであり、さらに3分の2が沿海地域の企業によるものであった。その結果、98年末の老朽化設備の比率は96年末の36.1％から23.2％に減少した。また、余剰人員削減計画も当初計画の60万人を上回る66万2100人に達した。うち3分の1を元の企業が引受け、さらに3分の1が定年退職者であると報告された。したがって実質的な再就職者は、残りの3分の1程度である。このような余剰人員の削減状況であったが、紡績設備1万錘当たりの労働者数は600人から約300人に半減した。

98年の赤字削減では、目標額30億元には届かなかったものの26億元を達成した。大部分の省・市で赤字削減に成功し、江蘇・浙江・広東・吉林・江

西・四川・海南の各省では赤字から黒字への転換を果たした。

　99年もこの計画を一気呵成に押し進め、廃棄紡機438万錘、人員削減50万人、収益改善30億元を掲げている。しかし、99年は削減する紡機が稼働中のものや削減対象が内陸部にも及ぶことから、予定どおりの削減は困難といわれた。また、人員削減については一時解雇者の配置転換、再就職がこれまで以上に困難なことから、相当の抵抗も考えられた。ここ数年の改革の成否は、いわば国家の指導力が真に問われるものとなった。

　とはいえ繊維産業は、さまざまな優遇政策のもとで高い成長を遂げてきた。1978年から95年までの成長率は、年平均13％台の水準である。このような状況を背景にして、中国は繊維における生産大国、貿易大国といわれるようになった。繊維原料から製品、アパレルの生産量においては、世界第1位の規模である。中国で市場経済化が進むなか、90年代の初め以降に低価格による綿花供給が続けられなくなったため、糸や織物の輸出競争力が著しく低下した。これに代わってアパレルが繊維品輸出の中心に躍進した。アパレル輸出が急増していくなかで、国内においても国産の糸や織物が敬遠され、海外からの輸入が拡大することになった。

2. 中国の繊維貿易と国際競争

　中国は2001年12月に、長年の懸案であったWTO加盟を実現した[7]。中国がWTOに加盟した際、もっとも恩恵をうけるのが繊維産業だといわれる。1999年の紡織品の輸出額は約130億ドル、アパレル約300億ドル、合計430億ドルを記録したが、2004年末にWTO繊維協定による各国の輸入規制が撤廃された後は、アパレルの輸出額は600億ドルを超えると予測されていた。しかし米中2国間協議では、2005年から08年の4年間についても97年に締結された繊維協定に基づき、特別セーフガード措置を設けることで妥結している。中国にとって2001年の第1位輸出商品は機電製品であるが、それは原材

料や部品の多くを輸入に依存しており、外貨獲得という点だけからいえば、繊維製品輸出がその半分を担っている。

　繊維製品の輸出先は、金額で香港、日本、米国、EUの順となっており、この4ヵ国・地域が全輸出額の70％以上を占めている。特に香港に向けて輸出された繊維製品は米国、EU、日本、アジア諸国・地域に再輸出されるものがほとんどで、欧米向けは香港の輸出クォータ（割当）を使用して輸出されている。一方、日本向けは、日本からの投資企業が生産した製品を輸出してくるケースが比較的多くみられる。

　中国がWTOに加盟した後も、世界の繊維強国として維持されていくためには、原材料の自給率向上とともに紡績、紡織、染色など川上から川下まで一貫した技術の向上と品質の改善が必要である。中国の輸出向け繊維製品に使用される原材料のうち、99年時点で国産生地の調達率は40％余りで、半分以上の生地が輸入に頼っている。特に化合繊生地では輸入依存度が高く、輸入品と国産品との間に紡織、染色処理の技術や品種の多様性、安定供給などの面で大きな開きがみられる。これらの改善は、避けて通れない大きな課題となっている。

　またWTO加盟は、中国にある外資系繊維企業などにとっても大きな転機となる。それはまず企業経営を取りまく法律や制度、税制面での不透明な改変が少なくなり、国際的なルールに則って行われることになるからである。さらに外資系企業に課される増値税についても、ここ数年問題とされてきたが、加盟後は国際的基準での運用が期待できる。さらに外資系企業に対する輸出優先規定の撤廃や輸入制限の廃止、流通分野の開放などにより、外資系企業の製品や輸入品が中国市場で大量に流通することになる。したがって中国企業は、外資系企業と競いあい切磋琢磨していくとともに、激しい国際競争のなかで発展していく道を真剣に検討していくことになる。

　中国国務院発展研究センターの予測結果では、WTO加盟が中国のGDPを毎年1％余り押し上げると見込んでいた。貿易についても2000年に加盟が実現すれば、05年までに加盟しない場合に比べて輸出で27％、輸入で26％増加

すると楽観していた。さらに国家発展計画委員会（注：2003年3月に国家発展・改革委員会に名称変更された）は、1999～05年の7年間に中国が輸入する設備・技術・製品の総額は1兆5000万ドルに達すると計算していた。関税引き下げ後には、輸入設備・技術・製品のコスト削減が期待できる。さらに開放的な競争メカニズムが導入され、経済や企業の発展に活力を呼び起こすことができると考えていた。

「新華社」の発表によると、WTO加盟7年後の就業人数の変化は、減少する分野として農業988.2万人（現状比3.6％減）、機械・機器工業58.2万人（同2.5％減）、自動車工業49.8万人（同14.5％減）、一方、増加する分野として紡織工業282.5万人（同23.6％増）、アパレル産業281万人（同52.3％増）、サービス産業266.4万人（同2.1％増）、建築業92.8万人（同2.2％増）、食品加工業18.8万人（同2.1％増）と分析した。

1999年11月18日付け「解放日報」では、WTO加盟による輸入増加や外資系企業の進出増加により、大きな影響を受ける産業分野として農業、自動車、機械機器・精密機械産業などをあげていた。これら産業から出る余剰労働力は、加盟で利益を享受できる紡績業やアパレル産業などで吸収され、当時と加盟7年後の就業人口の合計はほぼ横這いとみられていた。そのような国際競争力の確保が可能な分野のほか、新たに進出する外資系企業にも雇用機会の大幅な拡大を期待していたのである。

しかし、国有企業改革が推進され、WTO加盟で諸外国・地域との輸出競争が激しくなるとともに、外資系企業参入などで国内企業の倒産が増加することも予想され、一時的には失業者増加が加速していくという一面もある。これらのほかに、当然のことながら都市部の実質的な新規就業参入者は、毎年700万人余りが見込まれている。これらの状況を十分に把握し、失業者の再就職活動やさまざまな対策を講じていかなければ、社会不安などにつながりかねないという心配がある。

3. 日本の繊維産業再編と製品輸入拡大

　日本でも第2次世界大戦終結直後、疲弊した国民経済の最初の復興原動力になったのが紡織産業であった。それは順調な発展をみて、繊維輸出大国としての役割を担うまでに成長した。その後は、経済発展を支える産業の中心が繊維産業から化学工業、鉄鋼、自動車、造船、電気・電子、情報分野へと順次に転換してきた。

　中国においても1978年末に経済改革・対外開放政策を採用してから、その初期段階では労働集約的産業である紡織産業が比較優位にあり、外国・地域からの直接投資を中心に大きな発展をみた。中国の工業化は日本の場合と異なって外資主導型の発展パターンであり、それは外資系企業を中心に工場を沿海地域に立地し、原材料も持ち込んで現地の安い労働力を利用して加工し、製品は輸出するというものであった。また産業転換も日本のような技術や資本の高度化にともなって変化していくという段階を経ずに、ある時点からは同時進行の「圧縮された工業化」という形態をとっている。つまり、外資系企業がさまざまな業種に万遍なく参入している様子をみることができる。

　日本は1985年のプラザ合意を契機に円高が進み、海外への直接投資の増加、半製品や製品の海外からの輸入が促進されることとなり、繊維製品においても80年代末には純輸入国に転換した。90年代になると日本のアパレル輸出量は停滞し、逆に輸入が急増して、服飾品貿易では完全に輸入超過となった。80年から97年までの間に、日本の服飾品輸入は11倍に増加したが、紡織品輸入は3倍増であった。とくに中国からの服飾品輸入が急増しており、同期間でみると輸入額は46倍となったが、紡織品は4倍増に止まっている。

　日本の繊維品生産量は90年代初めから急速に低下しているが、一方で日本経済の急速な発展や需要の増大に比べて供給不足が顕著となったため、服飾品輸入が大きく増加したわけである。現在では、中国が日本に対するアパレルのもっとも重要な供給国となっており、その他ではイタリア、韓国が続き、

さらに低価格品供給国としてベトナム、マレーシア、インドネシア、フィリピンなどがある。近年の注目される点としては、従来より日本に対する大量のアパレル製品供給基地であった香港が大きく後退していることである。

　とりわけアパレルは労働コストの比重が高いため、日本では高度経済成長のなかで1960年代以降国内生産が減少を始め、その供給を生産コストの安い国に依存する傾向が現れた。それは最初は香港・台湾・韓国などのNIEsへ、次いでASEAN諸国、さらに中国・ベトナムへと生産拠点をコスト削減を理由に玉突き的に移動し、製品は輸入するというパターンをとっている。日本に中国からアパレル製品が大量に輸入されている背景には、当然のことながら、日本企業が生産拠点を中国に移してきたからでもある。

　このようにして、日本が80年代中頃からアパレル製品を大量に輸入するようになったのは、日本からの直接投資が絶えずこれらの地域に拡大していったからである。アジア諸国・地域や中国から輸入されるアパレル製品は絶対的に廉価な品目が中心であって、比較的高品質の服飾品はイタリアやフランスなどヨーロッパから輸入されているというように、製品の差別化がみられる点は注目に値する。

　日本の織物生産の変化には目を見張るものがある。なかでも大幅な減少を見せたのが綿織物で、表9-1にあるとおり1992年から99年の間の減少率は47.1％である。他の合繊（短）織物が同期間で44.1％、毛織物が38％、合繊（長）織物36.4％のそれぞれ減少となっている。このような状況に合わせて、製品輸入も増加の一途をたどってきた。繊維製品輸入浸透率をみると、90年度から99年度の間に綿製品は59％から87.1％に拡大し、毛製品は34.7％から70.5％に、合繊繊維も23.8％から

表9-1　日本の織物生産比較（1992、99年）

単位：100万 m²・％

	A：1992	B：1999	減少率
織物品種別生産量	5,054	2,942	41.8
綿織物	1,465	775	47.1
毛織物	326	202	38.0
合繊(長)織物	1,688	1,074	36.4
合繊(短)織物	902	504	44.1

注1：1999年は推定値。
注2：減少率＝（A－B）÷A×100（％）。
出所：福井県繊維協会資料。

表 9-2　日本における衣類の生産と輸出入の推移（1995〜2005年）　単位：千点、％

	生産		輸入				輸出		国内供給量	輸入浸透率
			世界計		中国					
	数量	前年比	数量	前年比	数量	前年比	対世界シェア	数量	前年比		
1995	907,467	98.1	2,108,681	116.7	1,456,243	119.6	69.1	10,063	79.0	3,006,085	70.1
1996	860,090	94.8	2,177,924	103.3	1,576,967	108.3	72.4	10,111	100.5	3,027,903	71.9
1997	814,995	94.8	1,935,698	88.9	1,455,169	92.3	75.2	10,338	102.2	2,740,355	70.6
1998	725,496	89.0	2,018,223	104.3	1,567,578	107.7	77.7	9,532	92.2	2,734,187	73.8
1999	629,166	87.1	2,442,621	121.0	1,988,462	126.8	81.4	9,995	104.9	3,061,792	79.7
2000	549,531	87.1	3,045,776	124.7	2,601,359	130.8	85.4	11,208	112.1	3,584,099	85.0
2001	460,971	83.9	3,139,998	103.1	2,740,723	105.4	87.3	18,724	167.1	3,582,245	87.7
2001	398,424	86.4	2,985,084	95.1	2,670,135	97.4	89.4	29,593	158.0	3,353,915	89.0
2003	350,342	87.0	3,246,651	108.8	2,955,457	110.7	91.0	36,423	123.1	3,560,570	91.2
2004	313,365	89.4	3,467,217	106.8	3,173,526	107.4	91.5	42,728	117.4	3,737,833	92.8
2005	268,998	85.8	3,558,087	102.6	3,118,285	98.3	87.6	11,541	27.0	3,815,544	93.3

注1：衣類＝布帛外衣＋布帛下着＋ニット外衣＋ニット下着
注2：輸入浸透率＝輸入量÷（生産量＋輸入量−輸出量）×100
注3：国内供給量＝生産量＋輸入量−輸出量。
出所：『日本のアパレル市場と輸入品概況2004』日本繊維輸入組合、2004年4月。

53.3％に倍増している。合わせると99年度時点で、輸入した繊維製品が市場の63.5％という高率を占めていることになる（表9-2参照）。

　繊維産業は、いうまでもなく後発国による追跡の激しい産業である。化合繊産業を例にとると、先発の欧米メーカーに代わって日本メーカーが隆盛を誇り、さらに日本メーカーに代わってアジアNIEsのメーカーが、次にASEAN各国のメーカーが興隆してくるという図式である。そのようにして、いまやアジアが世界市場で圧倒的なシェアを誇っている。なかでも中国の生産量がもっとも多く、メーカー間の競争も激しいポリエステル長繊維分野において、90年代に生産を10倍に増やし、世界でも1999年に27.7％という圧倒的なシェアを持つまでに成長してきた。このような動向のなかで、各国・地域、メーカーを中心とした、さまざまな製品差別化の動きが顕著におこっている。

　欧米における化合繊産業の再編は、1970年代の2度にわたるオイルショックを挟んで本格化した。80年代には、それぞれの得意分野への特化が進み、

さらに90年代には事業売却や閉鎖、スワップ、M＆Aなど世界を巻き込んだ再編成が進展してきた。しかし、日本においては再編の必要性を感じながらも、政策が後手にまわり本格的な動きがみられない。各メーカーごとの動きとしては、90年代をみても鐘紡がファイバー部門を分社したほか、ポリエステルステープルから撤退し、帝人がナイロン分野をデュポンとの合弁に移管し、東邦レーヨンの炭素繊維部門を買収したほか、ユニチカがファイバー部門を分社した程度である[8]。

　東レと帝人は、今後の戦略としてポリエステルで世界を舞台に規模とコストで戦う立場を採っている。東レは、米国やイタリア、アジアに合弁などで設立した生産拠点と国内工場を総括して品種移管や移設、増設などを合理的に行い、トータルとして最適の組合せを追求していくことにしている。2000年には、米大手樹脂加工メーカーTPI（ロードアイランド州）の技術を導入し、炭素繊維で自動車部材など産業向け資材を開拓する方針を打ち出した[9]。

　具体的にはトラックの荷台や建材、貨車や小型船舶のボディーなど大型成形品を生産することを目的に、愛媛工場（松山市）に専用工場を新設した。東レは、TPIとの間でアジア地域での同技術を独占使用・管理することで合意している。炭素繊維は他の素材に比べて加工を含めたコストが高く、ゴルフクラブや釣り竿など用途が限られていたものの、コストの引き下げや成型技術の向上で汎用の産業用途への普及を図っていくことにした。

　帝人は、タイとインドネシアにファイバー関連企業4社を有し、1999年にはメキシコに子会社を設立した。ポリエステルフィルムではデュポンと組んで世界各地に設立した合弁企業7社を中心に、活路を展開していく。また炭素繊維では、約30％のシェアをもつ世界最大手の東レに対抗して、東邦レーヨンを傘下に収めて積極的に参入していく方針を採用した。

　他のメーカー6社は、国内生産を基本として減産覚悟の差別化路線を追求し、「量こそ力」のアジアメーカーとの競合を避ける路線を選択している。いまさら単品量産やコストで勝負しようとしても、韓国や台湾、さらに中国のメーカーに到底勝ち目はないと考えているのである。いずれにしても日本の

メーカーは、欧米ともアジアのメーカーとも異なる生き残り戦略を推進していくことになる。

　労働集約的産業である繊維産業は、合繊産業といえども、日本の多くの関連メーカーが困難に直面している。福井県繊維協会の資料によれば、集積している北陸産地の織機台数は、1990年には9万6967台であったが、99年末にはその半分以下の4万6251台にまで減少している。前年比でも11％の減少である。また99年末の企業（機屋）数は1650軒で、前年比12％減、90年比では52％の減少となっている[10]。

　中小零細企業が圧倒的多数を占める北陸産地で、今後もこのような状況が続けば、日本の繊維産業とりわけ合繊産業は、数年後に壊滅状態となるにちがいない。川上から川下までの各工程が上手く連関して成り立つ産業だからである。ある工程分野が成り立たなくなれば、それが他の工程分野に影響して、その分野も成り立たなくなるという位層連関の崩壊を引き起こすからである。

　近年の日本の合繊価格は、アジア市況との連動性を強め、日本もその影響を大きく受けている。今やアジアは、世界の合繊供給基地として重要な役割を果たしており、コスト競争力のある韓国や台湾のメーカーが市場での価格形成を担っている。なかでもアジアの主要10ヵ国・地域の合繊生産量のうち、約80％のシェアをもつポリエステルファイバーの動きが、合繊市況全体を左右しているといっても過言ではない。

4. 日本企業の中国展開と貿易

　中国は1979年7月に「合弁法」を公布して以降、さまざまな関連法規を整備してきた。そのもとで契約された合弁・合作・100％外資のいわゆる「三資企業」は、99年末までの累計で34万1720件、投資契約金額6137万ドル、投資実行金額3077万ドルとなっている。うち操業段階にある件数は、約20

万社とみられている。日本からの投資件数は、同じく99年末現在で累計1万8738件、投資契約金額350億ドル、投資実行金額249億ドルである。この投資実行金額の約16％が紡織業関連であると推測される。

　繊維関連の日系直接投資企業は、中国側が建物の提供や労働者の雇用管理を行い、日本側が機械を持ち込んだり縫製の技術指導などを受け持つというのが一般的である。また「加工貿易」方式が多く、生地やボタン・ファスナーなど付属品は国外から保税扱いで持ち込み、縫製した製品は100％輸出される。アパレルなどは、商品企画からデザイン、パターンは外資側の本社が行い、現地工場では近郊農村出身の若い労働者が生産に携わっている。したがって輸出入に便利な沿海地域に工場立地するのが通常である。

　日本の衣料品分野における中国進出は、1980年代後半に一部縫製業者の後を受け、鄧小平の「南巡講話」が行われた92年以降に活発に展開されていく。中国が改革・開放と経済発展の2つの加速を打ち出したことに大きく影響されている。中国における衣料品生産には、日本の商社も深く関与している。単に衣服を仕入れて販売するという単純な売買行動だけではなく、生地を仕入れて縫製業者に縫製を委託し、アパレルメーカーに製品を販売するという形態、さらに一歩進んで商社が自ら出資して縫製工場を中国に設立する方式など、さまざまな形での参入がみられる。

　また品質のよい製品を作るためには、原料にも深く配慮する必要がある。中国産綿花は一般に繊維が短いためインド綿などに比較して見劣りがするし、それに比べて価格が割高とされている。また、染色の技術が遅れていて、色落ちや変色が問題となることもある。しかしコストをより低く抑えるために今後は、現地での調達比率を高めていくことを検討していかなければならない。

　日本が中国から輸入するアパレル製品の金額は先にみたとおり急増しているわけだが、これからは巨大な中国市場もターゲットにした事業展開を行っていくことになる。国有企業を中心とする地場繊維産業のなかに外資系アパレル産業が参入し、市場原理と競争原理に基づく熾烈な戦いが加速されてい

る。このようななかで、中国製品につきまとう「安いけれど品質やデザインは低級」というイメージは着実に薄れてきた。多種類の服飾品や補助材料はいうまでもなく、スポーツウェア、洋服、ズボン、シャツ、婦人服、レジャーウェア、下着、その他付属品など広範囲にわたった生産が、中国でも着実に拡大されつつある。したがってWTO加盟を果たした中国の小売市場にまで販路を広げた展開が行われている。

中国の「海関（通関）統計」によると、1999年の対日輸出は前年比9.2％増の323.99億ドルを記録した。うち通常貿易輸出が133.23億ドル、加工貿易輸出が来料加工（原材料を持ち込み製品にして輸出する際、外貨収支を伴わずに加工賃のみ受領する方式）72.7億ドル、進料加工（原材料と製品の輸出入に外貨決裁を行う方式）116.13億ドルの合わせて188.83億ドルであった。この結果、対日輸出に占めるシェアは、通常貿易が41.1％、加工貿易が58.3％で、中国全輸出のそれぞれのシェア40.6％と56.9％を若干上回った。

一方、対日輸入は19.7％増の337.68億ドルであるが、通常貿易によるもの106.63億ドルでシェア31.6％、加工貿易向けは来料加工用56.65億ドル、進料加工用127.87億ドル、合計184.52億ドルで対日輸入の54.6％を占めた。中国全輸入のそれぞれのシェアは40.4％と44.4％であり、対日輸入では加工貿易向けが大きなシェアを占めていることがわかる。

対日貿易に占める外資系企業の割合をみると、輸出では合弁企業88.37億ドル、100％外資企業77.25億ドル、合作企業11.2億ドルの合計176.82億ドルで、輸出の54.6％を占めることになる。これに対して国有企業輸出は135.28億ドルで41.8％を占め、さらに集団所有制や私営企業などを含めると45.4％のシェアである。中国の全輸出に占める外資系企業の比率は45.5％であり、日中貿易では現地日系企業を中心とした外資系企業の対日輸出が9ポイントも上回っている。

対日輸入では、合弁企業が108.88億ドル、100％外資企業が93.42億ドル、合作企業が12.07億ドルの合計214.37億ドルで、輸入の63.5％を占めた。国有企業による輸入は113.55億ドルで33.6％、中国企業全体では36.2％である。

中国の全輸入に占める外資系企業の比率は51.8%であるから、対日輸入においても、現地外資系企業向けの加工貿易用原材料と生産拡大や増資に伴う設備導入などの面で、重要な役割を果たしていることが明らかである。1999年の中国対外貿易では、外資系企業が48%を占めて大きな牽引力となっているが、中国にとって第1位の貿易相手国である日本との間でも大きな役割を果たしており、それだけに日本の対中投資の伸び悩み傾向は、今後の日中貿易拡大の懸念材料ともなりかねない。96年に日系企業が投資の一部として輸入した設備と物資は62億ドルで、対日輸入の21.3%を占めたが、99年は26.5億ドルで7.8%にまで減少している。

　1999年は、日中双方の通関統計が約662億ドルでほぼ同じ規模であったが、輸出入額では引き続き大きな差がある。これは香港など経由する貿易額を、いかに正確に掌握できるかということに関係している。大蔵省通関統計では対中輸出2兆6,569億円（前年比1.4%増）、同輸入4兆8718億円（同0.6%増）、総額7兆5287億円（同0.9%増）といずれも2年ぶりに増加に転じた。これをドルに換算すると総額661.79億ドル（前年比16.3%増）、うち輸出233.29億ドル（同16.5%増）、輸入428.50億ドル（同16.1%増）である。貿易収支は日本の入超額が195.21億ドルで、97年の入超203億ドルに次ぐものとなっている。このように円ベースとドルベースで伸び率に大きな差が生じるのは、円の対ドルレートが98年平均と比べて14.9%上昇したためである。

　1999年8月からの円高基調のもとで、近年では中国製品に割安感がでている。したがって2000年の日中貿易は、日本の個人消費状況が穏やかに改善す

表9-3　日本のアパレル国内投入量（1992、1999、2000年）

	国内投入量 (億点)			国内生産量		
		織物製衣類	ニット製衣類		織物製衣類	ニット製衣類
1992	23.1	9.0	14.1	9.3	3.7	5.6
1999	30.2 (30.7)	11.2 (24.4)	19.0 (34.8)	5.8 (-37.6)	2.1 (-43.2)	3.7 (-33.9)
2000	35.7 (54.5)	13.1 (45.6)	22.6 (60.3)	5.0 (-46.2)	1.8 (-51.4)	3.2 (-42.9)

注1：同内生産量は外衣と下着の合計で、乳児服やパジャマは含まない。
注2：輸入品は外衣と下着の合計で、靴下、手袋などは含まない。
注3：（　）内数字は1992年を基準とする増減率（%）。

ると見込まれることから、99年に引き続き、加工貿易関連商品を中心にして、輸出入ともに増加が期待できる。ちなみに99年の日本の対中製品輸入比率は、98年比1.1ポイント増の81.6％と過去最高を記録している。

衣料は通常、織物つまりテキスタイル製品と編み物のニット製品に大別できる。テキスタイルは糸－織物－アパレル（製品）－小売という経路で、またニットは糸－アパレル－小売という流れになっている。いわばニットの方が一工程少なく小売段階に到達するために、消費者への迅速な対応が可能といわれている。さらにニット製品は保温性や伸縮性に優れており、多彩な糸使いや柄を組み込むことができ、ファッション性も高いことから、ニーズの多様化に適している。このようなことから、全繊維製品に占めるニット製品の比率は40％近くにまで拡大してきた[11]。

日本をはじめ先進国では、ほとんどの国においてテキスタイル製品もニット製品も生産量が年々減少し、輸入量が増加している。表9-3にみるように、日本の織物製衣類の2000年の輸入比率は80.9％、ニット製衣類のそれは80.1％といずれも80％を超えている。靴下や手袋なども点数に加えて計算すると、さらに数字は大きくなる。輸入品の過剰在庫が取りざたされているセーター類をみると、輸入比率は94.3％で国産化率はわずか5.7％しかない。ニット製品を日本や欧米諸国に輸出している主なところは、中国（香港を含む）、トルコ、東南アジアと中南米の国々である。

衣料品の生産はテキスタイルの場合、四角い生地から身頃や袖、襟、ポケットなどのパーツを切りだして縫製するために、生地のカットロスが約10

輸入量			1人年間平均点数（億点）	ミシン台数（千台）	
	織物製衣類	ニット製衣類		設置台数	稼動台数
13.8	5.3	8.5	18.7	233	189
24.4 (76.8)	9.1 (71.5)	15.3 (80.0)	23.8 (27.3)	169 (-27.5)	130 (-31.2)
30.7 (122.5)	11.3 (113.2)	19.4 (128.2)	28.2 (50.8)	140 (-40.0)	113 (-40.2)

出所：財務省「通関統計」、経済産業省「繊維統計月報」、福井県繊維協会資料など。

表9-4 日本の繊維製品輸入相手地域・国別実績(1997~99年)　単位:100万ドル・%

			1997		1998		1999		
			金額	構成比	金額	構成比	金額	構成比	前年比
総額			22,413.0	100.0	18,879.2	100.0	20,938.0	100.0	10.9
	東アジア		17,789.0	79.4	15,163.1	80.3	17,548.9	83.8	15.7
		極東3地域	2,216.5	9.9	1,754.5	9.3	1,864.2	8.9	6.3
		ASEAN	2,303.3	10.3	1,762.9	9.3	1,844.4	8.8	4.6
		中国	12,379.5	55.2	11,020.2	58.4	13,244.7	63.3	20.2
	中東		47.9	0.2	37.5	0.2	44.6	0.2	18.9
	欧州		3,219.5	14.4	2,675.9	14.2	2,379.3	11.4	-11.1
		西欧	3,175.7	14.2	2,626.0	13.9	2,329.3	11.1	-11.3
		EU	3,084.4	13.8	2,545.6	13.5	2,264.2	10.8	-11.1
		旧東欧	43.8	0.2	49.9	0.3	50.0	0.2	0.2
	米州		1,307.0	5.8	955.0	5.1	920.0	4.4	-3.7
		北米	1,201.4	5.4	858.7	4.5	821.7	3.9	-4.3
		米国	1,149.1	5.1	815.1	4.3	787.9	3.8	-3.3
	アフリカ		21.6	0.1	22.7	0.1	21.1	0.1	-7.0
	大洋州		28.0	0.1	25.1	0.1	24.1	0.1	-4.0

注1：極東3地域とは韓国、台湾、香港。
注2：EUは15ヵ国ベースで集計。
注3：金額には繊維原料を含まない。
出所：「大蔵省通関統計」。

~15%出る。またニット製品では、インテグラル（成型）方式という横編み機を使用し、身頃や袖を目移しという手法で編み目を増減して型紙通りに編成し縫製する方法もあるが、途上国など縫製工賃の低い国ではカットアンドソーン方式が一般的である。これは主として丸編み機で編まれた製品で、テキスタイル同様に四角い編み地からパーツをカットして縫製する方法である。この場合のカットロスは約20~25%で、非常に大きな無駄となっている。このロスをいかに少なくするかが縫製工場における利益増加のための大きなテーマである。

　日本の2000年のアパレル輸入総量は、史上最高の30.7億点に達した。国内生産量はテキスタイルとニット衣類を合わせて5.0億点であり、合計すると国内投入量が35.7億点である。したがって輸入浸透率は約86%ということになる。国内投入量を人口で除した1人当たり年間投入量は約28点となるが統計によれば、中国はその85%、つまり24点を供給している計算になる。こ

れら衣料の中国における製造については、大半が日系企業が関わっていると推測される。

5.「ユニクロ」は全部やるというビジネスモデル

かつて日本国内においては、アパレルメーカーが衣服の企画とデザインを担当し、縫製業者が縫製する分業関係が存在していた。しかし中国での事業展開には、分業関係に新しい状況がみられる。たとえばアパレルメーカーが中国に縫製工場を設立したり、商社が繊維事業の中国シフトを急いでいる。ニチメンや兼松は生地、製品の供給拠点を整備している。商社金融を使った仲介取引が縮小傾向にあるため、自前の企画や生産能力をもつメーカー機能を強化しているものである。これらはいずれも割安な商品を求める国内量販店などの需要に応えると同時に、欧米への輸出拡大を狙っている。

日商岩井は生産や商品企画、技術指導など海外事業の統括機能を大阪本社から香港の全額出資子会社に移す方針である。これまで日本からの出張者が中国の提携工場などの技術指導や検品を担当してきたが、その役割を香港に移してコストを引き下げることにした。技術担当者は現地で採用して増員することにした。香港は、世界のファッションや繊維関連の情報が豊富であり、そこで商品企画や原料調達の機動力を高め、欧米への輸出にも力を入れる方針である。

ニチメンは中国における日系衣料品メーカーからの注文に即納する体制を整備している。上海を拠点に自社でデザインした生地を在庫として確保し、その販売を拡大していく方針である。2000年10月からは、品種を従来の2倍の300種に増加することにした。特にカジュアル向けの販売が増加しており、年内に別会社を設立し、大連にも同様の拠点を設立した。

また兼松から分社した兼松繊維は、上海の縫製工場の株式19％を約4億円で取得し、そこで婦人衣料やスポーツウェアを生産し、日本への輸出量を拡

大していく。いずれにしても日本の多くの商社は、自ら企画した商品を中国で安価に生産して量販店・専門店に売り込むなど、メーカー機能に重心を移していく方針である 12)。

繊維産業における企業間分業の構造は、いまダイナミックな変貌を遂げつつある。近年、アパレルメーカーはますます小売指導に事業の力点を移している。その分アパレルメーカーのデザインや企画力が落ちて、縫製業者がデザインやパターン作りを代替するという傾向がでてきた。そこで中国における日系縫製工場では、中国人デザイナーを採用、育成するというケースもでてきた。

このようなことから今後は、中国でデザインから縫製まで一貫して行われるという状況が生まれてくるにちがいない。したがって、かつてのアパレルメーカーは完全にメーカーとしての役割を失い、流通業に徹することになる。現在の繊維産業、とりわけ衣料品の世界では、流通過程にもっとも大きな付加価値が潜んでいるので、企業がそうした分野に重点を移していくことは必然的なことである。

バブル経済崩壊後の低成長時代に、日本企業がさまざまな工夫を模索し検討するなかにあって「カジュアルダイレクト」を標榜、売上と収益を大幅に延ばした企業がある。従来の小売ともアパレルとも異なる、まったく新しい企業像を追求し、注目を集めているのは、山口市に本社をおく株式会社ファーストリテイリングである。柳井正が実父から事業を引き継いだ時は、紳士服、とくにスーツなどの重衣料販売が中心で、駅近郊の商店街にメンズショップを数店もつという規模の企業であった。

柳井が社長に就任する3ヵ月ほど前の1984年6月、広島市袋町に現在のブランド名「ユニクロ」（ユニーク・クロージング・ウェアハウスの略で、無駄を省いた倉庫型店舗を意味する）という店舗名で、初めてカジュアルウェア（Tシャツ、セーター、パンツなどの日用衣料、いわゆる普段着）の専門店を出した。1号店では、出勤や登校前にも店に立ち寄ってもらうことを目的に早朝6時に開店、それから2日目の夕方まで店外にもあふれかえった客たち

の行列で、テレビやラジオの取材が来るほどのにぎわいだったといわれる[13]。

　同社の出店姿勢は、約150坪の売り場面積に統一された平屋店舗ということで、徹底した標準化と経費節減がはかられ、投資資金の短期回収路線をつらぬいている。したがって初期投資の回収は早く、通常2年、長くても3年で済むといわれる。駄目な土地、かつて繁栄したが空洞化したり競合などで商圏事情が変化した立地には固執せず、スクラップしていく方針である。創業の地である山口県宇部市の大和店、ユニクロ1号店広島市袋町店、郊外1号店の山の田店などは、すでに閉店されている[14]。

　「ユニクロ」1号店は、米国のギャップ（GAP）社を夢見て「全く新しい日本の企業」を目指したものであった。柳井正は商売が少し軌道に乗りはじめたころ、ギャップやリミテッド、シアーズなどの巨大チェーンを研究し、このような方式が日本でもやればできるのではないかと思い始めた。ちなみにギャップ社はカジュアル分野で世界一のモンスター企業であり、1999年度年間総売上116億ドル（1ドル108円で1兆2528億円、ギャップ社広報資料）である。

　日本は1985年のプラザ合意以降、急速な円高に見まわれるが、柳井は86年に安い仕入れ先を探すために香港を訪問、そこで当時リミテッドへの商品供給元であるジョルダーノ社のジミー・ライ会長と面談した。同年齢の会長から話を聞いているうちに、柳井はできることを確信したと述べている。

　それは一般的に、SPA（Speciality store retailer of Private label Apparel、直訳すると「独自に企画した衣料品の専門小売業」）といわる方式である。独自のコンセプトで商品を企画・開発し、流通から販売まで一貫して行うことだが、日本ではアパレルメーカーが小売分野に進出する事例が多くみられる。しかし広義には、その仕組み全体を指すことが一般的である。小売業である「ユニクロ」が行っているのは、素材やデザインから企画、開発したものを海外の提携工場などに生産委託し、それを全量引き取って、標準的な倉庫型店舗を作り、顧客にセルフサービス方式で販売するという広範囲なものである。

　生産メーカー側では、計画的に全量を引き取ってもらえることでコストダ

ウンが図れ、返品の危険がない分だけ安く提供できる。さらに問屋など中間業者を排除することで、販売価格を安くでき、その価格でも十分に利益があがる構造になっている。ファーストリテイリング社（1991年に小郡商事株式会社から社名変更、以下FR社という）では、試行錯誤を繰り返しながらその実戦に取り組んできたが、今やほぼ100％オリジナルといってもよいほどの独自のSPAを実施しているといわれる。

商品開発では「ノンエイジ・ユニセックス」(誰でも着れる、誰にでも合うということで、男女の別や特定の年齢層にターゲットをしぼらないことで客層を拡大する）を目指し、安くて品質の良いものをつくり、それをカジュアルウェアショップで販売していく。つまり安価で良質の商品をどの店でも提供するわけだが、これは徹底したローコストオペレーションの成果といえる。これは社名ファーストリテイリング（Fast Retailing Co., Ltd. 早い小売の意）、つまり「ファーストフードのコンセプトをもつ小売業」で顧客要望の即商品化という経営思想をもって実践し、「ユニクロ」をカジュアルウェアのスタンダード、さらに「世界標準」にまで高めていくことが目標である。

同社は店舗数を積極的に増加するなかで、1988年には、POSシステム（Point of Sale System,「販売時点情報管理システム」とよばれ、小売店頭における商品別売上げ情報を単品ごとに収集、登録、蓄積し、分析するシステム）を採用した。また91年に、本格的にチェーン展開を開始している。92年には直営店舗数53、フランチャイズ店7となった。94年には分散していた本部機能の効率化のため、本社新社屋を建設し移転した。直営店舗数109となり（フランチャイズ店は7のまま）、同年7月には広島証券取引所に株式を上場するまでに発展した。その後の成長も素晴らしく、97年4月に東京証券取引所第2部上場、さらに99年2月から同第1部上場を達成した。前年の98年には本社新社屋を山口市に建設し、従来の宇部市から移転した。

さらにFR社にとって大きな転機となったのが、1998年に東京のファッションの街・原宿への出店とフリースキャンペーンが成功したことである。このことにより同社は、「カジュアル・ダイレクト」の時代が到来したことを

認識するとともに、この路線を確実に実行していくことになった。

「カジュアル・ダイレクト」とは、会社案内によれば、「顧客の要望をダイレクトに聞き、企画・生産・物流・販売までのすべてのビジネス活動を見直し、最適のビジネスモデルにすべてを組み立て直すことです。それは、小売とかチェーンの枠を飛び越え、生産と販売を直結して、川上から川下までもっとも無駄がなく効率のよいビジネスモデルに組み替えて、顧客のための新しいカジュアルを担う産業を私たちの手で創造することです」[15]とうたいあげている。

6. 中国で良質・ロープライスを追求

FR社のロープライス商品の開発輸入先は、その90％以上を中国に依存している。他にはベトナムなどがある。従来より日本企業が中国をはじめアジアの生産拠点に求めてきたものは、主としてコストや価格面が中心であった。しかし同社のこだわりは「商品そのもの」であり、品質において決して妥協はしなかった。早くから香港に買い付けの事務所を開設し、中国やベトナムなどの縫製工場に直接発注する体制を整えてきた。また買い付け担当者を頻繁に現地へ派遣し、きめの細かい生産と品質管理の指導に当たってきた。それが現在の現地事務所における、提携工場の直接指導に結びついている。

また同社は、欧米小売業のプライベートブランド（PB）や著名ブランドを生産する工場への接近を、商社の力を借りて積極的に進めてきた。しかしそのような工場は、新たに参入しょうとする企業とはなかなか契約してくれなかった。そのために採用した方法は、アイテム数を絞りこむことによって1アイテム当たりのロット数を数万から数十万に拡大し、他者より有利な条件で契約を結ぶということでこれを乗りこえた。

したがって「ユニクロ」のアイテム数は、色やサイズのバリエーションを別にすれば、多いときでも350から400と極端に絞りこまれている。これは

通常のカジュアルショップの3分の1から4分の1の水準である。これはまた、品質のよい商品を市場最低価格で提供するためにも大いに貢献している。アイテム数の絞りこみを、最近ではさらに推進している。このようなモノ作りは、単純に考えれば良質、大量生産を追求し、売り切りを目的とした合理的方式といえる。

　1999年秋冬はフリースジャケットを850万枚売り上げた。さらに2000年の春夏商戦では、絞りこみアイテムをさらに拡大している。具体的なキャンペーン商品としては、デニムジャケット（2900円）500万枚、ショートパンツ（1000～1900円）500万枚、ストレッチ素材のボトムス（1900～2900円）500万枚、Tシャツ（1000～1900円）2500万枚などが挙げられている[16]。このように他の単品も販売数量を2倍から10倍に増加させる予定であり、2000年8月期の総販売点数は1億2000万枚が予想され、日本国民1人当たり約1枚に達する見込みである。さらに商社との協力関係が順調に進展すれば、同社の2000年末までの委託生産枚数は2億点に達するともいわれた。

　2000年7月現在の店舗数は、フランチャイズ店17を含めて433店となっている。また、業績不振にあえぐ百貨店やテナントビルから出店要請が殺到したといわれる。4月にユニクロを誘致した横浜松阪屋では、出店効果として来客数が3～4割増加したという。JR東日本からも駅構内に出店してほしいとの要請があり、2000年秋にはキヨスク版ユニクロが新宿駅に誕生した[17]。

　新たな単品大量生産販売方式が軌道に乗ったことで、収益構造も変わりつつある。荒利益率をこれまでの40％から45％に引き上げ、経費率を30％から25％に引き下げ、経常利益率を10％から20％に引き上げていく方針を表明した[18]。2000年8月期の売上が発表されたが、前期の1110億円から2倍強の2289億円となり、経常利益は同4.3倍の604億円にまで拡大した[19]。

　FR社は、売上高が3000億円を超えたら「世界に通用するカジュアル」として、海外に出店する計画で、海外にはギャップのセカンドブランドOld NavyやH&M（ヘネス・アンド・モーリッツ）など、低価格にファッション性を兼ね備えたブランドがあるが、それらにユニクロが対抗していけるかど

うか。ユニクロの調査では、米国の消費者にタグを外したギャップとユニクロの商品をならべて価格を示し、どちらの商品を選ぶか問うたところユニクロを支持する人が多かったという。

確かに多くの商品調査にもみられるように、ユニクロ商品の価格と品質では遜色ないが、ファッション性よりも汎用性の高い、あらゆるブランドに合う、日常を快適にすごすための「部品」(ギア)に徹するコンセプトを、欧米人が受容するかどうかという問題がある。しかし同社が主張するように、「カジュアルは、だれにでも合う服」というコンセプトからすれば、人種や国籍、年齢、性別を超えて、世界のスタンダードを達成するにちがいない。

2001年8月期の売上高は前期比44.1％増の3300億円、経常利益は800億円を見込んでいるので[20]、同年秋にはロンドンに海外第1号店の出店が実現した。その準備のため現地子会社を2000年7月に設立した。ロンドンでは都心型店舗を目指しており、いわばギャップなどのテリトリーでユニクロが挑戦していくことになる。成熟した市場でどのような評価を受けるのか、また新たな市場で新たな業態を模索していくことになるのか。いずれにしても楽しみなことである。

7. 中国との共生を求めて

FR社はホンダのようにモノ作りにこだわり、生産と販売の両面で細かい点にこだわる企業を目指している。したがって日本がかつて得意であった世界に通用する「工業品」を作って消費者に提供するが、その工業品としての「部品」であるユニクロ製品を他社の「部品」も交えて組合せ、どのようなファッション性を生みだすかは個人のセンスに任せるのである。それゆえにコストを抑え、質のよい製品をつくり、それを安い価格で顧客に提供することにこだわるのである。

そこでコストの安い中国に集約して大量生産をすることになる。ユニクロ

図 9-1　ユニクロ製品の流れ

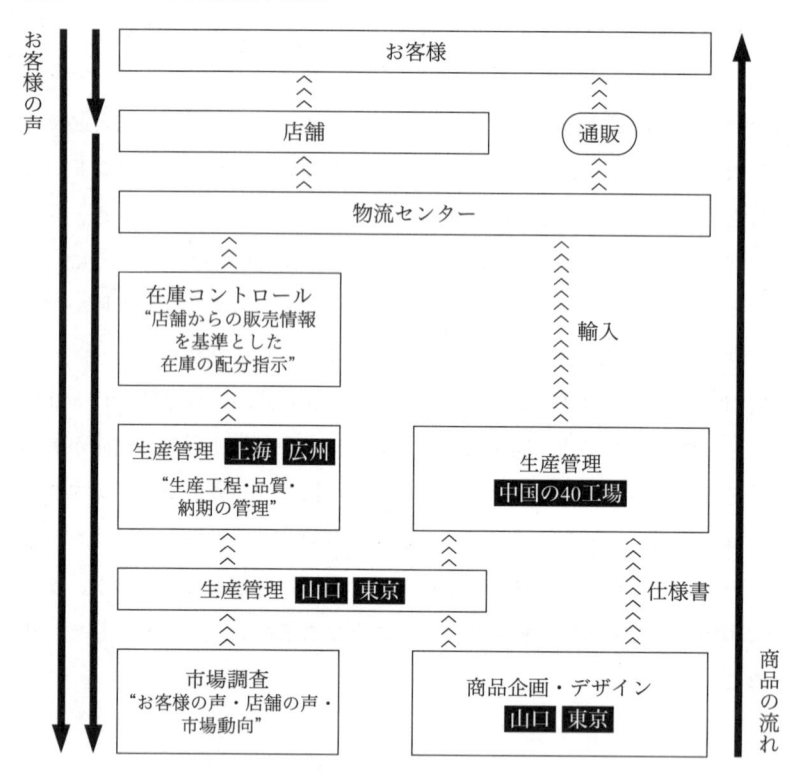

お客様の声　→

お客様
　↕
店舗　　　通販
　↕　　　　↕
物流センター
　↕
在庫コントロール
"店舗からの販売情報
を基準とした
在庫の配分指示"
　↕　　　　　　　↕ 輸入
生産管理 上海 広州　　　生産管理 中国の40工場
"生産工程・品質・
納期の管理"
　↕　　　　　　　↕ 仕様書
生産管理 山口 東京
　↕
市場調査　　　　　商品企画・デザイン
"お客様の声・店舗の声・　　山口 東京
市場動向"

←　商品の流れ

出所：「ファーストリテイリング会社案内 2000」。

　製品は通常、商品企画－デザイン－設計－パターン－発注－製造の流れをたどり、パターンニングまでを FR 社東京事務所で行っている。製造に関しては、中国の提携工場が 2000 年 7 月時点で 65 工場あり、そこに委託生産している（図 9-1 参照）。また 96 年に、安定した商品供給体制を確立するための一環として、中国山東省にニチメン（株）や中国企業を含む 5 社により、「山東宏利綿針織有限公司」（出資比率 28.75％）を設立した。
　2000 年末時点の提携工場は上海を中心とした華東地域に 4 割あるが、なかでも浙江省平湖市周辺に比較的多く点在している。平湖市へは上海から車で 1 時間半から 2 時間程度の距離にある。さらに香港に隣接する広東省を中心

とした華南地域に4割、残り2割が天津市や山東省などの華北地域となっている。提携工場の選定にあたっては、商社の情報力にも依存しているが、決定に際してはすべてユニクロの生産管理担当者が直接工場を訪問して判断している。アイテムにもよるが、ミシンなど設備も最新鋭で、年500万枚程度の生産能力を1つの基準にしているといわれる。

　これら提携工場へは、日本からも生産管理担当者が訪問し、品質と納期管理の徹底に努めるとともに、上海と広州市にある事務所からもスタッフが定期的に訪問して、品質と納期管理を行っている。事務所スタッフは上海に28名、広州に24人いるが、日本人スタッフは少なく、上海に2人、広州に1人である。したがって大半が現地採用のスタッフで、上海は1年あまりでこれだけの陣容をそろえたことになる。月に1度は採用を続けており、基本的にはいくつかの工場を傘下にかかえる1企業に1人以上のスタッフをはりつけ、直接管理する体制をとることにしている。将来は1工場1人を目標にしている。

　スタッフは月曜の午後に事務所を出て、木曜まで提携工場に実際に赴き、携帯しているパソコンで1日に1度はメール交信を行うことになっている。中国では一般的に品質管理に対する意識が日本に比べて低いため、中国人スタッフも必ずユニクロ製品を着用し、顧客の視点でチェックするとともに、管理マニュアルを徹底的に実施している。提携工場とは、経営者・工場長も含めて密接なコミュニケーションをとり、相互理解を深め、円滑な関係を築くことで、「あたかも自社の工場であるかのような」関係のなかで、生産活動をしてもらうことが理想となっている。生産したものの大半は、商社経由などで日本に輸入している。

　2000年7月には本社・山口と東京事務所と上海・広州事務所を結ぶ専用線が引かれ、メールによる生産管理などの情報交換も容易になった。また従来、品番ごとに色とサイズがすべて同じ組合せの箱別管理だったものを色・サイズまで落とし込んだ単品レベルでの管理へ移し、店頭での品切れに素早く対応することへ切替えている。単品レベルの店頭情報を生かすためには、生産

も単品レベルでという発想で改革が進められているのである。工場とのダイレクトコミュニケーションを深め、情報システムを整備し、単品生産によるサプライチェーンマネージメント体制の構築を確立していく。このような生産と販売の一貫体制こそが、品質を高め、大量生産モデルのユニクロから在庫リスクを軽減する方法にもなるのである。

　ユニクロは、格安の「見せ玉」的商品を少量だけ用意して広告を打つような宣伝手法を、頑なに否定してきたといわれる。1900円で広告した商品には、客が殺到しても全員が買える、というのが同社の基本的な在り方である。「売り切れの謝罪広告」などもってのほかで、消費者が店頭で商品を買えない「欠品」こそ最悪の事態と考えている。中国で生産している商品は段階的に良くなってきたが、今でも理由を問わず3ヵ月間は、顧客からの無条件の返品・交換をを受付けている。そういうクレーム商品などを介して、消費者のニーズや要求などを生産に生かしているのである。

　「顧客中心の即商品化」をもとに良質の商品を大量、かつ計画的に生産する。いずれにしても商品が命なのであるから、商品を通して顧客とコミュニケーションを図り、自信のある商品だけに絞り、生産・販売するのが、ユニクロの精神なのである。

注
1) 江小涓『経済転軌時期的産業政策－対中国経験的実証分析和前景展望』上海三聯出版社、1995年、85ページ。
2) 異なる行政指導系統下にある企業のあいだで行われる業務提携のこと。中国では改革・開放政策のもとで、最終製品製造メーカーが部品の製造や一部加工段階を他企業に委託したり、企業間で技術協力を行ったりすること。
3) 「中国紡織報」1997年12月20日。
4) 詳細は、横田高明「国有企業改革と都市失業者増加の背景」『中国の都市失業者の増大がもたらす社会への影響』(財) 日中経済協会、2000年3月、16-17ページを参照されたい。

5) 2001年時点の増値税還付率は衣料品が税率と同じ17％、衣料品以外の紡績原料および製品が15％である（注：2004年1月の改定で、それぞれ13％に引き下げられた）。またクオータについては、輸出自主権をもつ繊維企業による入札となった。

6) 石万鵬「1998-1999 我国紡織工業結構調整分析」『中国工業経済』1999年3期。

7) WTO加盟問題については、横田高明「WTO加盟——チャンスと挑戦と」(社)中国研究所編『中国年鑑2000年』創土社、2000年8月などを参照されたい。

8) 向川利和「合繊メーカー21世紀の活路」『繊維トレンド』2000年7・8月合併号、東レ経営研究所参照。

9) 「日本経済新聞」2000年8月17日。

10) 福井県繊維協会資料から。

11) 中嶋利夫「横編みニットの市場と生産技術の革新」『繊維トレンド』2000年7・8月合併号、東レ経営研究所参照。

12) 「日本経済新聞」2000年8月16日。

13) 安本隆晴『「ユニクロ」！監査役実録』ダイヤモンド社、1999年5月、はしがき参照、本書は他の数ヵ所でも参照している。

14) 月泉博『ユニクロ＆しまむら「完全解剖」』商業界、2000年5月、46ページ参照、本書は他の数ヵ所でも参照している。

15) 「ファーストリテイリング会社案内2000」参照、本案内は他でも数ヵ所参照している。

16) 「日本経済新聞」及び「日経産業新聞」2000年10月11日によれば、2000年夏にTシャツを2920万枚販売した。また同年9月のチノパンツの売上は前年同月比14倍といわれる。

17) 『週刊東洋経済』2000年7月15日特大号、特集「不思議の国の『ユニクロ』」参照。本特集は他でも数ヵ所参照している。

18) 東レ経営研究所が2000年7月28日に開催した「繊維産業シンポジウム—21世紀に向けた繊維産業の事業環境と経営戦略」における柳井正「『ユニクロ』の経営戦略」講演による。

19) 「日本経済新聞」2000年10月11日。

20) 同上。

第10章
日本の対中国政府開発援助の役割と成果

1. 援助大国への歩み

　日本は工業化過程における1953年から66年の間、社会・産業基盤整備の一環として世界銀行から総額8億6290万ドルの融資を受け、東海道新幹線、東名高速道路、黒四ダム、愛知用水などを建設した。この世界銀行からの長期・低利借款を返済しおわったのは、日本道路公団が未返済分700万ドルを支払った90年7月のことである。この時点で日本は晴れて「借金国」を卒業し、名実ともに「援助大国」となったのである。

　日本が対外的に政府開発援助（ODA ＝ Offcial Development Assistance）を開始したのは比較的早く、1954年10月にコロンボ・プラン[1]へ参加して技術協力を開始したことに始まる。翌55年以降は、資金協力としてビルマ（現ミャンマー）やフィリピン、インドネシアなどに対して、一連の賠償が開始された。しかし、賠償は戦後処理的性格のものであり、経済協力としては58年のインド向け円借款の供与に始まったといえる。

　日本のODAは、米国との関係の影響を強く受けながら拡大してきた。東西冷戦構造が厳しい時期にはこの傾向が強く働き、米国のアジア政策の一翼を担うかたちで運用された。とりわけ1960年代半ばのベトナム戦争を契機として米国政府の日本に対する期待感が高まり、日本のODAは東アジアや東南アジア諸国へ積極的に振り向けられることになる。この期待感の背景に

は、いうまでもなく米国の経済的苦境があった。50年代末から深刻化してきたドル危機のため、援助負担に耐えきれなくなった米国の台所事情が影響したことは言うまでもない。そこで米国は日本の経済力に期待し、日本に援助面での肩代わりを求めたのであった。

ちなみに、経済協力開発機構（OECD = Organization for Economic Cooperation and Development）の開発援助委員会（DAC）加盟国の ODA 支出純額ベースシェアでは、米国が1965年の62%から70年には45.4%、80年26.2%、89年16.5%に急激に減少していった。一方、日本のシェアは65年には3.8%であったが、順に6.6%、12.2%へと拡大し、89年には19.3%となった。87年実績でみた DAC 諸国全体の ODA の地域別構成は、アフリカ32%、アジア25.3%、中南米15.2%、中近東7.5%、不明・その他20%である。この時点で日本はアジア向けが6割以上を占め、アフリカ、中近東、中南米がそれぞれ1割前後ないしそれ以下となっている。

米国の2国間 ODA は、90年に中近東向けが38.6%で最大のシェアを占めており、アジア向けは70年の58.4%から10.1%に減少している。フランスは歴史的、地理的に関係の深いアフリカ向けが90年51.6%を占め、アジア向けは7.1%である。西ドイツ（当時）はアジア向けが70年に31.3%を占めていたが、80年には18.5%のシェアに落ち込んだものの、その後は再び拡大傾向を見せ、95年のドイツとしてのアジア向けシェアは28.8%で地域別で最大となっている。また日本の2国間 ODA の地域別配分は、アジア向けが70年の98.2%から80年70.5%、90年59.3%のシェアとなり、96年には49.6%にまで減少した。同年の他地域のシェアはアフリカ12.8%、中南米11.8%、中近東6.7%などとなっている。

日本は憲法上の制約から軍事面での協力ができないため、アジアに対する援助と協力は、日本が「民生安定」のための経済協力を行い、米国が主として「軍事面」に特化するという役割分担が生まれた。このような日米協調の下で、1965年4月には日台経済協力協定が締結され、日本は台湾に対してダム建設や港湾開発、肥料工場建設などを対象に540億円（1億5000万ドル）

の円借款を供与した。64年の対台湾経済協力が贈与と技術協力を合わせて7959万円（21万9000ドル）であったから、65年を境に急増したことになる。

　韓国に対しては、同じく1965年6月に国交正常化のための基本条約に調印し、付随する請求権・経済協力協定に従って日本は無償3億ドル、有償（政府借款）2億ドル、さらに民間信用供与を3億ドル以上供与することになった。51年から14年間にわたって継続された日韓交渉が急遽妥結にいたった背景には、アジアにおける自由主義陣営の結束を強化したいとする米国政府の意向が強く働いたし、韓国政府にとっても朝鮮戦争で疲弊した経済再建のため、米国に代わる援助国として日本に対する期待が高まったものと思われる。

　その後、日本の援助外交は東南アジアにも振り向けられていく。1965年に米国のジョンソン大統領が提唱した「東南アジア開発10億ドル構想」を受けて、日本は翌66年4月に戦後初めての国際会議「東南アジア開発閣僚会議」を東京で開催した。この会議を契機に日本は、東南アジア諸国に対して賠償に代わって円借款などを中心とする経済協力を本格的に展開していくことになった。

　手始めとしては、1965年にインドネシアで発生した「9・30事件」[2]で共産党によるクーデターが失敗に終わり、新政権に対して66年7月3000万ドルの緊急援助が行われた。さらに新体制へのテコ入れとして、同年9月に日本の主導で、インドネシアの経済的苦境を救済するための債権国会議が東京で開催された。インドネシア向け借款は70年までに4億ドルに上ったが、他の東南アジア諸国にも借款が供与された。66年11月にはマレーシアに5000万ドル、69年2月にはフィリピンに3000万ドル、ビルマに3000万ドル、同年3月にはカンボジアに420万ドルなどが提供された。

　日本の東南アジア向けODAは、1961年から64年には62年を例外として1億〜1億4000万ドル程度であったが、65年に2億4200万ドル、66年2億8500万ドル、67年3億8500万ドル、そして70年には4億5800万ドルへと激増した。しかも66年は2国間ODAの92%がアジア向けで、なかでも東ア

ジアと東南アジア向けの合計が総額の54％となり、2地域が政府ベース経済協力の過半を占めることになった。

日本の2国間ODAの最大の受け入れ国は、1965年にはインドであったが、66、67年はインドネシア、68、69年が韓国、70年がインドネシア、71年から73年まで韓国、74年から81年までインドネシア、82年から86年まで中国、87、88年がインドネシアというように目まぐるしく移り変わっている。この間の特徴は、経済発展を遂げた韓国向けが急速に減少し、これに代わって中国に対する援助が大きく伸びていくことになった。

1980年代以降、米国、英国、西ドイツなどDAC加盟主要国のODA額が伸び悩むなかで、日本はDACの援助総額を引き上げる牽引車的役割を担ってきた。とりわけ85年以降の日本のODA実績の伸び率は著しく、88年に91億3400万ドルを記録し、米国（101億4100万ドル）に次ぐ第2位、DAC諸国の援助総額（約481億ドル）の19％という高いシェアを占めた。

日本のODA実績は、1989年に89億5800万ドルで対前年比1.9％減となったが、米国の大幅な減少（76億6400万ドル）により、日本は初めて第1位の援助供与国となった。しかし、90年には米国が大幅な伸びをみせて101億9400万ドルで第1位、日本は90億6900万ドルで第2位となった。とはいうものの日本のその後の伸びは順調で、ODA供与額は、91年以降2000年まで世界一の規模となっている（注：2001年以降の供与実績は米国に次ぐ第2位で02年の確定値は米国が132.9億ドル、日本が92.8億ドルである）。95年のODA実績は144億8900万ドルとなり、前年の132億3900万ドルに対しドルベースで9.4％増加した。円ベースでは、95年は1兆3849億円であり、前年の1兆3769億円に対して0.6％増である。また、ODAの国民総生産（GNP）に対する比率は0.28％で、DAC加盟21カ国のうちで15位となり、英国（0.28％）、アイルランド（0.29％）、ポルトガル（0.25％）とほぼ同水準にある。ちなみに第1位のデンマークのGNP比は0.96％の16億2300万ドル、最下位の米国のそれは0.1％の73億6700万ドルとなっている。

日本の1996年のODA実績は、90年以来初めて100億ドルを割り込んで

94.4億ドル（東欧向けを除く）となり、前年比でも35％の大幅減となった。これは円安（95年1ドル＝94.07円から96年＝108.82円）によりドル表示額が減少したこと、国際開発金融機関への出資・拠出が大幅に減少したこと、さらに過去に供与した円借款の回収金が増大したことなどにより、有償資金協力のネットベースの実績が減少したことなどによるものである。この結果、日本の援助実績はかろうじて6年連続の第1位を確保したが、シェアは95年の24.6％から96年は17.1％に低下した。第2位の米国は前年比23％増の90.6億ドルを記録し、シェア16.4％であった。

　円ベースでも大きく落ち込んだ日本のODAは、対GNP比でも1995年の0.28％から96年には0.20％に減少し、DAC21カ国中の順位ではイタリアと並ぶ19位で、比率、順位とも過去最低となった。なお96年の援助形態別構成は2国間ODAが86.9％、国際機関向け出資・拠出等が13.1％で、2国間ODAの内訳は無償資金協力24.5％、技術協力33.1％、政府貸付等29.3％である。

2. 対中経済協力の基本原則

　日本の急速に拡大したODA供与額や援助姿勢をめぐって、これまでにDAC諸国などからさまざまな批判が行われてきた。グラント・エレメント[3]は94/95年でDAC21カ国平均92.1％に対し日本は最下位の82.3％であり、贈与比率も平均78.6％に対して48.8％となっている。米国などからは、「西側陣営の安全保障政策や援助政策への日本の貢献が少ない」「ただ乗り屋」「エコノミック・アニマル」などといった、あまりあり難くない批判が日本に向けられてきた。日本は「世界の優等生」として、気前よく「円の恩恵」を発展途上国に振りまいたが、ODA供与額が高まるとともに「利己主義者」として、援助の中身が批判を浴びることになった。

　確かに日本は、短期間のうちに驚異的な速さでトップ・ドナーへの道を邁進してきた。このことは日本の援助政策が内包してきた歪みや矛盾を肥大化

するとともに、顕在化させるもととなった。その結果、援助政策においても高度に政治的な争点へとエスカレートし、日本国内はもとより国際社会においても日本の援助とその進め方に対して強い関心が向けられ、活発な批判と要求が提起されたのである。

　援助のあり方としては、発展途上国の自立を助けるとともに、自尊心を育むような支援が求められる。しかし、これまでの日本の援助、とりわけ贈与の多くは途上国の自立を助けるというより、むしろ援助依存症候群を生みだす結果を招いたという一面がないとはいいきれない。また、日米安全保障体制という構図のなかで推進されてきたものであり、援助を国家間の「外交ゲーム」の一環と捉える外交的リアリズムは、日本では極めて希薄であった。むしろ援助のそのような側面を、忌まわしく唾棄すべきものとして避けてきたきらいがある。特に過去の戦争に対する負い目のある国への援助に対しては、原則を蔑ろにするような姿勢がなきにしもあらずであったといえよう。

　戦後日本の対外政策は、対米外交を除けば、各国との国交正常化や賠償をめぐるいわば「戦後処理外交」が、長い期間にわたって続いてきた。1951年のサンフランシスコ講話条約締結以後、旧ソ連との国交正常化、東南アジア諸国への賠償、韓国との国交正常化、中国との国交正常化など一連の戦後処理に関連した外交が展開された。そして78年の中国との「日中平和友好条約」締結は、日本の戦後処理外交に一応の終止符をうち、新たな外交の開始を告げる分水嶺であったといわれる。それは日本が、いわゆる「覇権条項」の取扱いに関連して、中ソ（当時）のうち中国を選択したという「戦略的」意味をもっているからである。

　日本の中国向け政府開発援助の開始は、1972年9月29日の日中国交回復と両国関係を実質化するための貿易、海運、航空、漁業など実務協定の締結、さらに78年8月12日の日中平和友好条約調印の延長線上にある。79年度からの中国向けODAの供与は、中国政府が賠償を放棄したとはいえ、戦後処理の側面が全くなかったとはいいきれない。中国サイドからも、そのような指摘がみられる。例えば96年に発刊されて話題を呼んだ『中国可以説不』（ノー

といえる中国）のなかで、張蔵蔵は「……この種の借款はかなりの程度、道義的にみた過去の補償という意味を含んでいる」[4)]と述べている。しかし、基本的には「改革・開放政策下にある中国の安定的発展を確保することが日本の国益である」との考えから、自らの利害得失を考慮した積極的政治決定であると評価することが可能である。

　1979年12月には大平正芳首相（当時）が中国を訪問し、中国の近代化努力に対してできる限りの協力をすることを中国政府に伝えた。同時に、いままで円借款を供与したことのない中国に対して、巨額の借款を供与するにあたっては、「対中経済協力3原則」の順守を表明した。それは、①先進工業諸国との協調のもとに協力する、②日本とアジア諸国の関係を犠牲にしない、③軍事面での協力は行わない、というものである。

　1980年代の日中関係は、2、3年に1度の割合でシンボリックな問題が発生し、その度ごとに友好ムードから緊張関係に至り、それを収束する努力がくりかえされてきた。主なものには、82年の「教科書問題」、85年の閣僚「靖国神社公式参拝」問題、87年の「光華寮問題」がある。いずれの問題においても日中関係が決定的に悪化する状態に至らなかったのは、両国の解決へ向けた努力は勿論のこと、中国が改革・開放政策を採用し、日中をめぐる東アジアの国際環境も両国関係の進展にプラス要因として働いたためである。

　しかし1989年6月の天安門事件は、日中関係に大きな影をおとすことになった。経済協力推進のマイナス要因として作用するとともに、中国に好感をもつ日本人を減少させ、中国に対する信頼は確実に低下した。また、89年夏にベトナム難民を装った中国人がつぎつぎと日本に漂着したことは、「不健全な中国人」のイメージを日本人の間に醸成するもとになった。さらに、中国の人権問題に対しても関心を呼び起こすことになった。

　同時に国際環境において、劇的な変化が起こったことを見逃すわけにはいかない。1972年の日中国交正常化が、米中和解という前提を伴ってはじめて実現したことからも明らかなように、70年代から80年代の日中関係がほぼ順調に発展してきた背景には、両国の努力とともに、それぞれ米国との関係

で大きな矛盾が存在しなかったからである。しかし、89年の天安門事件とソ連および東欧諸国の市場経済への移行は、東西冷戦構造を収束へ向かわせるとともに、米国の中国に対する戦略的な価値を見直させることになった。

　また、1990年8月のイラクのクウェート侵攻は、新たな国際秩序を模索するなかで、国連安全保障理事会常任理事国としての中国の価値を再び高めたとはいえ、以前同様の緊密な米中関係がすぐに取り戻せるという状況にはなかった。

　このような背景のなかで、日本政府は1991年4月に「政府開発援助（ODA）4指針」を発表した。経済協力を進めるにあたっては、①供与先国の軍事支出の動向、②大量破壊兵器の開発、製造等の動向、③武器輸出入の動向、④民主化、市場経済化、基本的人権の状況、などを考慮することを明らかにした。

　いわば対中経済協力は、中国や世界の政治、経済情勢の変化により、時代に則した新たな指針が求められることになった。さらに、より効果的、効率的に対中経済協力を実施していくためには、一方で日本の有識者の考え方を中国に示し、それに基づいて中国との対話を深めることも大切である。他方、なぜ対中経済協力が必要なのか、どのように実施するかについては資金の提供者であるの納税者、つまり日本国民や他の先進工業諸国、アジア太平洋地域の中国近隣諸国の理解を得るように努めることが、以前にも増して必要となってきたのである。

　日本のODAが年々拡大するとともに、援助受け入れ国のニーズも多様化したことから、援助の計画的、効果的、効率的な実施がますます重要な課題となっている。そこで2国間援助のうち無償資金協力と技術協力の大半の実施を担当している国際協力事業団（JICA＝Japan International Cooperation Agency. 2003年10月1日に独立行政法人国際協力機構に組織変更された）が、1989年1月に中国について国別援助研究会（座長・大来佐武郎内外政策研究会会長）を設置した。途中、天安門事件の影響を受けて、中国の経済社会開発政策の変化を見据えるために一時休止するという予定外の事態も発生したが、公開討論会を含めて9回の研究会を開催し、中国政府関係者との会談を

含む2回の現地調査を実施するなどして、中国の経済、社会の発展の現状の検討、並びに日本の対中経済協力の在り方について、91年12月に報告書を取りまとめている[5]。

そのなかでは、対中経済協力の指針として、従来の3原則を発展させた新4原則を提言している。それは、①日中友好、世界平和のために、②中国の経済改革、対外開放を支援して、③経済発展による不均衡是正のために、④人口、国土の規模に配慮して、実施していくというものである。

原則①は、従前の3原則を基本とし、それを包括的に発展させたものである。また、世界情勢の変化を踏まえ、従来は考慮に入れてなかったロシアやモンゴル国など中国の近隣諸国との協調と連携も視野にいれ、対中経済協力の意義をアジア太平洋地域、さらに世界の平和と繁栄を実現するうえでの1つのテコとして積極的に位置づけていくことを提示した。

原則②では、78年末以来の中国の基本原則である経済改革、対外開放政策を尊重し、経済発展の牽引車である沿海地域を支援していくことにある。しかし、沿海地域の急激な経済発展は工業化による急速な都市化、環境破壊、地域経済格差などさまざまな問題を生み出している。そこで原則③で、経済発展による不均衡是正のための協力にも順次に力を入れていくことを明らかにした。

原則④は、中国の人口規模や国土規模を配慮し、発展の方向が12億人を超える人々の生活と日本をはじめとするアジア太平洋地域、ひいては世界の政治、経済に与える影響の重要性を勘案し、近代化に向けた中国の自助努力に対して、出来るかぎりの協力と支援を行っていくことを明らかにしている。対中経済協力の理念を明確にしたうえで、円借款の実施機関である海外経済協力基金（OECF＝The Overseas Economic Cooperation Fund, Japan. 注：1999年10月1日に日本輸出入銀行と統合して国際協力銀行JBIC＝Japan Bank for International Cooperation）やJICAを始めとする日本のODA実施に直接、間接に携わる機関が、その効果と効率を高める諸施策を講じていくことが必要となっている。一方、中国サイドからも、日本の協力に対して率直に注文し、

効果についても適宜検討を行い、実施方法を見直していくことが重要である。

このような状況をふまえて、日本は1992年6月に「政府開発援助大綱」（ODA大綱）を閣議決定した。つまり冷戦の終焉という時代を認識しつつ、約40年に及ぶ日本の発展途上国援助の実績、経験、教訓を総合して、基本理念、原則、重要事項などを含み、援助方針を包括的かつ長期的視点から集大成したものである。

援助の基本理念は、①人道的考慮、②国際社会の相互依存関係の認識、③環境の保全、④自助努力の支援、である。

またODAの実施にあたっては、国際連合憲章の主権平等及び内政不干渉をはじめとする諸原則と次の4つの事項をふまえ、相手国の要請、経済社会状況、2国間関係などを判断のうえ実施すべきである旨の原則が規定された。その原則とは、①環境と開発を両立させる、②軍事的用途及び国際紛争助長への使用を回避する、③軍事支出、大量破壊兵器・ミサイルの開発・製造、武器の輸出入等の動向に十分注意を払う、④民主化の促進、市場指向型経済導入の努力並びに基本的人権及び自由の保障状況に十分注意を払う、というものである。

ODA大綱を作り原則を提示した以上、その運用において「信頼性」を確保していくことは重要なことである。しかし、大綱と原則に照らして相手国に好ましくない動きがあった場合、アプローチの仕方によっては日本による一方的な「価値の押しつけ」と受け止められ、相手国側の反発を招来し、かえって事態の改善を遅らせる可能性さえある。したがってそのような場合には、ODAのみによる対応ではなく、2国間の外交的説得や他の諸国と協調した形での国際的な働きかけによって、相手国の行動に影響力を及ぼすことが重要となる。援助の見直しについては、相手国の状況や2国間関係を含め総合的に勘案し、真にそうした措置が当該国に対して適切であるかどうかを慎重に見極めていく必要がある。

具体的には1995年8月、日本の再三の反対申し入れにもかかわらず中国が核実験を実施したことに対して、日本政府は中国に強く抗議するとともに、

そのような日本の立場を明確に提示するための手段をとった。つまり核実験停止についての中国側の理解を求める目的で、95年度の無償資金協力については、災害緊急援助等の人道援助及び草の根援助を除き凍結することを決定した。また、96年度以降についても核実験の停止が明らかにならない限り、無償資金協力の原則停止を維持するとの方針を示した。この結果、95年度の対中無償資金協力の実績は、前年度の77.9億円から4.8億円へと大幅に減少した。中国の核実験は96年に入っても6月と7月に強行されたが、中国は7月の実験の際、これを最後に核実験のモラトリアムを実施する旨発表している。この発表等を踏まえ、日本は97年3月から中国に対する無償資金協力を再開した。

さかのぼって1994年3月には、細川護熙首相（当時）が中国を訪問して江沢民国家主席、李鵬首相、朱鎔基副首相等と相次いで会談し、96年から供与する第4次円借款では環境保全に加えて、沿海地域から内陸地域の振興に重点を移すことを表明した。また時を同じくして、日中環境保護協定が北京で調印された。その結果、大気汚染の関係でいえば、石炭燃焼によって生ずるSO_xや煤塵といったものをコントロールする環境案件が大幅に増加することになった。

円借款対象事業では、日本サイドとして環境に与える影響について、環境ガイドラインを定めるなど事前のチェックを行うことにした。案件形成促進調査（SAPROF）においても、環境に対する影響調査を含むものが多くなっている。1995年度には、環境面を重点的に調査するための「環境アセスメント支援SAPROF」が創設され、中国の「黒龍江省国営農場農業総合開発事業」において同調査が実施された。同事業は、中国における将来の人口増や食生活向上による食糧不足に対処するため、黒龍江省国営農場総局が策定した農業基盤整備事業に基づき、同省の40の国営農場を対象にした牧畜基盤整備を行うものである。

同調査は（財）日本野鳥の会に委託し、対象農場周辺地域の自然環境の状況確認、中国側が作成した環境影響評価報告書の内容の検討を行うとともに、

同地域の自然環境保護に関する提言を行った。自然環境の状況については、実地調査に加えてヘリコプターによる上空からの調査、衛星写真による解析が行われた。このような調査を踏まえて、自然環境保護区域の創設や指定すべき区域を特定するとともに、環境ガイドラインの作成、環境モニタリングの方法などについて提言を行っている[6]。

3. 対中経済協力の位置づけと実績

(1) 経済協力の位置づけと現状

　日本の隣国である中国とは、歴史的にも文化的にも密接な関係にある。両国の安定した友好関係の維持と発展は、アジア・太平洋地域ひいては世界の平和と繁栄に重要な関わりをもつものである。中国は現在、経済の近代化を最優先課題と位置づけ、経済改革と対外開放政策を推進しているが、広大な国土面積と12億を超える人口を有しているため、1人当たりGNPが620ドル（95年、世界銀行資料、注：2005年は1700ドル）と低く、援助需要は高い。そこで日本は、中国の近代化にできる限りの協力を行うとの方針のもとに、中国の自主的な経済開発と民生向上に向けた努力に対して支援を行っている。

　中国に対しては、有償資金協力を中心に、経済インフラ整備に協力することを重点としている。さらに中国のバランスのとれた発展のためには、相対的に開発余地の大きい内陸地域にこれまで以上に配慮し、農業・農村開発への協力、豊富な資源を利用した開発への協力をすすめていく。無償資金協力と技術協力については、とりわけ内陸地域を重視することとし、主に貧困地域に対する基礎生活分野の充足のための協力を実施していくことにしている。

　経済インフラとしては、中国経済発展のボトルネックとなっている運輸、通信、電力などの能力向上に協力していくことにした。輸送能力の向上と効率化のための維持、管理技術の向上に資するためにの援助を行う。また、大気汚染防止対策を図りつつ、火力発電所建設に協力していく。通信では、基

盤整備に協力するとともに、維持・管理面を考慮した協力を実施する。環境面での協力は、日本の経験と技術を生かし、省エネルギー、廃棄物の再生処理技術、排煙脱硫装置などの汚染防止施設について、中国側のニーズを踏まえながら協力をすすめていく。すでに無償資金協力による日中友好環境保全センターが1995年5月に設立されているので、関連した各種の協力を展開していく方針である。

中国でも農業生産、特に食糧の安定的供給の確保に向けた一層の努力が必要である。灌漑・排水施設の建設、機材の供与など農業基盤整備への援助、肥料、農業用資材提供、試験研究機関を通じた農業技術の向上への協力を実施していく。さらに農村では、保険・医療水準の底上げが必要である。また地域格差是正の観点から、農村における健康管理や予防保健事業を普及するとともに、地域医療水準の向上に協力していく。

中国では人材養成も重要な課題であり、日本としては教育用機材の供与や学校施設の建設への協力等による基礎教育の普及・充実に貢献していく。さらに研修員の受入れ、専門家派遣等による中堅技術者・管理者の養成等に資する人造りに協力していくことにしている。

このような基本方針のもとに供与されている中国向けODAは、1987年以降（91年を除き）日本のODA総額のなかで第2位の地位を占めていたが、93年から95年は第1位となり、96年は無償資金協力の原則停止の影響を受けて、表10-1に見るとおり8億6173万ドルとなり、インドネシアの9億6553万ドルに次いで第2位となった。89年の「天安門事件」の後、協力案件の多くは事実上一時中断の状態におかれたが、中国側の一定の努力が西側諸国から評価されて関係修復がすすみ、日本との協力関係も拡大して、93年には日本の2国間ODAの16.5％を占めるまでに回復した。中国にとって、日本はDAC諸国中最大の援助国であり、94年のシェアは61.8％、95年54.5％、96年42.8％となっている。

1995年の日本の2国間ODAは、東アジア向け合計が16億616万ドル、東南アジア向け合計が25億9238万ドルで、両地域を合わせると41億9854万

表10-1 対中国ODA実績と日本の2国間ODA総額に占めるシェア(1987〜96年)

単位:百万ドル・%

	(A) 対中国ODA計	贈与計	無償資金協力	技術協力	政府貸付	(B) 2国間ODA総額	シェア(A／B)×100
1987	553.12	130.31	54.31	76.00	422.81	5,247.63	10.5
1988	673.70	154.71	52.03	102.67	518.99	6,421.87	10.5
1989	832.18	164.11	58.01	106.10	668.07	6,778.50	12.3
1990	723.02	201.31	37.82	163.49	521.71	6,939.56	10.4
1991	585.29	194.09	56.61	137.48	391.21	8,870.24	6.6
1992	1,050.76	259.53	72.05	187.48	791.23	8,484.23	12.4
1993	1,350.67	299.49	54.43	245.06	1,051.19	8,164.34	16.5
1994	1,479.41	346.34	99.42	246.91	1,133.08	9,680.48	15.3
1995	1,380.15	387.87	83.12	304.75	992.28	10,557.08	13.1
1996	861.73	328.72	24.99	303.73	533.01	8,356.26	10.3

注 :2国間ODA総額には、東欧向け援助を含む。
出所:外務省経済協力局調査計画課資料。

ドルとなり、全体の39.8%のシェアである。その内訳は、両地域の無償資金協力7億9343万ドル(全体に占めるシェア26.7%)、技術協力11億5345万ドル(同33.3%)、有償資金協力22億5165万ドル(同54.6%)となっている。96年では、両地域の合計が27億2625万ドルで全体の32.6%のシェア、内訳は無償資金協力が同4億7512万ドルで19.8%、技術協力が10億2656万ドルで32.3%、有償資金協力が12億2455万ドルで44.1%である。

したがって東アジアと東南アジア両地域向けODAに占める中国のシェアは、95年が総額で32.9%、無償資金協力が10.5%、技術協力が26.4%、有償資金協力が44.1%である。また96年では総額のシェアが31.6%、無償資金協力が5.3%、技術協力が29.6%、有償資金協力が43.5%となっている。

中国への無償資金協力では、農業、医療、環境、人材養成を中心に協力を実施しており、1980年度以降「中日友好病院建設計画」(160億円)、「日中青年交流センター建設計画」(101.1億円)、「日中友好環境保全センター設立計画」(102.56億円)等を実施してきた。中国では急速な経済成長に伴う工業化の進行や都市人口の膨張により、産業公害と生活公害が顕在化している。こ

れに対して中国政府は、79年の国家環境保護法（試行）の制定、環境対策投資の強化を実施し、さらに92年の地球環境サミットを受けて経済開発と環境保全を調和させながら持続可能な発展を図るため、「中国アジェンダ21」を採択した。

　このような状況のなかで、1988年には日中平和友好条約10周年記念事業として、中国国家環境保護局のもとに日中友好環境保全センターの設立が決定された。まず無償資金協力「日中友好環境保全センター設立計画」により、90年から95年までセンター施設の建設および機材の調達を行い、並行して92年から95年までの3年間で、センター職員となる中国側カウンターパートの活動に必要な基礎技術を移転すべく、「日中友好環境保全センタープロジェクト（フェーズI）」を実施した。さらに96年から2000年にかけてのフェーズIIでは、それらの協力を基礎に中国の環境分野において研究、研修、モニタリングにおいて指導的役割を果たしていく管理者、技術者の養成、一般の人々への啓蒙や普及活動を実施していくことになる[7]。

　対中技術協力としては、1995年度も農業、工業、経営管理、保健医療等の広範な分野で研修員の受入れや専門家の派遣が行われている。また、プロジェクト方式の技術協力も毎年20件程度行われているし、78年度から実施されている開発調査も95年度には19件が実行された。

(2) 円借款の実績と変遷

　政府貸付のなかには海外投融資や開発投融資などを含むが、シェアとしては僅かであり、ほとんどが有償資金協力つまり円借款である。中国に対する円借款は、対中ODA総額に対して、1990年から96年までの7年間の平均が71.8％と大きなシェアを占めている。ちなみに96年は61.9％となっている。そこで、以下は円借款を中心に検討していくことにする。

　1979年度に始まった日本の対中円借款は、中国が改革・開放政策を採用したのとほぼ時を一にしている。96年度で18年目を迎えたが、96年12月末現在の借款供与の実績は、承諾累計額1兆8513億8400万円、貸付累計額1兆

表10-2 対中国円借款分野別供与実績

単位：百万円、%

		承諾額	構成比
プロジェクト借款		1,721,384	93
	運輸	927,505	50
	エネルギー	323,327	18
	都市整備	136,400	7
	通信	116,949	6
	農業	106,322	6
	開発金融	88,346	5
	かんがい	22,535	1
商品借款		130,000	7

注：1996年12月末現在。
出所：海外経済協力基金資料。

2940億2500万円となっている。最初の供与は80年4月であるので10年据え置き後の90年から償還が始まり、償還累計額は918億6800万円で、差引きの貸付残高は1兆2021億5700万円となっている。

分野別供与実績は、表10-2に見るように経済インフラ整備向けが大半を占めており、なかでも鉄道、港湾などの運輸分野が圧倒的に高いシェアを誇っている。中国では鉄道営業距離数5万6700km（96年末）のうち電化総延長が17.5％にあたる9941kmとなっているが、その38.6％の3842kmが日本の円借款を利用して建設されたものである。また、中国の複線化率は32％程度であるが、円借款を利用して複線化した総延長距離数は96年末で2603kmである。なお関連案件としては、北京－秦皇島間鉄道拡充（80～83年、870億円）、衡陽－広州間鉄道拡充（84～87年、702.94億円）、鄭州－宝鶏間鉄道電化（84～88年、691.91億円）、衝水－商丘鉄道建設（91～93年、236.03億円）、北京市地下鉄建設（88～94年、196.78億円）などがある。

港湾では、円借款を利用して全部で359バースを建設した。これは中国の主要バースの13％に相当する。主な関連案件としては、秦皇島港建設・拡充（80～95年、673.66億円）、青島港拡充（84～89年、570億円）、深圳大鵬湾塩田港（91～92年、146.81億円）、海南島開発計画（海口港・洋浦港、91～95年、68.89億円）がある。

電力では、中国の全発電設備容量（21万MW）の3.3％に相当する6850MW（水力4100MW、火力2750MW）の発電設備が円借款で建設された。関連案件には、五強渓水力発電（80～92年、430.7億円）、北京十三陵揚水発電（91年、130億円）、湖北鄂州火力発電（92～95年、318.92億円）、上海宝山イン

フラ整備 (94〜95年、309.99億円)、江西九江火力発電 (95年、296億円)、三河火力発電 (95年、246億円) などがある。

さらに農業関係では、円借款で化学肥料工場を6ヵ所 (生産能力143万トン) を建設したが、これは全化学肥料生産の生産能力増加実績である570万トンの25.1％に当たる。主な関連案件には、渭河化学肥料工場 (90〜92年、269.26億円)、内モンゴル化学肥料工場 (90〜93年、214.12億円)、九江化学肥料工場建設 (91〜93年、213.57億円) がある。

中国への借款は、1990年に世界銀行の貸付額を抜いて第1位となった。第1次円借款 (79〜84年度) として3309億円、第2次円借款 (84〜89年度) として4700億円と資金還流分700億円、第3次円借款 (90〜95年度) として8100億円が供与された。96年度からは中国の第9次5ヵ年計画に合わせて第4次円借款が開始されている。中国政府の事業実施能力は総じて高く、第1次円借款の対象プロジェクトはすべて完成し、第2次・第3次円借款対象プロジェクトについても事業は順調に進展している。

なお、中国への1996年末の円借款供与累計額1兆8513億8400万円は、表10-3に見るように、供与期間が実質16年間と他国に比べて短いにもかかわらずインドネシアに次ぐ第2位の地位を占め、そのシェアは12％となっている。97年9月には、97年度分円借款として14案件に対して2029億600万円が調印をみており、単年度としては初めて2000億円を突破した。この結果、円借款供与承諾累計額は2兆242億9000万円を記録した。このようなことからも中国が、日本のODAにおける最重点国の1つに位置づけられていることは明らかである。

中国に対する第1次円借款の供与は、1979年8月に来日した谷牧副首相 (当時) の要請を受け、同年12月に大平首相 (当時) が訪中し、79年度分

表10-3　円借款国別供与類型額

単位：百万円、％

国名	承諾累計	シェア	開始年 (年間)
インドネシア	2,900,130	18.9	1968 (28年)
中国	1,851,384	12.1	1980 (16年)
タイ	1,377,686	9.0	1969 (27年)
フィリピン	1,364,777	8.9	1975 (21年)
インド	1,327,414	8.6	1971 (25年)
円借款計	15,333,157		

注1：1996年12月末現在。
注2：リスケジュールは含まない。出所：海外経済協力基金資料。

として500億円の事前通報を行ったことに始まる。最終的には84年度までに、商品借款を含めた7案件に対して総額3309億円が供与された。当初の対象案件は港湾2件、鉄道3件、水力発電1件の合わせて6件であったが、中国で経済調整政策が実施されたことにより、81年に鉄道1件（衡陽－広州間鉄道拡充事業）と水力発電1件（五強渓水力発電所建設事業）の実施が見送られて、その分が商品借款に振り替えられた。商品借款の見返り資金は、日本企業がプラント輸出契約をしている上海宝山製鉄所と大慶石油化学工場の国内向け建設資金にまわされた。

第2次円借款は、1984年3月に中曾根康弘首相（当時）が中国を訪問したとき、84～90年度の7年間に、7案件に対して総額4700億円を目途に供与が約束された。しかし、実行段階で世界的不況による資材価格の下落や急激な円高の影響を受けて、円ベースのプロジェクト・コストが当初予算を下回ったために資金に余裕が生まれた。そこで88年には、北京市上水道整備事業など9案件が追加された。さらに7年間の借款供与期間を1年間短縮して、第2次円借款は89年度で終了することにした。一方、日本の円高に関連して中国は、日本からの建設用資・機材や耐久消費財輸入の大幅増加による貿易赤字、円借款償還時の返済金が実質的に膨張するのではないかといった懸念が、日本側に表明された。

第2次円借款は、主として運輸、通信、電力、エネルギーなどの重要な経済インフラ整備が対象であった。これに並行して、1987年5月にベネチアにおいて行われた先進国首脳会議で、当時の中曾根首相が約束した黒字資金還流措置の一環として、中国における輸出産業の国際競争力を高めるための「輸出基地開発計画」に対し、700億円が供与されることになった。その借款契約は、88年8月に調印されている。

第3次円借款は、1988年8月に竹下登首相（当時）が中国を訪問した際、90～95年度の6年間を対象に41案件について総額8100億円を目途に供与することを表明した。しかし、89年6月に「天安門事件」が発生して死者や多数の逮捕者をだしたことをめぐり、西側先進諸国から中国の人権問題に対

して反発が強まった。日本政府は、89年7月のアルシュ・サミットの合意を踏まえ、第3次円借款の取扱いについて慎重に対処した。その後、戒厳令の解除や政治犯の釈放など中国側の努力を評価するかたちで、90年7月に開催されたヒューストン・サミットにおいて、海部俊樹首相（当時）は「第3次円借款を徐々に実施していく」方針を明らかにした。これを受けて、90～95年間に41案件を対象に8100億円の借款供与が決定した。第3次円借款では、第2次円借款と同分野の案件に加えて、上水道整備や化学肥料工場等も対象案件に入っている。

(3) 第4次円借款の特徴と供与案件

中国は、90年代に入って急速な経済成長を遂げており、91年以降96年までのGDPの年平均実質成長率は11.9%を記録した。一方、急成長に伴って地域間経済成長率格差や所得格差の拡大、社会インフラの不足、農業基盤整備の遅れ、環境汚染拡大などの諸問題が顕在化してきた。これらの課題への対策は、中国の1996年から2000年までの第9次5ヵ年計画の重点分野となっている。

こうした中国の政策を支援するため、1996年度から始まる第4次円借款では、それまでの5、6年にわたる一括して対象案件が表明される長期コミット方式を改め、まず前3年分の協力内容を固め、残りの2年分は改めて協議する「3＋2方式」に基づいて実施することにした。94年12月には、前3年分として40案件に対して総額5800億円を目途に協力を行う用意がある旨表明された。第4次円借款では、従来以上に農業、内陸地域振興、環境などの案件を重点分野として取り扱っている。第4次円借款40案件を分類してみると、分野を跨がるものもあるが、農業案件が5件、内陸地域振興案件が27件、環境案件が15件となった。

中国では、急速な経済発展による生活水準の向上やここ数年平均でも毎年1300万人前後の人口増加がみられることなどから、食糧の安定供給が将来の重要な課題になる可能性が高い。沿海地域を中心に肉類の消費が増加してお

り、96年の生産量は5800万トンで前年比10.3％増であった。同年の食糧生産量5億454万トン（穀物のほか豆類及びイモ類を含む、イモ類の生産量は実際の重量5kgを食糧1kgに換算）のうち、約3割が飼料用にまわされているとみられている[8]。

中国が食糧の効率的な生産体制を整備し安定供給を確保するために、円借款を利用する状況が増加している。第4次円借款の対象案件には、華北地域の深刻な水不足に対処すべく、湖北省丹江口（揚子江）から北京まで水を引くためのダムかさ上げ、さらに1240kmの用水路を建設する「南水北調中央線事業」が入っている。さらに「黒龍江省三江平原商品穀物基地」や多目的ダムを建設して灌漑と洪水防止を図るために、「黒龍江省三江平原龍頭橋ダム」「遼寧省白石ダム」「四川省紫坪鋪ダム」などの建設が含まれている。

中国では、1978年末以降の「改革・開放の時代」のなかで、東部沿海地域における外資系企業の大量進出とそこで生産される製品の大量輸出の好循環を利用して、高い経済成長率を達成した。その結果、内陸地域との間に経済格差が発生し、とりわけ90年代には、それが一層拡大している。97年7月1日に「特別行政区」として中国に「回収」された香港は、1人当たりGDPが2万ドルを超えているが、これを別とすれば、一番貧しいと言われる貴州省の94年の1人当たりGDPは180ドルで、最も高い上海の1764ドルとの間に9.8倍の格差がみられる。ちなみに両省間の地域経済格差は、90年には7.1倍であった。貧富の差が激しいといわれるブラジルでも州間の格差は最大で8倍程度といわれており、近年の中国における格差拡大傾向は憂慮すべき現象といえよう[9]（注：90年代に格差はさらに拡大し、2003年には13倍となった）。

そこで中国政府は、第9次5ヵ年計画において「地域間格差の拡大傾向を解消するのに有利な政策を実施しなければならない」とし、初めて地域格差の是正を政府の方針として打ち出した。内陸地域の経済の遅れは、インフラ部門への投資が少ないのに加えて、市場経済化への対応が不十分なことに多くの原因がある。また内陸地域は、沿海地域と同じような産業政策を採用す

るよりも、むしろ天然資源や安い労働力を生かした戦略を立案すべきで、たとえば農業の優位性を生かした食品加工産業とか肥料生産などの産業振興を優先的に図ることが望まれる。

　内陸地域の民間資本が十分に育成されていない現状を考慮すれば、当分の間は中央政府の財政機能を強化して資金を確保し、内陸地域に重点的に投資する必要がある。さらに、政府間の経済協力を通じた資金を利用した開発が必要である。日本には、内陸地域のインフラ開発はもとより、市場経済化を促進する制度作りに協力したり、産業の育成に貢献していくことが期待されている。第4次円借款では、内陸地域における石炭輸送力強化のための鉄道建設や道路建設、さらに内陸地域の新疆ウイグル自治区・甘粛省・寧夏回族自治区・内モンゴル自治区・貴州省の通信事情の緩和と将来の需要増に対応するための交換設備等の設置、光ケーブル建設、発電所建設、上水道の整備などの案件が含まれている。

　近年、中国の環境問題は深刻である。中国はエネルギー多消費型経済であり、GDPに対する消費量は極めて大きい。それは1人当たりの所得水準に比べて、工業化率が高いためでもある。とりわけ重工業化率は、96年の生産額ベースで53.9％となっている。また、GDPに占める各部門のシェアは第1次産業が20％、第2次産業が48.9％、第3次産業が31.1％で、1人当たりGDPが中国と同水準にある国の第2次産業比率が25％程度であるのに比べて、かなり高い水準にある。さらに中国では、石炭生産が13億8000万トン（2005年の生産量は21.9億トンになった）と世界一の生産量を確保しており、エネルギー消費に占める石炭依存度が75％と極めて高くなっている[10]。

　中国の主要エネルギー源である石炭の大量燃焼により硫黄酸化物（SOx）や煤塵、酸性雨などの大気汚染問題、未処理の生活排水や工場排水による河川汚染問題が重大問題となりつつある。酸性雨の原因となる二酸化硫黄の排出量は、中国では年間1800万トンに及んでおり、これが雲や雨水に取り込まれて硫酸酸性となって地上に降下してくる。ちなみに日本の硫黄酸化物の排出量は、全国で80万トン以下である。また、雨水のなかには、二酸化炭素

(CO_2)が含まれている。酸性雨はph5.6以下の雨をいうが、中国の揚子江以南、チベット高原以東の四川盆地や貴州盆地ではph3.8という値がしばしば計測される[11]。

大気汚染問題は中国の国土と人々に大きな被害をもたらしているばかりでなく、日本にも影響を及ぼしつつある。この問題を軽減するうえで、円借款が有効に利用されることは両国にとって有意義なことである。大気汚染や河川汚染問題の解決に向けて両国が協力することは、開発と環境の両立を図り、中国の持続的発展を支援していくという円借款の基本的精神に沿うものである。

第4次円借款の環境案件としては、遼寧省の「本渓大気汚染対策事業」「瀋陽大気汚染対策」、甘粛省の「蘭州都市総合改善」、内モンゴル自治区の「フホホト・包頭大気汚染対策事業」、広西チワン族自治区の「柳州酸性雨対策事業」、水質関連事業としては「河南淮河汚染総合処理」「黒龍江省松花江都市汚染処理」「湖南湘河流域汚染対策」「吉林省松花江都市汚染処理」などが対象となっている。さらに「フホホト上水道」、貴州省「貴陽西郊上水道」「北京第9浄水場第3期」「大連水資源開発」などが案件として取り上げられている。

このような重点分野とともに第4次円借款では、地方政府や自治体が主体となって実施する事業が増加しているという特徴がみられる。対中円借款は日本国民にとっても関心の高い問題であり、日中両国の協力により、中国の農業、内陸振興、環境などの重点分野を中心に、中国の人々の生活が一層改善され、日中間の友好関係がさらに増進されることを期待したい。

96年度分の供与についての交渉は、中国の核実験実施など諸般の事情から遅れていたが、96年11月23日のマニラでの日中外相会談で、池田外相(当時)が供与の前提になる調査団の派遣を表明、同月末には日本側政府ミッション(団長・佐渡島外務省経済協力局有償資金協力課長)が訪中し、基本的枠組みについて合意した。これを受けて12月24日には北京で、第4次円借款の初年度分供与に関する書簡の交換が行われた。同月26日には、安民対外貿易経済合作部長助理(補佐)一行が来日し、海外経済協力基金(総裁・

表10-4　対中国第4次円借款1996年度分の案件概要　　　単位：億円

	プロジェクト名	内容	供与限度
一般プロジェクト	北京首都空港整備事業計画（Ⅲ）	24万m²の旅客ターミナルビルの増築	84.59
	西安―安康鉄道建設事業計画（Ⅱ）	電化単線246.7km（トンネル121.1km）を建設	25.26
	朔県―黄意港鉄道建設事業計画（Ⅱ）	電化複線599kmを建設（山西省）	122.45
	貴陽―婁底鉄道建設事業計画	807kmの電化複線化	129.32
	ウルムチ空港拡張事業計画	4万m²の旅客ターミナルビルの増築等	48.90
	蘭州中川空港拡張事業計画	2.5万m²の旅客ターミナルビルの新設等	63.38
	青島港前湾第2期建設事業計画	コンテナ・雑貨の計6バース（取扱能力315万トン/年）を建設	27.00
	貴陽―新寨道路建設事業計画	1級および2級道路全長255.5km	149.68
	広州―昆明―成都光ケーブル建設事業計画	光ファイバー伝送路(4,417km)を建設	53.49
	蘭州―西寧―ラサ光ケーブル建設事業計画	光ファイバー伝送路(2,721km)を建設	30.46
	内陸部電話網拡充事業計画	新疆・甘粛・寧夏・内モンゴル・貴州の通信事情改善へ市内交換設備（149,051万回）等を設置	150.03
	黒龍江省三江平原商品穀物基地開発計画	国営農場で農業機械更新・荒地開墾、牧畜基盤整備を行う	149.10
	黒龍江省三江平原龍頭橋ダム建設事業計画	最大容量5.02億m²の多目的ダム建設	30.00
	遼寧省白石ダム建設事業計画	最大容量16億m²の多目的ダム建設	80.00
環境保護プロジェクト	フホホト上水道整備事業計画	給水能力40万m²/日の上水道施設を建設	54.46
	北京第9浄水場3期建設事業計画 を建設	給水能力50万m²/日の上水道施設を建設	146.80
	貴陽西郊浄水場建設事業計画	給水能力40万m²/日の上水道施設を建設	55.00
	湛江市上水道整備事業計画	給水能力50万m²/日の上水道施設を建設	55.19
	蘭州環境整備事業計画	ガスパイプラインおよび熱供給管、上下水道施設を建設	77.00
	藩陽環境整備事業計画	銅精練所の改善および熱電菓中供給等の実施（大気汚染防止）	50.00
	フホホト・包頭大気汚染対策事業計画	集中供熱、ガス供給等を実施（環境の総合改善）	100.00
	柳州酸性雨および環境汚染対策総合整備事業計画	都市ガス化および固形廃棄物対策でゴミ処理場等を建設	23.00
合計22件			1,705.11

出所：外務省有償資金協力課資料。

西垣昭)との間で借款契約に調印している。

　初年度である1996年度分の供与額は1705億1100万円で、対象プロジェクトは表10-4にある22件となっている。これにより、79年度以降の中国向け円借款の貸付承諾累計は210件、1兆8513億8400万円となったのは前述した。

　案件では、従来の鉄道建設や空港拡張、光ケーブル建設など経済・社会インフラに加えて、新たに大気汚染、酸性雨対策などの環境案件が8件、三江平原商品穀物基地開発などの農業案件が3件含まれており、対象地域についても中国の地域間経済格差是正策に協力するということから、開発余地の大きい内陸地域案件(17件)が重視されている。

　借款の供与条件は、返済期間が30年(据え置き期間10年を含む)で、金利は一般プロジェクトが年2.3％、環境保護プロジェクトが年2.1％、調達方式は一般アンタイドとなっている。

4. 経済協力の新たな理念を求めて

　一般的には、開発途上国の経済発展を支援することを「経済協力」とよんでいる。これを途上国への資金の流れでとらえると、政府開発援助(ODA)、その他政府資金(OOF)、民間資金(PF)、民間非営利団体による贈与などに分類できる。このうちODAは、①政府(地方政府を含む)あるいは政府の実施機関によって、開発途上国及び国際機関に供与される資金であり、②開発途上国の経済開発や福祉の向上に寄与することを主たる目的としているもので、③供与条件が開発途上国にとって重い負担とならないように緩和されており、グラント・エレメントが25％以上であることと規定されている[12]。それは、ODAの主たる供与国の先進工業国と、受け入れ国である開発途上国との間の巨大な経済的格差が前提であり、その是正と解消を図ろうとする狙いがある。

またODAは、資金の流れから2国間援助と多国間援助に分けられる。2国間援助には贈与と円借款等があり、贈与はさらに無償資金協力と技術協力に分類される。多国間援助とは、国際機関に対する出資・拠出等のことである。無償資金協力は、特に開発の遅れの目立つ地域や国々が優先されている。協力分野としては保健・医療、生活用水の確保、農村・農業開発など、人間の基礎的な生活に欠かせない分野（BHN＝Basic Human Needs）、及び人造りが中心となっている。無償資金協力の実施は、日本では外務省がJICAの協力を得て行っている。

　技術協力は、開発途上国の国づくりを推進する「人づくり」（人材養成と技術向上）を目的とした援助で、専門家派遣と研修員受入れ、技術移転に必要な機材の供与の3つを組み合わせたプロジェクト方式技術協力、および青年海外協力隊派遣などの形態で行われる。この実施は、JICAが担当している。

　さらに円借款であるが、これは途上国政府等に対して低利で長期のゆるやかな条件で開発資金を貸し付けるもので、経済的に自立するための自助努力を支援するのが目的である。円借款の実施は、OECF（現JBIC）がほとんどを担当している。

　日本は、2国間援助の拡大とともに国際機関への出資・拠出等も拡大してきたが、1996年のODA総額は既に見たとおり50.5億ドルの大幅減で、94.4億ドルの実績となった。DAC加盟国のなかで2000年まではかろうじて第1位の座を確保できたものの、98年度予算では10％削減案を打ち出している。表10-5にみるように、95年支出純額ベースの日本のODA総額は144.89億ドルでDAC諸国合計の24.6％、うち2国間ODAは104.19億ドルで同25.7％、国際機関向けは40.71億ドルで同22.2％といずれも最大の金額とシェアである。95年は日本のODA総額の28％が国際機関向けであったが、96年は13.1％にまで低下した。国際機関向けは、2つに大別できる。開発に必要な資金を融資する「国際開発金融機関」と、主として経済、社会、人道問題に関連する活動を行う「国連諸機関」に分かれ、国連諸機関への分担金拠出は日本では主に外務省が、国際開発金融機関への出資・拠出は主に大蔵省（現・

表 10-5　DAC 諸国の ODA 形態別内訳（1995 年支出総額ベース）

		ODA 総額	2 国間 ODA		無償資金協力		技術協力		政府
				構成比		構成比		構成比	
1	日本	14,489	10,419	71.9	3,901	26.9	2,398	16.6	4,120
2	フランス	8,443	6,429	76.1	3,365	39.9	2,526	29.9	538
3	ドイツ	7,524	4,815	64.0	1.913	25.4	2,479	32.9	423
4	米国	7,367	5,614	76.2	3,773	51.2	2,614	32.5	-773
5	オランダ	3,226	2,245	69.6	1,598	49.5	947	29.4	-300
6	英国	3,157	1,670	52.9	919	29.1	782	24.8	-30
7	カナダ	2,067	1,385	67.0	1,031	49.9	396	23.2	-42
8	スウェーデン	1,704	1,189	69.8	952	55.9	237	11.5	―
9	デンマーク	1,623	895	55.1	976	60.1	101	6.2	-182
10	イタリア	1,623	806	49.7	527	32.5	81	5.0	198
11	スペイン	1,348	816	60.5	364	27.0	169	12.5	283
12	ノルウェー	1,244	907	72.9	725	58.3	176	14.1	6
13	オーストラリア	1,194	927	77.6	561	47.0	366	30.7	―
14	スイス	1,084	779	71.9	421	38.8	363	33.5	-5
15	ベルギー	1,034	514	49.7	239	23.1	294	28.4	-19
16	オーストリア	767	560	73.0	215	28.0	―	162	183
17	フィンランド	388	220	56.7	191	49.2	51	13.1	-22
18	ポルトガル	271	179	66.1	38	14.0	74	27.3	67
19	アイルランド	153	88	57.5	36	23.5	52	34.0	―
20	ニュージーランド	123	97	78.9	55	44.7	42	34.1	―
21	ルクセンブルク	65	43	66.2	41	63.1	2	3.1	―
DAC 諸国計		58,894	40,595	68.9	21,840	37.1	14,311	24.3	4,444
DAC 諸国平均		2,804	1,933	―	1,040	―	681	―	212

注 1：順位は ODA 総額の順。
注 2：無償資金協力には、行政経費、開発啓発および NGO 支援を含む。
注 3：四捨五入の関係上、合計が一致しないことがある。
注 4：東欧向け援助を除く。
注 5：構成比は ODA 総額に占める割合（%）
出所：1996 年 DAC 議長報告。『我が国の政府開発援助の実施状況 (96 年度) に関する年次報告』外務省経済協力
財務省）が担当している。

　1990 年代の日本の対外関係のなかで、もっとも際立っているものの 1 つが ODA の劇的な増加である。OECD 諸国の多くが援助疲れをみせているなかで、日本の援助が量的に拡大してきたことに対して、米国をはじめ DAC 諸国は日本の援助政策の展開に多大な関心を払ってきた。DAC 資料によれば、日本が最大の援助供与国となっている国の数は、93 年の 34 カ国から 94 年には

単位:100万ドル・%

貸付等 構成比	国際機関向けODA	構成比
28.4	4,071	28.1
6.4	23.9	23.9
5.6	2,709	36.0
-10.5	1,753	23.85
-9.3	981	30.4
-1.0	1,487	47.1
-2.0	682	33.0
—	515	30.2
-11.2	728	44.9
12.2	817	50.3
21.0	532	39.5
0.5	337	27.1
—	267	22.4
-0.5	304	28.0
-1.8	520	50.3
21.1	23.9	207
-5.7	168	43.3
24.7	92	33.9
—	65	42.5
—	26	21.1
—	22	33.8
7.5	18,299	31.1
—	871	—

局、1997年5月、107ページ。

46ヵ国へ、さらに95年は55ヵ国へと増加してきた。また、95年に日本が第2位の援助供与国となっている国は、合計30ヵ国もある。しかし、アジアの多くの諸国で、日本が最大の援助供与国となっているにもかかわらず、逆にその評判は必ずしも良好とはいえない。また、援助受け入れ国の日本に対する期待が大きい反面、そこに住む人々が、日本の援助が行われていることさえ知らない場合も多く見受けられる。それも、21世紀に入って援助額が減少傾向を示していることから、「量から質への転換」が必然的となっている。

欧米先進諸国は、日本の市場開放や国際的貢献を求めながら、一方で日本が援助を通じて何を達成しようとしているのかが理解できないようである。「顔のない援助政策」といわれる日本の経済協力が、今後どのように展開されていくのか、何のために行っているのか、国民の支持がえられているのか、実施体制は今のままでよいのかなど、原点ともいえる問題が、現在改めて国の内外から問われている。日本は、従来のように経済協力を単なる道義的、経済的な観点からのみ捉えるのでなく、援助のもつ「政治性」と外交政策の文脈のなかで構想していくことが必要な時期に至っている。

後発援助国の日本が、援助行政に不慣れであったり、商業主義に流れがちであったという一面が確かにみられたし、援助の多寡が必ずしも友好関係を保証せず、逆に受け入れ国の民族感情を害して外交的離反を招く場合さえあった。時には受け入れ国が、東西冷戦下の国際関係を巧みに利用して、援助を引き出すといった場面もみられた。しかし、ODAは民間のボランティア活動とは異なり、すぐれて政治的行為として位置づけていく必要があろう。日本では戦後の「平和主義」が優先され、援助のもつ外交

的、戦略的側面は、意識的に無視されてきたのが実情である。

　日本は、軍事力によらず経済力という手段を用いて国際関係に対処しようとする国であり、援助を重要な外交政策手段の1つと位置づけるならば、明確なビジョンが確立されるべきである。日本が考える「あるべき世界像」が反映される援助の姿勢が求められなければならない。従来の日本は、どちらかといえば経済先進国としての責任分担の一環として、あるいは安全保障面での貢献にかわる「代替」として援助を積極的に展開してきたわけだが、今や21世紀を展望した援助のグランド・デザインが不可欠となっている。経済開発や貧困問題を環境や人権問題とともに、全人類が取り組むべきグローバル・イシューとして捉える認識が必要となっている。そのためには、「地球生命」に配慮した、人類の共存共栄を前提とした新たな理念の構築と、それに基づく忠実な実践が課題である。

注
1) 1950年5月、スリランカのコロンボで開催された英連邦外相会議に端を発する。英連邦域内先進国からの資金を基盤に、域内発展途上国を援助し、経済開発を促進するのが狙い。その後拡大されてアジアの多数の国々が参加する協力機構となる。日本は、コロンボ・プランに参加した54年10月6日を毎年「国際協力の日」としている。
2) スカルノ大統領は、中国への急接近やマレーシアとの対決、国連脱退（1965年）など自主外交を展開、内政では民族主義、宗教、共産主義を3本柱とする挙国体制を敷いたが、経済は危機的状態に陥る。65年8月には共産党が入閣、同9月に親共産党系青年軍人がヤニ陸相ら7人を殺害し、スカルノ大統領を擁立して「革命評議会」を樹立した。しかし、スハルト陸軍戦略予備軍司令官は1日でこれを制圧して大統領に就任。スハルト大統領は66年2月、共産党を非合法化し、徹底した容共派掃討を進めた。
3) Grant Element ＝ G.E、贈与相当部分で、借款条件の緩和度を示す指標である。金利が低く、融資期間が長いほどG.Eは高くなり、借入国にとって有利であることを示す。例えば贈与のG.Eは100％となる。なおODAとして認められるのは、G.E25％

以上である。日本の 1994/95 年の G.E は 82.3％、また ODA に占める贈与の比率は 88％で、DAC 諸国のなかで最低となっている。ちなみに日本の 2001/02 年の G.E は 88％（DAC 諸国平均 97.1％）、贈与比率は 53.3％（同 87.4％）である。

4) 宋強・張蔵蔵・喬辺等『中国可以説不』中華工商聯合出版社、1996 年 8 月、91 ページ。
5) 『中国　国別援助研究会報告書』国際協力事業団、1991 年 12 月。
6) 『中国円借款の概要』海外経済協力基金、1997 年 1 月。
7) 『国際協力事業団年報　資料篇 1996』13-15 ページ参照。
8) 詳細は、横田高明「中国の新経済政策と農業の課題」『世界経済評論』世界経済研究協会、1996 年 3 月号などを参照されたい。
9) 中国の地域間経済格差を検討したものに、横田高明「中国の経済発展と地域経済」『改革開放下の中国経済と日本』アイピーシー、1996 年 6 月などがある。
10) 中国のエネルギー消費の現状と需給見通しに関しては、横田高明「中国の経済発展とエネルギー需給」『国際研究』中部大学国際地域研究所、1997 年 1 月などがある。
11) 菱田一雄「中国の自主的な努力が公害対策成功のカギ」『OECF ニューズレター』1997 年 3 月号を参照。
12) OECD/DAC, Twenty-five Years of Development Co-operation; A Review, 1985 Report, 1985, P.171.

第11章

北東アジアにおける多国間協力の進展

1. 北東アジアにおける変化の兆し

　東西冷戦構造の崩壊過程は、北東アジアにもさまざまな変化をもたらしてきた。この地域の国際環境が変化するにともない、各国の経済的変貌が相乗作用をおこし、国境を超えた2国間や多国間の経済交流が生み出され、経済協力関係が拡大されようとしている。本章では、それら経済交流の現状と協力関係創出の進展について検討するものである。

　まず変化の前兆としては1986年7月、旧ソ連のゴルバチョフ書記長がウラジオストクで演説し、ロシアはアジア太平洋国家の1つであり、ロシア極東地域の経済発展のためにはアジア地域との経済交流や協力拡大が重要であることを指摘した。さらに同書記長は88年9月、クラスノヤルスクにおいて韓国との経済協力の可能性について言及し注目を集めた。また89年5月には中国を訪問し、長年の懸案であった両国関係がひとまず修復をみたことが挙げられる[1]。

　ソ連邦が崩壊してロシア連邦が誕生すると、旧ソ連に属していたいくつかの地域が国家として独立し、東欧諸国、モンゴルなどとともに急激な市場経済移行の道を歩みだし混乱した。一方、すでに1978年末に経済改革と対外開放政策を採用し、漸進的な市場経済化を目指した中国は、外資系企業を大量に誘致することで高い経済成長を実現し、とりわけ沿海地域が大きな発展を

みた。そこで92年には発展から取り残された内陸や国境地域も開放し、周辺諸国との一層の交流拡大を打ちだした。

　変化は当然のことながら、他の北東アジア各国の対外関係にも見ることができる。韓国は1990年9月にソ連（当時）と、92年8月に中国とそれぞれ国交を樹立し、それらとの経済的結びつきを強化してきた。ここにきて朝鮮半島情勢は、ゆっくりではあるが改善されつつある。北朝鮮は99年中頃に中国との関係を改善し、これを契機に少しずつ積極外交に転じたかにみえる。つまり、それまでの対米一辺倒外交を脱し、周辺各国との関係改善を模索しながら、実利追求の外交路線へ方向転換しているようである。

　2000年6月に開催された南北首脳会談における北朝鮮の主要目的の1つは、ソ連や東欧諸国崩壊の教訓を参考に自国体制を維持しつつ、食糧支援の次は資本と技術の獲得を課題として持ち出してくる可能性が高い。また、日本との国交関係樹立交渉においても、国内の経済的基盤を強化するために、日本に対して戦時賠償を第一の条件として提起してくるとの観測が強い。

　さらに1998年にはロシアがAPEC（Asia Pacific Economic Cooperation、アジア太平洋経済協力会議）に参加し、日本や韓国、中国などと一緒に、北東アジアはもとより、さらに広い範囲で経済的な関係を強化していくことにした。北朝鮮とモンゴルはAPECに未加盟であるが、北東アジアの経済交流や協力関係を拡大するうえで、さまざまな環境が整いつつあることは否定できない。

　北東アジアという場合、一般的にはロシアのバイカル湖以東の東シベリア・極東地域、中国の内モンゴル自治区と黒龍江・吉林・遼寧の東北3省、韓国、北朝鮮、モンゴル、日本を指すことが多い。場合によってはさらに広い範囲、例えば中国の河北省や北京市、天津市、山東省などを加えて想定することもある。

　しかし、この地域に現時点で見られる状況は、スカラピーノ教授などが主張する「自然経済領域」（Natural Economic Territories、NETsという）といわれる小規模なもので、総体としての「経済圏」実態はない。ここでいう「地

域経済圏」とは、その地域に新たに生じつつある、あるいは生じると思われる部分的、局地的な経済交流および経済協力、つまり NETs の集合体のことで、部分である中心が周辺を呑みこんで拡大・発展し、地域の広い範囲に広がっていくというような開かれたものと考えている[2]。したがって北東アジアにおいては、経済圏生成のための条件整備が各方面と分野にわたって行われつつあるとみてよい。

　北東アジアは6ヵ国に跨がる広大な地域であり、各国の政治制度や経済システム、資源など生産要素の賦存状況、さらに気候条件や言語、文化にいたるまで多様である。また1998年の1人当たりGDP（国内総生産）をみると、約4万ドルの日本、6700ドルの韓国、2700ドルのロシア、770ドルの中国、740ドルの北朝鮮、370ドルのモンゴルというように大きな開きがある。最高の日本と最低のモンゴルとの間には、約108倍の格差がある（注：2003年では日本・3万4510ドル、韓国・1万2650ドル、ロシア・3160ドル、中国・1090ドル、北朝鮮・不明、モンゴル・480ドル）。中国内でみても格差は大きく、北京市2230ドル、天津市1790ドル、河北省750ドル、内モンゴル610ドルで、東北3省の遼寧省1130ドル、黒龍江省910ドル、吉林省610ドルとなっている。

　このような北東アジア各国・地域の状況のもとでは水平的な経済交流や経済協力を生み出しにくく、生み出されたとしても垂直的分業に向かいやすいという、「地域経済圏」生成のためにはいわばマイナス面をもっている。しかし、域内諸国間での相互補完性や潜在的発展可能性が高いというプラス面を考慮して、諸国・地域間の人と物の往来を活発化するために、鉄道の連結や道路の接続と効率化、航空網の整備などが先行して行われることになる。さらに後発国においては外資系企業誘致のため、投資環境の整備が積極的に推進されなければならない。

　つまり北東アジアにおいては、今のところ各国や地域が足並を揃えて一度に何かを行うという状況にはないため、可能なところで、また可能な範囲で、いわば2国間協力を軸にした経済交流や経済協力から開始し、それを段階的

に多国間協力、さらに北東アジア地域協力まで高めていくというアプローチが採られていくことになる。

2. 中国・ロシア・北朝鮮の共同開発プロジェクト

(1) 図們江（豆満江）地域開発の現状

部分から全体へという考えのなかで、部分的な進展について見ておきたい。まず図們江（北朝鮮では「豆満江」という）地域の開発であるが、この案件は1990年7月に中国の吉林省長春市で開催された「北東アジア経済技術開発国際シンポジウム」において、中国代表者から提案されたものである。このシンポジウムには中国、ソ連（現ロシア）、北朝鮮、韓国、日本から、研究者や企業人、政府関係者などが参加した。

中国代表者の提案内容は、おおよそ次のようなものであった。

①図們江地域は北東アジアの中心に位置し、経済的に相互補完性が高く、各国間の協力による開発に最適である。

②この地域に中国、ロシア、北朝鮮3ヵ国による共同開発ないし各国の自主開発で、国際的な自由貿易地帯をつくる。

③この地域と欧州を結ぶ「新ユーラシア・ランドブリッジ」を開通する。これが実現すると海路で30日かかるところが17、18日程度に短縮され、費用も約20％節約できる。

しかし中国側の本来の狙いは、中国の改革・開放政策のもとで中央政府の権限の一部が地方政府に委譲されたのに伴い、吉林省などの内陸省が図們江を使って独自に貿易ルートを確保することにあった。図們江は、中国と北朝鮮の国境にある長白山（北朝鮮では「白頭山」という）に源を発し、中国と北朝鮮の国境から、日本海手前15kmは北朝鮮とロシア国境を流れる全長505kmの国際河川である。

中国東北地方の最大の輸出商品は主に石炭やトウモロコシなどの穀物であ

り、その大部分は遼寧省の大連や営口などの港から輸出されてきた。それら港から輸出される貨物は、吉林省分が年間500万トン、黒龍江省分が同じく200万トンにのぼる。さらに鉄道で綏芬河から満州里を経てロシアに輸出される貨物は年間約2000万トンに達するが、輸送能力の不足から約500万トンが滞貨されてきたといわれる。

　従来より日本海へ出るルートは、黒龍江省からは松花江、アムール川を船で下る方法と吉林省からは鉄道で北朝鮮の清津港(チョンジン)に至る2つのルートがあったが、輸送能力や国家間の諸関係から十分に機能していなかった。そこで吉林省政府が、旧ソ連と中国との関係改善にもとづく国境画定を契機に、旧ソ連領内の図們江下流域の航行権を承認してもらうとともに浚渫することを考えた。そして港は、図們江の中国領内の最先端である防川に建設することにした。

　その後、吉林省が提案した「図們江開発構想」は、国連開発計画（UNDP）が東西冷戦構造の崩壊を記念する象徴的なプロジェクトとして、第5次事業計画（1992～96年）の重点案件としてで取り上げることになった。この構想の具体化に関しては、さまざまな提案がなされている。例えば国連工業開発機関（UNIDO）が中心になって取りまとめた内容は、中国の琿春、ロシアのポシェット、北朝鮮の羅津(ラジン)をつなぐ小三角地帯（面積約1000km²）を開発し、次いで中国の延吉、ロシアのウラジオストク、北朝鮮の清津をつなぐ大三角地帯（約1万km²）へ拡大していくという段階的発展構想である（図11-1参照）。小三角地帯は局地経済圏の中核であり、UNDPの計画によると、300億ドルの費用と20年の歳月をかけ、そこに人口50万人規模の国際都市を新たに建設するというものである。

　UNDPの主導で計画の具体化が図られる過程で、市場経済化を進めるモンゴルが、日本海への輸送ルートを求めて図們江開発計画に参画することになった。UNDPは、この構想を推進するために中国、ロシア、北朝鮮にモンゴルと韓国を加えた5カ国からなる「計画管理委員会」（Program Management Committee: PMC）を設置し、そこを中心に意見調整を行うとともに、国際会

図 11-1　図們江地域の交通インフラと「小三角」「大三角」地帯

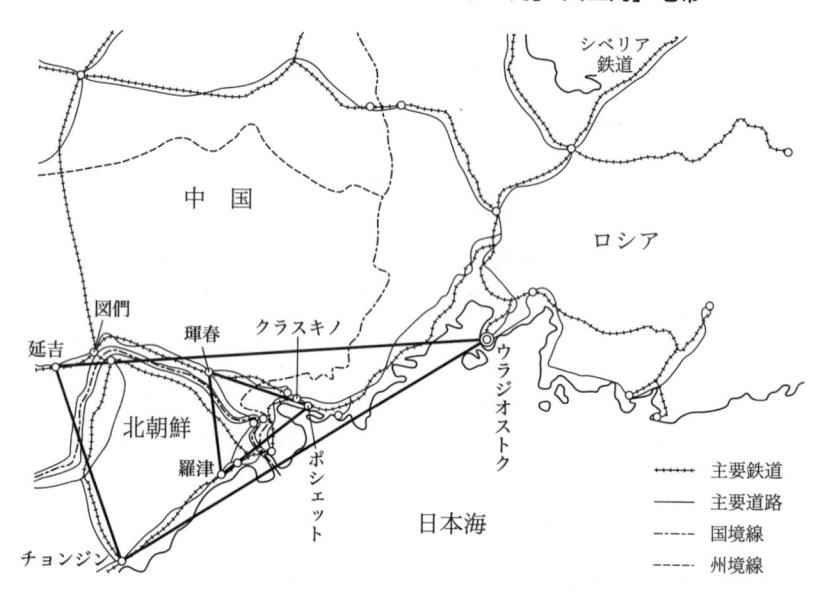

議や実務者会議を開催してきた。さらに 1995 年 12 月には、中国、ロシア、北朝鮮の当時国による「調整委員会」とモンゴルと韓国を加えた 5 カ国による「諮問委員会」を設置し、協議と調整を進めることにした。1996 年 4 月には両委員会の事務局を北京に設置し、UNDP 主導の準備段階から、関係国による実行段階へ移すことになった[3]。

しかし、各国間の調整が進まず、開発構想にも様々な変化がでてきた。中国領内に港を建設し、河口まで浚渫して日本海への航路を建設するという構想は、図們江下流の水深が平均 3.8m と浅く、浚渫しても土砂堆積などで、然るべき大きさの船の航行が不可能であると判断した。その代案として出されたのが、ロシアや北朝鮮の既存の港湾を拡充して使用するというものである。したがって UNDP の多国間協力構想は、その前段階として、現実的な 2 国間協力構想に置き換えられて進められることになった。

(2) 2 国間協力から多国間協力へ

北東アジアの経済活動を活発化していくためには、鉄道や道路網、海路や空路を整備し、金融協力システムを整えて物と資金と人の流れを増加していく必要がある。1992年5月には、「東方水上シルクロード」として、中国と日本の間に河川と海上を利用した一貫輸送航路が開通した。中国の黒龍江省産トウモロコシをハルビンを経て、チャムスから小型船に積み込み、松花江、アムール川を経由した輸送船団がロシアのマガー港で大型船に積み替え、日本海を経て酒田港に入港するルートである。従来の大連港を経由するルートより約1000km短縮されて、2800kmの航程となった。

　さらに吉林省琿春からロシア沿海地方のクラスキノを経由し、ザルビノ港へ至るルートが整備されている。この間の鉄道整備に関する合意書は1992年12月に調印されたが、中国の標準軌（1.435m）とロシアの広軌（1.524m）をどのように敷設するか、建設資金をどのように分担するか、さらに建設途中で資金難なども加わって開通が遅れたが、当面の貨物積み替えは中国側で行うことにし、96年10月末に広軌での軌道接続が完了した。

　しかし、ロシア側のカムショーバヤ積替駅建設の目処が立たないことから、営業運転開始後も当面、貨物の積み替えは琿春側で行うことになった。琿春積替駅の貨物取扱能力は、当初年間50万トンでスタートし、2005年に100万トン、2010年には250万トンと段階的に整備、拡大していく計画である。ただし、吉林省がザルビノ港を使用する際しては、港湾施設の補修が必要となる。ロシア沿海地方の要請で、日本は1996年にザルビノ港の改修と拡張のフィージビリティ・スタディを行ったが、98年7月に来日したロシアのキリエンコ首相（当時）は、本件をロシアと中国、日本の3カ国協力プロジェクトとして、同年秋以降に具体的交渉に入るよう要請した。その後具体的な動きはなく、ザルビノ港が本格的に利用できるようになるのは、まだ先のことである。

　中国の吉林省から北朝鮮への物流ルートは、図們－南陽－羅津の鉄道ルート（約165km）と琿春－圏河（ケンカ）－元汀（ウォンジョン）－羅津の道路ルート（約116km）があり、現時点では道路ルートを利用したトラック輸送が7～8割を占めている[4]。

北朝鮮の羅津と先鋒地域には、すでに自由経済貿易地帯が設置されており、咸鏡北道行政経済委員会と吉林省との間で羅津港・清津東港の共同利用協定を締結している。現在では、羅津港が貿易拠点として主に利用されている。なお羅津港の年間貨物取扱能力は、400万トン程度である。

　また、羅津港と韓国の釜山港を結ぶ定期コンテナ航路が、吉林省延辺朝鮮族自治州の延辺航運公司と韓国の船会社・韓国特殊船の出資で合弁会社「東龍海運（ソウル）」を1995年10月に設立し、月3～4回の割合で運航されている。吉林省と韓国間の貨物の中継を主として行うもので、輸送実績は3000TEU程度である。このルートで輸送された貨物は釜山港で積み替え、同港から既存ルートを利用して日本の港へ輸送する動きも本格化しつつある。延辺特産のリンゴなど果物や機械設備などの輸送が対象で、中国に向けても日本企業が琿春に設立した縫製工場向け資材の搬送などが行われている。さらに羅津港からは、中国産チップの韓国蔚山港向けの輸送も1997年9月から開始され、大阪港と羅津港をダイレクトで結ぶ航路開設も検討段された[5]。

　中国の黒龍江省綏芬河からロシア沿海地方のパグラニーチヌイ（駅はグロデコボ）を経由して、ウラジオストク、ナホトカ、ボストーチヌイの各港に至るルートも近年、注目されている。93年6月にはハルビン発、綏芬河経由ウラジオストク行きの国際旅客列車の運行が開始され、この区間の第三国人の通過が可能となった。本ルートは、中国とロシア間の貨物輸送が大部分で、量的にも増加しつつある。新たな動きとしては96年11月、黒龍江省東部の鶴崗炭鉱の石炭が、韓国などの第三国へ向けて運搬されるようになった。冬期は石炭が凍結して輸送が中断されるが、97年には約30万トンが運ばれている[6]。

　とまれ、それぞれの国が投資環境を整備して外資系企業を誘致し、関連産業を育て、国内ばかりでなく周辺諸国との間にも鉄道や自動車道路、さらに港湾を整備して二国間物流と人的交流を活発にしていく。それをベースに近隣諸国の多国間貿易や企業間協力がさらに発展していくことになれば、「北東アジア経済圏」の生成は不可能なことではない。そのためには相互理解と良

好な経済関係を基礎に、北東アジア発展のいくつかの核を生みだしていくことが必要である。

3. 中国のエネルギー不足と地域協力システム

(1) 経済発展と石油輸入増加

　アジア諸国の経済成長率は世界平均よりも高く、それにともなってエネルギー需要の伸び率が高いのは当然のことである。また1次エネルギーの供給構造は、アジア全体でみると石炭が約55％を占め、なかでも中国、香港、インドで石炭の占める割合が高い。中国の石炭比率は少しずつ低下しているものの98年で72％、インドは62％であり、アジア全体の石炭依存度の高さは、この2大国の影響が大きいとみてよい。

　一方、バングラデシュやブルネイは天然ガスの比率が高く、日本やシンガポールでは石油の比率が高くなっている。日本の1次エネルギー供給に占める石油比率は51％であるが、シンガポールは98％にまで達している。このような特徴は各国の資源賦存状況ばかりでなく、インフラ整備状況や経済発展の度合いを反映したもので、アジア内でいかにバラツキが大きいかが理解できる。さらに最終エネルギーの消費構造では、アジアは産業部門のシェアが比較的高く、ライフスタイルが向上すると民生部門が増加し、モータリゼーションが進むと運輸部門が増加するという傾向がみられる。

　経済発展と産業構造変化の相関関係は、経済発展に比例して農業部門の比率が下がり、工業部門の比率が上昇してくる。また1人当たりのGDPが伸びれば乗用車の保有台数は増加し、同様にエネルギー消費量と発電電力量も増加傾向を示すのが一般的である。

　中国では、すでに見たように、1993年の原油輸入量が1565万トン、製品油輸入量が1754万トンで合わせて3319万トン、一方、同輸出はそれぞれ1943万トンと456万トンで合計2399万トンとなり、920万トンの純輸入量を

記録した。94年は93年に比較して原油輸入量が331万トン、製品油輸入量が465万トン減少したものの、引き続き354万トンの純輸入国となっている。95年は原油輸入量が輸出量に近づくとともに、製品油輸入が94年より151万トン増加したため、両者を合わせると850万トンの純輸入量である。原油だけで比較すると、いずれの年も輸出超過であるが、製品油輸入が拡大してきた。しかし、96年以降は原油輸入量においても輸出量を上回ることになり、2000年は製品油も合わせると過去最高の6961万トンの純輸入量となっている。一方、製品油輸入については97年をピークに、98・99・2000年と減少傾向がみられた。

　製品油輸入が拡大した背景としては、原油供給国の確保や輸入手続きが簡単ではないし、中国には大型タンカーを接岸できる港も少なかったからである。さらに、既存精油所に高硫黄で金属分が多く腐食性の強い中東原油を処理する設備が整っていなかったなどの問題がある。そこで、中国原油（大慶原油や勝利原油など）に油性が比較的近いとされるインドネシアのミナス原油の輸入量が、1988年の10万トンからその後急速に拡大し、91年275万トン、92年475万トン、93年385万トン、94年470万トンと推移した。最近ではインドネシアの輸出余力が低下していることから、同国からの99年の輸入量は395万トンに止まっている。

　中国が中東から輸入した原油は、94年にオマーンから335万トン、イエメンから125万トンなど合わせて490万トンであった。近年は中東からの原油輸入量が増大しており、99年の依存度は46.2％まで拡大した（2003年の中東依存は53.6％、05年は47.2％である）。次いで西アフリカ19.8％、アジア18.7％、その他15.3％の地域依存度である。2000年に中国の原油輸入量が約7000万トンという状況のなかで、インドネシアなど近隣諸国からの大幅な増量が望めない以上、今後ますます中東原油に依存していく可能性が高くなるはずである。

　中国にとって中東原油の本格的処理が避けて通れないということであるならば、シンガポールで中東原油を大量処理している精油所の活用、中国国内

の精油所の改造や新設、大型船用の原油バース建設など輸入インフラの整備が課題となってくる。また、中央アジアの原油や天然ガス、シベリアの天然ガスにも依存していく道を検討していかなければなるまい（近年はアフリカ原油への依存が高まっており、2005年は30.3％である。またCIS依存は11.1％となっている）。

(2) 中国の今後のエネルギー需給

　中国の今後のエネルギー需給動向は、中国の経済発展ばかりでなく、北東アジアのエネルギー問題にも大きな影響を及ぼすものである。2000年に入って中国の石油消費は一段と加速しており、年間2億トンを超えるのは時間の問題である。特にガソリンやトラック・農業向けの軽油需要が伸びており、そのため中国産原油輸出は削減傾向にある。このような中国の石油消費急増と輸入量の増加は、騰勢を強めている世界の原油価格の更なる上昇要因ともなりかねない。

　中国の長期発展構想策定にたずさわる国家発展計画委員会（2003年3月に国家発展改革委員会に名称変更）などによれば、1996年から00年までの第9次5ヵ年計画期の国民総生産（GNP）の年平均成長率を9％、01年から10年までを7.5％前後と予測している。また、国家発展計画委員会エネルギー研究所の周鳳起所長（当時）によれば、00年までの省エネルギー率を4.44～4.95として推計を行ったものの、急速なエネルギー需要の拡大で、00年の不足分を標準炭換算2067万トンから2567万トンに上方修正を余儀無くされたが、これを石油に換算すると約1800万トンということになる[7]。

　しかし、この数字を既に1997年の純輸入量が大きく上回っており、2000年に5000万トンをはるかに超える純輸入量となっている。かつて中国の英字紙"China Daily"は、94年10月3日付けで、国務院発展研究センターの研究成果として、次のような記事を掲載した。

　「20世紀末には、中国の原油輸入は5000万トンに達し、大型の新油田が開発されないかぎり、この状況はほとんど改善されない」「経済の急成長にとも

ない、中国は2010年に1億トンの原油を輸入しなければならない（04年の原油純輸入量は、すでに1億1000万トンを超えた）。」「過去20年間、国内原油価格は中央の計画経済下で低く抑えられていたが、新しい経済秩序のもとで、原油価格は市場性を強めつつある。」「現在開発中の大油田の1つであるタリム油田の原油は、中国国内においても国際価格で販売されるとみられる。」

ここで、中国国家発展計画委員会エネルギー研究所・渠時遠副所長（当時）のMedee-Sモデルによる「2000年および10年の中国エネルギー需給予測」を紹介したい[8]。前提は1991年から00年までのGNP年平均成長率を9%前後、01年から10年のそれを7%前後としている。また80年代、90年代の世界の先進技術は、00年前後には中国でも広範囲に普及し、10年には中国のエネルギー利用技術が先進国レベルに到達する。さらに試算の条件として、20年間のうち前半10年の1次エネルギーの増加率を4.2%、エネルギー消費弾性値[9]を0.47、後半はそれぞれ3%と0.43としている。これらの数字から明らかなことは、この間は省エネルギーをかなり積極的に進めるものとなっている。

一方、エネルギー供給予測であるが、1次エネルギー生産の伸び率は前半10年が3.3%、生産弾性値0.37、2010年までの後半10年がそれぞれ2.4%と0.34で、石炭を主とするエネルギー供給構造に基本的変化はないとみている。その前提として中国における資源調節の推進、輸送と環境問題の全面的解決を考慮しているが、さまざまな困難の具体的な克服方法には触れていない。

以上のような条件をもとにして、中国の21世紀のエネルギー需給を次のように結論付けている。1次エネルギーは2000年に5000万トン、10年には1億7100万トン（いずれも標準炭換算）が不足する見込みであり、取りわけ原油が00年に3500万トン、10年に1億1000万トン不足するとしている。しかし、00年の原油輸入量は、すでに7000万トンを超えてしまった。また電力は、資源、資金、設備製造能力などの面で制約を受け、長期にわたってかなり緊迫した状態が続くとみている。

さらに国家発展計画委員会エネルギー研究所の中期予測は、表11-1のと

表 11-1　中国のエネルギー需給予測　　　　　　　　　　　　　　　　　億トン

	1次エネルギー（標準炭換算）											不足量
		石炭		原油		天然ガス		水力		再生可能エネルギー		標準炭換算
	消費	消費	生産	消費	生産	消費	生産	消費	生産	消費	生産	
1998	13.22	12.43	69.6	71.9	21.5	18.5	2.2	2.5	6.7	7.1	—	—	0.79
2010	19.02	17.77	57.1	63.9	25.1	14.1	7.2	6.0	10.1	10.9	0.5	5.1	1.25
2020	25.51	22.69	48.2	57.3	24.1	11.6	14.7	8.8	12.3	13.9	0.7	8.4	2.82
2030	31.71	26.42	43.2	55.1	23.7	8.4	19.3	11.6	13.0	15.6	0.8	9.3	5.29

出所：1998年は国家統計局『中国統計年鑑2000』「中国能源環境調査」。

おりである。予測にあたっては、1998年から2010年までのGDP年平均成長率を7.5％、2010年から20年までを7％、20年から30年までを6.5％と想定している。そのため30年のGDP規模は、98年価格で同年比8.8倍の69兆1610億元となった。さらに98年から30年までのエネルギー消費弾性値を平均0.38、省エネルギー率を同じく4.1％に設定して計算しており、30年のエネルギー消費量は、標準炭換算で31.73億トン、98年比2.4倍となった。一方、エネルギー生産量は30年に同26.42億トン、同じく2.1倍である。

人口は、1998年の12.48億人から2030年には15.21億人、うち都市人口比率が同期間に30.4％から60％に拡大する。つまり都市人口は、98年の3.79億人から00年に9.13億人へと増加している。30年の1人当たりエネルギー消費量は、標準炭換算で1.9トン、この数字は98年の世界平均水準である[10]。

需要予測の特徴としては、石炭の構成比が大きく低下していることである。原油は2010年に25.1％までシェアを高めたあと、30年に23.7％まで若干の減少傾向にある。一番大きくシェアを伸ばしているのが天然ガスで、1998年の2.2％から10年7.2％、20年14.7％、30年19.3％との予測である。地球環境問題などを考慮し、天然ガスへの転換を積極的に推進していく意向が明らかである。さらに水力と太陽エネルギーや風力、地熱など再生可能エネルギーも増加傾向を示すとみている。

供給面では1次エネルギーに占める石炭の生産シェアが、1998年の71.9％から年とともに減少し、2030年には55.1％となっている。さらに原油生産についても、既存油田の減産傾向や新規の有望油田開発は難しいと見込んでお

り、構成比は98年の18.5％から30年は8.4％となっている。水力と再生可能エネルギーについては、シェア拡大とともに大きな伸びを期待している。

このような状況のなかで中国は、次のようなことに今後一層の努力を傾注する必要がある。

①エネルギーの利用効率を確実に高め、省エネルギーに力をいれる。
②石炭資源を合理的に開発し、環境に配慮したうえで使用する。
③開発と生産、輸送とのバランスをとり、歩調のそろった発展をはかる。
④原子力、天然ガス、水力などの分野も適度に発展させ、エネルギー構造を改善する。
⑤柔軟なエネルギー輸出・入政策を採用し、海外のエネルギー源を適切に利用する。
⑥エネルギー需要、経済発展、環境問題の総合的適性化の道を模索する。
⑦経済改革を一層推進し、エネルギー工業の発展を速める。

特に⑤に関連して、石油産業では国内外2つの「資源、資金、市場」を積極的に利用する方針が第9次5ヵ年計画（1996～2000年）で採用され、積極的な輸入、海外油田開発への参加がはかられてきた。

(3) 中国の輸出削減と対外関係

中国の原油輸出は、経済発展を進めるための主要な外貨獲得手段として、その役割を果たした時期もある。1980年代半ばには年間3000万トン近くあった原油輸出は、後半に入ると次第に減少していき、90年代は2000万トン台から1000万トン台で推移し、2000年代の初めには800万トン前後まで落ち込んだ。04年には549.1万トンまで削減されたが、05年は韓国、インドネシア、米国、日本、シンガポール向け輸出が増加したことで806.7万トンとなった。

中国は03年まで、原油並びにガソリン、軽油、灯油、ジェット燃料、潤滑油などの製品油輸出に対して、17％の増値税（付加価値税の一種）のうち13％を還付してきたが、04年1月にガソリンを除く製品油すべての戻し税制度を

廃止した。これは原油とガソリン以外の製品油輸出を抑制するためとも考えられる。日本向け原油輸出は日中国交回復の翌73年から始まるが、78年2月に締結された長期貿易取決めによって定期的に輸出されてきた。低硫黄で火力発電所の生焚き用として大慶原油が主に輸出され、取決め枠では87年の931.8万トンが最多量であった。86-95年の取決め数量は毎年880-930万トンであったが、96-2000年は600-800万トンとなり、01-03年は300-400万トンに減少した。04年以降は大慶原油が減産状況にあること以外に、日中双方の条件が合わず対日向け輸出は中断している。

なお中国は01年12月に世界貿易機関（WTO）に正式加盟したが、石油分野においても関税障壁の段階的撤廃、割当制廃止、流通・小売の自由化などを推進していくことになった。01年までの原油輸入は、国有4企業が担当してきたが[11]、02年からは民営企業の原油輸入申請に対してもライセンスの交付が行われている。非国家貿易の原油輸入割当は03年が952万トン、04年1095万トン、05年1260万トン、06年1450万トンということで、毎年15%づつ増加している。

中国が原油輸入先の多様化を進めるなかで、ロシアや中央アジア諸国からの輸入量が拡大している。これら諸国との間では鉄道輸送が主だが、安定供給と油量拡大のためにはパイプラインの建設が課題である。ロシアは体制転換の後、しばらく原油生産が低迷していたが、原油価格高騰のなかで飛躍的な増産に転じてきた。今やサウジアラビヤに次ぐ産油国となったロシアは、対中原油輸出も増加の一途をたどり、98年の14万トンから05年には91倍1278万トン・シェア10.3%になった。

06年1-7月にロシアが鉄道を通じて中国に輸出した原油量は対前年同期比22.9%増の540万トンに達した。ロシアのザバイカルスクと満州里を結ぶ鉄道を通じて中国に輸出した原油は420万トンを超え、前年同期比で50%増加した。しかし、ロシアとモンゴル国の国境にある鉄道駅ナウシュキを通じて中国に輸出された原油は減少して110万トン余にとどまった。05年にロシアが鉄道を通じて中国に輸出した原油は760万トンで、04年を30%余り上回っ

た。従って対中原油輸出総量の約60％が、これらの鉄道で輸送されたことになる。東シベリア鉄道会社によると、06年の対中原油鉄道輸送量は1200万トンを超えるとみている[12]。

　新中国成立後10年目の59年9月に油田として初めて大慶油田が発見されたが、石炭を除くエネルギー源に関して、中国は長い期間にわたって旧ソ連の支援を受けてきた。しかし両国間でイデオロギー論争が勃発したため、60年代から70年代にかけて対立の時代が続いた。その後、両国が市場経済移行の模索やその道を歩み始めると、80年代後半には国境画定交渉の再開や国境を挟んで貿易や人の往来が開始された。90年代に入ると中国は、ロシアから原子力発電プラントを導入し、92年には当時の朱鎔基首相がモスクワを訪問してエリツィン大統領と会談、11の中ロ協力協定に調印した。協定のなかのエネルギー関係では、ロシアからの原油輸入と石油・ガスパイプラインの建設、電力の輸入などを推進することで合意した。同時にロシアのユーコス（YUKOS）社、トランスネフチ（TRANSNEF）社と中国石油天然ガス集団公司（CNPC）の間で、東シベリアからの原油パイプラインについて大慶ルートを建設することで基本合意した。

　その後も両国首脳による中ロ間の相互訪問が実施された。日本政府もトランスネフチ社が計画している東シベリアから太平洋岸までのパイプライン実現をロシアに働きかけ、03年1月の小泉純一郎首相のロシア訪問に結びつけた。東シベリアの石油資源開発が、日本と中国の計画を共に満足させうるものかどうかの確証は現時点ではなく、経済性を確保するためにはどちらかのルートを先行して着手し、そのうえで次の段階に進む必要がある。一時は油田開発まで含むファイナンス提案を行った日本案が先行した時期もあったが、結局のところ費用や実現性から中国ルートを先行させる案が固まったかに見える。

　ルート案は当初計画されていたバイカル湖の南回りが、環境問題などから北回りに変更され、イルクーツク州タイシェットを起点に中国との国境に近いアムール州スコボロディーノまで2400kmを建設するのがフェーズ1であ

る。完成は08年11月といわれるが、さまざまな要因から遅れる可能性もある。そこから沿海州ペレボズナヤ湾までのパイプライン建設が、フェーズ2といわれる。フェーズ2の着工までは、ペレボズナヤに原油バースを建設し、スコボロディーノから太平洋岸までは鉄道輸送のうえ、大型タンカーで出荷する計画である（図11-2参照）。

　第1フェーズ完成時のパイプライン輸送量は3000万トン（60万b/d）である。出荷港のペレボズナヤには430万klの原油タンクを建設し、30万トン級1基、15万トン級2基の係留ブイ型出荷設備を設置する計画が発表されている。第1フェーズの工期は36ヵ月で建設コストは62億ドル、第2フェーズは工期26ヵ月でパイプライン建設コストは55億ドルが予想されている。第2フェーズの距離は2000kmで、原油の供給力をみてから着工されるということから、完成時期は未定である。したがって建設費も変動する可能性が高い。

　ロシア原油の対中輸出は、現状では主にザバイカルスクを経由して鉄道で輸送されているが、03年11月のロシア鉄道会社（RRW）発表によると、バイカル—アムール鉄道（バム鉄道）にSevero-Muiskトンネルが完成したことから、年間3000万トンの中国向け輸送が可能になったとのことである。またCNPCは04年2月、ユーコス社との間で原油年間1000万トンを06年から輸入する契約に調印した。さらに同年4月にSINOPEC（中国石油化工集団公司）は、ユーコス社との間で原油年間425万トン引き取る4年契約を締結した。ユーコス社が脱税や詐欺容疑などで経営陣逮捕、追徴課税などを受け解体に追い込まれたことから、対中輸出にはルクオイル（ULK Oil）社とロスネフチ（ROSNEFT）社が担当している。他にもTUMEN OIL COMPANYが、カザフスタン経由で少量だが対中輸出しているといわれる。

　さまざまな動きの中で、CNPCは97年にAKTOBEMUNAIGAZの株式60％を3億2500万ドルで買収、Aktyubinsk油田の開発に参入、パイプライン建設も視野に入れながらカザフスタンの原油とガス引取りに興味を示した。そこで03年6月、カザフスタンから中国への石油パイプライン建設と原油引き取りに関する協定に調印した。その後F/Sを経て建設段階に入り、カザフスタ

ンと中国間の石油パイプライン962.2kmは、05年11月に完成した。カザフスタンのアタスと新疆ウイグル自治区のアラタウ峠を結ぶもので、設計年間油送能力は2000万トンである。両国が7億ドルを投じて共同で建設されたといわれる。当初の年間油送量は1000万トンで、10年から2000万トンに増量する計画だが、その時点のカザフスタンとロシア2国の送油シェアは50％づつとなっている[13]。

アラタウ峠から新疆ウイグル自治区の石油化学工業基地がある独山子まで、252kmのパイプラインは既に完成している。独山子では現在、新たに総額272億元を投じて、製油所とエチレン工場の建設が進められている。これは08年に完成予定である。CNPCはロスネフチ社がユーコス社の子会社YUGANSKNEFTEGASを04年末に買収した際、融資した60億ドルの見返りとして、10年までに原油4840万トンを受け取る契約を交わした。ロスネフチ社の05年の原油生産は7280万トンで、ルクオイル社、TNK-BP社に次いでロシア石油会社のなかで第3位だった。05年は中国に440万トン輸出しており、06年は対中原油輸出量を900万トンに引き上げる予定である[14]。

さらにロスネフチ社は、中国に原油を輸出すると同時に、石油製品も輸出する計画である。現在、ガソリンなどの石油製品販売会社を設立することで中国側と交渉中であり、中国にガソリンスタンドを開設することでも興味を示している。また同社は、アジア太平洋地域への原油輸出を拡大するため、東シベリアの油田開発に積極的に参加する意向である。計画によると、15年に同社の東シベリアの産油量は同地区における原油生産量の41.5％に達するとみられる[15]。SINOPECは、06年6月にUDMURTNEFTの買収に合意、天然ガスに関しても対中輸出する計画である。中国はこのような供給体制をもとに、「西油東送」など、国内のパイプライン網の拡充に努めている。

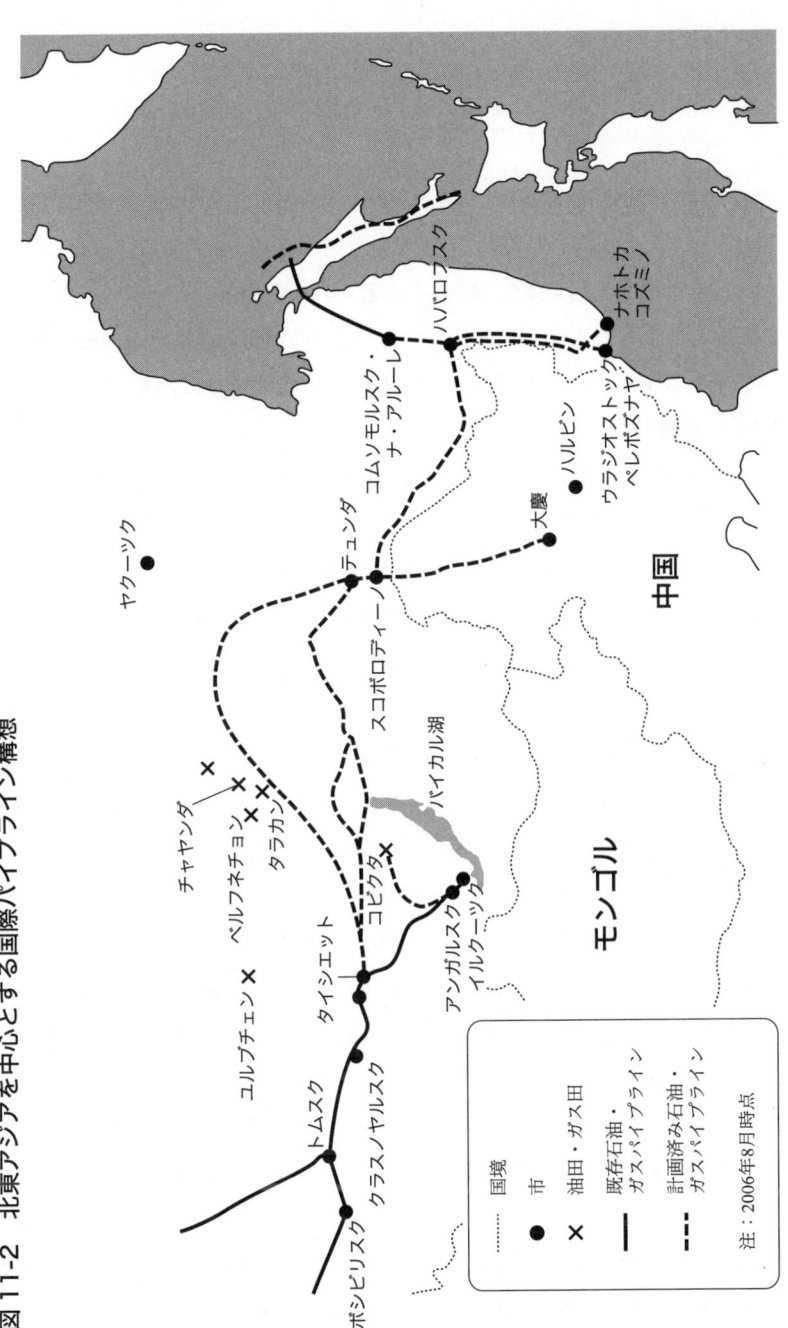

図11-2 北東アジアを中心とする国際パイプライン構想

第11章 北東アジアにおける多国間協力の進展

4. 北東アジアのエネルギー安全保障と多国間協力

　BP社の「世界エネルギー統計2006」（"Statistical Review of World Energy 2006"）では、中国は世界最大の水力発電国であり、また石炭生産国・消費国で、石炭消費は世界全体の36.9％を占めていると記述している。石炭消費のほとんどは自国で生産されたものだが、05年の消費伸び率は10.9％で前年の伸び率を3.5ポイント下回った。中国以外の国々では、同年の石炭消費が1.8％の増加である。

　最近の採掘速度から計算すると、世界の可採埋蔵量は原油が40年、天然ガス65年、石炭162年と推定されている。世界全体の05年原油消費量は180万b/d（9000万トン）減少したが、06年も原油の国際価格は引き続き上昇している。世界第1位の米国、2位中国の消費伸び率が減速し、さらに発展を続けるアジア太平洋地域の石油消費が鈍ったのが、05年減少の大きな要因といわれる。

　しかし、北東アジア地域の石油消費は現時点で世界石油消費全体の20％弱を占め、石油輸入量は世界貿易量の3分の1である[16]。今後も中国の石油需要増大が見込まれており、他の周辺諸国の石油需要も増加していくとの予測で、20年には1900万b/d（9億5000万トン）、30年には2200万b/d（11億トン）程度に達するとみられている。中国国内の原油生産動向にもよるが、日本・韓国・中国3ヵ国の石油輸入は20年に1500〜1600万b/d（7億5000万〜8億トン）程度、30年には1700〜2000万b/d（8億5000万〜10億トン）近くになる見通しである。日本も韓国も原油輸入の現時点の中東依存度がそれぞれ90％・80％近くと高く、中国も50％弱となっている。

　北東アジア地域では量的確保も勿論だが、シーレーンの問題などを含む安定供給体制確保という観点から、北東アジア域内においてどのような仕組みを作り出すかが注目されている。そこで北東アジア地域における石油や天然ガスの生産から供給体制の検討が積極的に行われようとしている。また、各

国における省エネルギーへの取組みも重要な課題となっている。日中間では06年5月末に東京で「日中省エネルギー・環境総合フォーラム」が官民協力して開催された。省エネ技術と知見において世界の最高水準にある日本は、北東アジアや東アジア地域はもとより、新5ヵ年規画（2006～2010年）で循環型社会の構築を目指す中国のエネルギー節約や環境問題に対しても、大いに貢献していくことが期待されている。

中国は資源確保のために全世界に向けて、開発輸入を含むさまざまな協力体制確立に努力している。北東アジア地域における地方・個別レベルの協力としては、黒龍江省黒河市とロシア・アムール州が20億元を共同出資し、同州イワノフカに「ロシア・アムール州製油所」を建設する契約を06年6月に調印した。既に国境河川を跨ぐ測量調査作業を終えており、06年10月に着工し08年12月末に正式稼動の予定である。これは中ロ合弁のエネルギー事業で、中国側は黒河星河実業公司が出資するが、出資比率は65％以上となっている。原油処理能力年間500万トンの常圧分留装置、石油製品精製装置を備え、ファインケミカル生産設備も建設する予定である[17]。

ロシアの天然ガス最大手であるガスプロム社は、中国向けに天然ガスパイプラインを2本建設することを明らかにした。ガス輸送量は年間680万m^3で、早ければ11年に供与を開始する予定である。年間輸送量300万m^3の西部ルートの建設を優先するが、これは西シベリヤで生産される天然ガスを中国に輸送するものだ。これらの協力事業は、両国がエネルギー需給の情勢に従い、資源と市場の相互補完の特性を利用し、企業がそれぞれの業務優位性を生かすことが必要となる。

CNPC研究院の李国玉教授は、「今後15年間のうちに、ロシアは中国にとって最大のエネルギー供給国になる可能性があり、中国企業はロシアとの石油・天然ガス協力を強化すべきだ。ロシアは世界でも数少ない石油・天然ガス資源大国であり、輸出市場を必要としている。中国は大量の需要が続く市場である。地理的に中ロは長い国境を接する隣国であり、両国はきわめて自然に相互依存・相互支援の友好的隣国となっている」と述べている[18]。

北東アジアにおいては、2国間協力からさらに次の段階の多国間協力の地域エネルギー協力の道すじを検討していく必要があろう。シベリア原油パイプラインの2段階建設にしても、日中どちらの案を優先するかということで確執を生むより、北東アジアのエネルギー安全保障の強化と東シベリア開発という本来の目的に立ち返り、成功のための最適シナリオを作り出すのが先決である。北東アジアにおいてどのような協力体制のもとに実施し、資金をどのように確保して建設していくかということである。世界石油消費の約2割を占める市場規模を生かし、地域の経済力と技術力を結集する必要がある。

　ロシアの04年の原油生産は4.6億トンを記録し、世界でもトップクラスの産油国となっているが、その56.5％にあたる2.6億トンを輸出している。03年のロシア石油会社の10年の原油生産見通しは5.5億トン、輸出3.1-3.5億トンとされていたが、03年11月にユーコス社のボドロホスキー前社長が逮捕され、同社解体を巡る混乱と石油輸出税の引き上げなどから生産が停滞し、将来見通しにも影を落とした。そのため15年に5.3億トンの生産、3.1億トン程度の輸出に下方修正されたが、生産増は西シベリヤ以西の油田で、東シベリヤの生産増はほとんど見込まれていない。また、ロシアのエネルギー輸出は90％が欧州向けとなっている。

　ロシアが今後さらに輸出を増加していくためには、成熟した欧州市場より北東アジアや東アジア市場が有望である。そのための油田開発と輸送インフラの整備や増強が早急な課題となる。ロシアが市場経済に移行する過程で、ロシア極東地域は人口が減少し、経済発展からも取り残されている。また欧州市場から遠く、開発が手付かずの地域も多く見られる。東シベリアのエネルギー資源開発と輸送インフラの整備こそ、北東アジア経済発展の呼び水となるに違いない。さらに多国間協力の象徴的プロジェクトとして、シベリア原油出荷港ペレボズナヤ近辺に、日本・中国・韓国・ロシアが協力して石油の共同備蓄基地を建設し、同地域のエネルギー安定供給体制を確立することも必要であろう。

5. ランドブリッジと日韓トンネル構想

　北東アジアの物流ルートとシステムの整備は、同地域の経済発展にとって重要な課題である。また近年、ヨーロッパまでの国際輸送システムについても関心が高まっている。シベリア・ランドブリッジは船舶や鉄道、トラックを利用し、日本や韓国など東アジアの貨物をシベリア鉄道を経由して中央アジア、中近東、ヨーロッパへ輸送し、それら地域との物資や人の往来を活発化するために重要な手段である。とりわけ貨物輸送のコンテナ化にともなって、船舶によるアジア－欧州間の欧州航路の代替ルートとして発展してきた。

　シベリア・ランドブリッジの主要部分はシベリア鉄道であるが、これはシベリア開発と極東地域への物資や労働力の供給、さらに極東地域の軍事強化を目的に建設されたもので、1891年に着工し1916年にアムール鉄橋が完成したことで全線開通となった。現在ではアムール鉄橋を除いて全線が複線化しており、ビキン－ウスリースク間380kmを除いて電化されている。最近では老朽化が問題となっており、補修に十分な資金がまわらないという状況にある。

　シベリア・ランドブリッジの極東側の起点は、コンテナ・ターミナルのあるボストーチヌイ港である。ボストーチヌイから伸びる177kmの路線は、ウラジオストクの北33kmにあるウゴリナヤでシベリア本線に合流しているので、ボストーチヌイからモスクワまでの距離は9441kmとなっている。モスクワから西へ伸びるルートは、サンクトペテルブルグを経由してフィンランドへ至るルート、さらにベラルーシのミンスクやポーランドとの国境の駅ブレストを経てポーランドやドイツ、ハンガリーなどへ向かうルートがある。

　近年注目されている新ユーラシア・ランドブリッジは、中国の江蘇省連雲港を東の起点に新疆ウイグル自治区の阿拉山口を経由し、カザフスタンを通って、オランダのロッテルダムに至る1万1000kmの鉄道である。シベリア鉄道を使うよりも約2000km短く、途中30余か国を経由することで経済効

果も期待されている。中国が1992年に阿拉山口の対外開放を宣言したことで、正式に貨物輸送が開始された。しかし、中国側とカザフスタン側では、中国－ロシア間と同様にレール幅が異なり、貨物は阿拉山口駅で積み替えている。またウルムチーアルマトイ間を週2往復する客車は、阿拉山口から12kmにあるカザフスタンのドルジバ駅で台車を交換する取決めとなっている。

ここ数年、中国政府が検討してきた西部大開発構想は、西部地区の鉄道延長や新設、東西を結ぶ在来線の完備、複線化などが計画されている。新アジア・ランドブリッジに関連していえば、連雲港から阿拉山口間のうちの蘭州－宝鶏区間の複線化、さらに神木－延安北、西安－安康間などの鉄道建設が含まれている。

さらに、韓国と北朝鮮をつなぐ鉄道・京義線（ソウル－新義州）は朝鮮戦争時に断絶されたままになっていたが、2000年6月の南北首脳会談を契機に和解と協力の動きを象徴するプロジェクトとして、それを復旧、連結することで合意をみた。同年9月18日には韓国側の起工式が金大中大統領をはじめ政府首脳、駐在外交官ら約1000人が出席し、軍事境界線に近い京畿道の臨津閣で行われた。2001年9月の完成を目指しており、南北を結ぶ陸路の幹線として主に物流に利用することになっている。

本プロジェクトは物流幹線の整備という経済的側面のほか、建設に伴う地雷除去作業などを通じ、緊張緩和の効果も期待されている。また将来は、鉄道と並行し連結道路も整備する計画であるが、北朝鮮側の工事着工や資金調達などの詳細については、現時点では明らかとなっていない[19]。

このような状況やランドブリッジを効果的に利用するという目的から日本では、九州の東松浦半島を起点に壱岐、対馬を経て韓国南部までトンネルで結ぶ構想が再度浮上してきた。このルートの構想は既に1940年に出ており、敗戦から数年後の49年に調査を開始した経緯がある。その後は国際情勢などさまざまな理由から本格的な動きは見られなかったが、80年代に入り再び検討が始まった。日本国内では82年4月に「国際ハイウエイ建設事業団」が、

83年5月には有識者からなる「日韓トンネル研究会」が設立され、幅広い調査と研究が進められている。

　本構想は、日本とユーラシア大陸の東を海底トンネルで結び、さらに大陸の国々を高速交通網で連結するという壮大なもので、地域経済からボーダレスな多角的経済圏の形成を目指すものである。日韓トンネルはルートに3つほどの候補があるが、対馬海峡の深いところで海面下300～500mを掘削していくことになり、断層もあるといわれ難工事が予想される。また九州北部から壱岐までのルートは、橋梁案も検討されている。壱岐からは対馬を通り、韓国の釜山あるいは巨済島へ至るルートで、総延長は230～240kmになる計画である。これが実現すれば、青函トンネルやユーロトンネルの実に4倍以上という巨大な長さになる。

　佐賀県鎮西町では調査斜坑の掘削が行われ、すでに貴重なデータが収集されている。その後も地質調査や施工・工法研究、環境アセスメント調査などが実施され、トンネルの建設は技術的に可能であるとの初歩的結論が得られている。自然条件のおおよその概要は判明しているが、必要なデータがすべて揃っている状況にはまだ至っていない。韓国サイドでは、日本にくらべて検討は遅れているが、80年代末には巨済島でのボーリング調査が実施された。

　日本側検討組織のカウンターパートとして、韓国側でも「韓日トンネル研究会」が設立され、さらに「韓国海洋研究所」などが対応することになっている。日韓両国においては、今後さまざまな角度からの調査・研究と交流が期待されている。現時点での日本側関係者の多くは、青函トンネルや瀬戸大橋を完成させた日本の土木技術を近隣諸国に広める良い機会であると考えている。また、北東アジア地域の経済発展や経済圏の生成に有益であると評価している[20]。

　日本ではすでに、国土計画上悲願であった北海道・本州・四国・九州の四つの島が海底トンネルや橋梁で連結された。希望や構想の段階を除いても約200年の検討の歴史をもつ英仏海峡もまた、海底トンネルで固く結ばれた。しかし、24年の歳月と約7000億円を投じて北海道と本州を地続きにした青

函トンネルは、いまや旅客の減少と貨物輸送の伸び悩みにあえいでいるといわれる[21]。

　空路の充実によって旅客が奪われ、青森－函館を2時間で結ぶ高速フェリーの出現も追い打ちとなっている。さらに53.8kmのトンネル内には、毎分24トンの地下水が湧きだしてくる。これを汲み出すための排水ポンプなど付帯設備がいま更新期を迎えており、今後の維持費用のための負担は膨らむ一方で、旅客と貨物獲得のために起死回生策を早急に打ち出さなければならない状況にある。

　日韓トンネルにおいても経済波及効果が見込めなければ、資金手当ても困難となり、実現性も薄れてしまう。したがって本プロジェクトを2国間としてのみ検討するのではなく、多国間プロジェクトつまり北東アジア経済圏生成の有効性ならびに必要性という観点から、検討することが肝要である。それは同地域で互いに共存共栄を目指し、人、物、エネルギーの輸送と情報の伝達が安全、迅速かつ正確に行われ、さらに平和で繁栄した社会の達成を我々が望むかどうかという問題でもある。

　追記：北朝鮮が2006年10月9日に地下核実験を強行したことは、北東アジアさらに国際社会の平和と安全に対する重大な脅威であり、NPT（核兵器不拡散条約）体制に対する挑戦であるとして、国連安全保障理事会は10月14日に決議1718で北朝鮮を非難するとともに制裁措置を採択した。日本も閣議決定で、6ヵ月間の北朝鮮籍船舶の入港禁止と北朝鮮が原産地または船積み地である品目の輸入禁止措置を発動した。

　北東アジアの最近の動向については、横田高明「現地で見た北東アジア国境地域の経済・貿易・人の移動」（日中経済協会『J＋C ECONOMIC JOURNAL』2005年12月号）、同「中国東北国境地域と全面開放を目指す旅順口区の現状」（同誌2006年10月号）などの現地調査報告があるので参照されたい。

注

1) 横田高明・梶田幸雄『改革開放下の中国経済と日本』アイピーシー、1996年6月、53-54ページ。
2) 同上、20-21ページ。
3) 日本と北朝鮮の間で国交正常化交渉が動き出すかに見えかけた1999年11月、北京のUNDP図們江開発事務局代表団が日本を訪問し、日本政府指導者に対して同開発計画への正式参加を要請した。しかし、日本は北朝鮮との国交がないことなどを理由に、まだ参加するには至ってない。
4) 池田浩「環日本海新航路のゆくえ」『月刊東アジアレビュー』1998年8・9月合併号、東アジア総合研究所を参照。
5) 同上。
6) 同上。
7) 周鳳起所長が1994年10月に東京で行った講演資料をもとにしている。
8) 内容については1994年3月、(財)日本エネルギー経済研究所が主催したシンポジウム資料による。
9) エネルギー消費の伸び率をその年の経済成長率で除した値をいう。
10) 国家発展計画委員会能源研究所課題組『中国能源環境調査』2001年1月10日、4ページ。
11) 国家貿易企業として中国化工進出口総公司（SINOCHEM）、中国国際石油化工連合公司（UNIPEC、SINOPEC系列だがSINOCHEMも30％出資）、中国連合石油有限責任公司（China Oil、CNPC系列だがSINOCHEMも30％出資）の3社が指定されていたが、他に輸入専門国家貿易企業として珠海振戎集団公司が指定を受けた。その後中国中化集団公司（SINOCHEM Corp）、中海油中石化連合国際貿易有限責任公司（CNOOC=中国海洋石油総公司60％・SINOPEC40％の出資）などが設立された。
12)「中国通信」2006年8月11日、中国通信社、11ページ。
13)「中国通信」2006年5月29日、中国通信社、6ページ。
14)「中国通信」2006年2月21日、中国通信社、6ページ。
15) 同上。
16) BP「世界エネルギー統計2005」では、04年の世界石油消費量8080万b/d（40億

4000万トン）で、北東アジアの消費量は1530万b/d（7億6500万トン）ということから、シェアは18.9％である。また、世界石油輸入量は3601万b/d（18億50万トン）、北東アジアのそれは1200万b/d（6億トン）であり、シェア33.3％となる。

17)「中国通信」2006年6月22日、中国通信社、8ページ。
18) ハルビン2006年6月20日発新華社。
19)「日本経済新聞」夕刊、2000年9月18日。
20) 日韓トンネル研究会「日韓トンネル計画資料」を参照。
21)「日本経済新聞」2000年8月20日。

主要参考文献

〔日本語文献は著者名の50音順に、中国語文献は著者名の日本語読みによる50音順に、英語文献は著者名のアルファベット順に配列〕

【日本語文献】

赤松要「わが国産業発展の雁行形態」『一橋論叢』第36巻第5号、1956年。

アジアクラブ編『多角的視点からみるアジアの経済統合』文眞堂、2003年。

天児慧『現代中国　移行期の政治社会』東京大学出版会、1992年。

安室憲一『中国企業の競争力』日本経済新聞社、2003年。

石川滋『開発経済学の基本問題』岩波書店、1990年。

石原享一編『中国経済の国際化と東アジア』アジア経済研究所、1997年。

大塚正修・日本経済研究センター編『中国社会保障改革の衝撃：自己責任の拡大と社会安定の行方』勁草書房、2002年。

大橋英夫『米中経済摩擦：中国経済の国際展開』日本評論社、1998年。

大橋英夫『経済の国際化』名古屋大学出版会、2003年。

加藤弘之『中国の経済発展と市場化―改革・開放時代の検証』名古屋大学出版会、1997年。

加藤弘之・上原一慶編著『中国経済論』ミネルヴァ書房、2004年。

関東学院大学大学院経済学研究科『近代化の社会経済理論』新評論、1968年。

黒田篤郎『メイド・イン・チャイナ』東洋経済新報社、2001年。

小島麗逸『中国の経済と技術』勁草書房、1995年。

小林實『東アジア産業圏』中央公論社、1992年。

呉暁林『毛沢東時代の工業化戦略』御茶の水書房、2002年。

斎藤優『技術移転の国際政治経済学』東洋経済新報社、1986年。

鮫島敬治・日本経済研究センター編『資本主義へ疾走する中国』日本経済新聞社、2004年。

白井早由里『人民元と中国経済』日本経済新聞社、2004年。

神原達『中国の石油と天然ガス』日本貿易振興会アジア経済研究所、2002年。
関志雄『日本人のための中国経済再入門』東洋経済新報社、2002年。
高島善哉『時代に挑む社会科学』岩波書店、1986年。
田島俊雄『中国農業の構造と変動』御茶の水書房、1996年。
田島俊雄・江小涓・丸川知雄『中国の体制転換と経済発展』東京大学社会科学研究所、2003年。
中央大学経済研究所編『市場経済移行政策と経済発展―現状と課題』中央大学出版部、1998年。
趙宏偉『中国の重層集権体制と経済発展』東京大学出版会、1998年。
中岡哲郎『技術と人間の哲学のために』農山漁村文化協会、1987年。
中兼和津次『中国経済発展論』有斐閣、1999年。
中兼和津次『経済発展と体制移行』名古屋大学出版会、2002年。
日中経済協会編『対中ビジネスの経営戦略』蒼蒼社、2003年。
浜勝彦『中国―鄧小平の近代化戦略』アジア経済研究所、1995年。
範建亭『中国の産業発展と国際分業』風行社、2004年。
姫田光義編著『〈南〉から見た世界―東アジア・北東アジア』大月書店、1999年。
藤本隆宏『能力構築競争：日本の自動車産業はなぜ強いのか』中央公論新社、2003年。
藤本隆宏『日本のもの造り哲学』日本経済新聞社、2004年。
古澤賢治『中国経済の歴史的展開―原蓄路線から改革・開放路線へ』ミネルヴァ書房、1993年。
丸川知雄『市場発生のダイナミクス―移行期の中国経済』日本貿易振興会アジア経済研究所、1999年。
丸川知雄編『中国企業の所有と経営』アジア経済研究所、2002年。
丸山伸郎編『中国の工業化―揺れ動く市場化路線』アジア経済研究所、1991年。
森谷正規『「複雑系」で読む日本の産業大転換』毎日新聞社、1997年。
谷地弘安『中国市場参入―新興市場における生販並行展開』千倉書房、1999年。

山本恒人『現代中国の労働経済1949-2000 ―「合理的低賃金制」から現代労働市場へ』創土社、2000年。

横田高明・梶田幸雄『改革開放下の中国経済と日本』アイピーシー、1996年。

渡辺利夫『中国の経済改革と新発展メカニズム』東洋経済新報社、1991年。

渡辺利夫編著『局地経済圏の時代：ぬりかわるアジア経済地図』サイマル出版会、1992年。

【中国語文献】

王巨禄『中国市場経済法律実務知識全書』(上・下) 人民出版社、1994年。

王紹媛主編『中国対外貿易』東北財経大学出版社、2002年。

王洛林編『2000中国外商投資報告―大型跨国公司在中国投資』中国財政経済出版社、2000年。

於光遠『論我国的経済体制改革』湖南人民出版社、1985年。

何保山・顧紀瑞・厳英龍『中国技術転移和技術進歩』経済管理出版社、1996年。

韓彩珍『外商投資政策与法律環境』中国軽工業出版社、2000年。

江小涓『中国工業発展与対外経済貿易関係的研究』経済管理出版社、1993年。

江小涓『体制轉軌中的増長、績効与産業組織変化：對中国若干行業的實証研究』上海人民出版社、1999年。江小涓『中国的外資経済―対増長、結構昇級和競争力的貢献』中国人民大学出版社、2002年。

孔祥駿『中国集団企業制度創新』中国方正出版社、1996年。

高尚全『九年来的中国経済体制改革』人民出版社、1987年。

国家国有資産管理局商貿司編『公司国有資産管理制度匯編』経済科学出版社、1991年。

顧龍生『中国共産党経済思想発展史』山西経済出版社、1996年。

呉承明『中国資本主義与国内市場』中国社会主義出版社、1985年。

呉先明『中国企業直接投資論』経済科学出版社、2003年。

最高人民行員経済審判庭編『経済審判手冊』人民法院出版社、1992年。

史清琪・趙経徹編『中国産業発展報告』中国軽工業出版社、2001年。

上海市再就業工程聯合調査組『奇跡是如何創造出来的－関於上海市再就業工程的研究報告』復旦大学出版社、1998 年。

蒋一葦『経済体制改革和企業管理若干問題的探討』上海人民出版社、1985 年。

蒋一葦・陳佳貴編『股・制的理論与実践』中国人民大学出版社、1988 年。

徐滇慶・文貫中編『中国国有企業改革』中国経済出版社、1996 年。

宋涛・衛興華編『40 位経済学家関於推進国有企業改革的多角度思考』経済科学出版社、1996 年。

曽培炎編『新中国経済 50 年』中国計画出版社、1999 年。

孫海鳴『放開搞活国有小企業』上海人民出版社、1998 年。

孫尚清『新経済問題』(上・下) 中国発展出版社、1996 年。

中型企業改革与発展之路編委会『中国大中型企業改革与発展之路』(上・下) 中国共産党中央党校出版社、1993 年。

中国企業管理培訓中心編『建立現代企業制度』企業管理出版社、1994 年。

中国国有企業資産管理学会秘書処編『深化産権体制改革建立現代企業制度』経済科学出版社、1996 年。

中国社会科学院工業経済研究所『中国工業発展報告 (1998)』経済管理出版社、1998 年。

張維迎『企業理論与中国企業改革』北京大学出版社、1999 年。

張曙光主編『中国制度変遷的案例研究―第 1 集』上海人民出版社、1996 年。

張平・李従国・鄭大勇『中国企業集団競争発展之路』中国経済出版社、1998 年。

張幼文等『中国与 APEC 分工』上海社会科学院出版社、1998 年。

陳慧琴『技術引進与技術進歩研究』経済管理出版社、1997 年。

陳国宏『我国工業利用外資与技術進歩関係研究』経済科学出版社、2000 年。

『当代中国的経済管理』編輯部編『中華人民共和国経済管理大事記』経済管理出版社、1986 年。

『当代中国叢書』編輯部編『当代中国的経済体制改革』中国社会科学出版社、1984 年。

董輔礽『経済体制改革研究』(上・下) 経済科学出版社、1995 年。

馬洪編『企業改革中的資産重組―案例研究与理論分析』経済管理出版社、1996年。

李靖宇『中国与東北亜区域経済合作戦略対策』人民出版社、1999 年。

劉鴻儒・孫效良『股份制在中国的実践』人民出版社、1993 年。

劉国光・周桂英編『中国改革全書―工業企業体制改革巻』大連出版社、1992 年。

劉国光編『産権―国有企業改革与国有資産監管』中国財経出版社、1993 年。

劉小玄・韓朝華『中国企業的民営化―中小企業改制的選択』中国経済出版社、1998 年。

横田高明「対中国的合営企業投資和技術転譲」遼寧省対外経済貿易信息諮詢中心編『中国東北地区工業化与日本的直接投資和技術転譲』東北財経大学出版社、1988 年。

横田高明「亜洲互補関係的発展」「東北亜経済圏形成的可能性」吉林省東北亜研究中心編『東北亜地区和平合作与発展研究―国際学術討論会論文集』東北亜研究中心出版、1996 年。

【英語文献】

Catherine Mckinley（1999）,"Chinese Firms Cancel Plans for Class B Issues", The Asia Wall Street Journal, March 18, 1999.

James R. Lilly and Sophia C. Hart（1997）,"Greater China: Economic Dynamism of the Overseas Chinese," US Joint Economic Committee, China's Economic Future, M. E. Sharpe.

Nicholas Lardy（1994）, China in the World Economy, Institute for International Economy.

Thomas Rawski（1996）, Implications of China's Reform Experience, in Walder ed.

World Bank（1997）, China Engaged: Integration with the Global Economy.

Yizheng Shi（1998）, Chinese Firms and Technology in the Reform Era, Routledge.

あとがき

　著者が、中国経済や日中経済関係に関心をもつようになったのは、20歳代の後半であった。初めて勤めた大手証券会社を退職して何気なく大学院に入学し、今は鬼籍にある原覚天教授・林要教授、さらに高島善哉・加茂儀一・小原敬士教授など錚々たる方々の指導を受けてからである。それぞれ第一線を退いた教授たちは寛容であった。居心地がよく3年間もお世話になった。特に指導教授の原覚天教授と林要教授からは、1973年4月に向坂正男氏の薦めで日中経済関係の団体に2度目の職を得た後も、両教授の自宅を訪問してまで懇切な指導を受けたことは今でも忘れられない。

　2度目の職場である財団法人日中経済協会は、1972年9月の日中国交正常化の直後に政府と経済界が協力して設立したもので、従来の日中覚書貿易事務所などの組織を吸収し、政府間の仕事をサポートするとともに、民間交流の拡大に貢献するためのさまざまな仕事を行うため、人員拡大期にあった。そこで得た著者の最初の仕事は、中国研究をはじめ幅広い研究者を集めて、中国の政治・経済体制や政府組織、経済動向、農村の生産組織と生産動向、さらに日中関係の理念や日中経済関係の拡大方途などのテーマで研究チームをつくり、調査研究をすすめて報告書に取りまとめることであった。

　18年間勤務したこの職場での担当業務は、調査研究の仕事がもっとも長かったが、初代の稲山嘉寛会長や次の土光敏夫会長、3代目の河合良一会長のもとで、1978年2月に締結をみた「日中長期貿易取決め」、79年2月に発生した総額26億ドルに達する「プラント契約発効保留」、81年後半から開始された中国既存企業の「診断方式による工場改造事業」、89年6月の「天安門事件」と「経済制裁」解除、さらに「合作合弁相談事業」など、「現場」に密着した多くの仕事を担当することができた。これらの実践を通した成果は、本書にも取り入れたつもりである。

　このような仕事を経て、1991年4月に3度目の職場を大学に求める契機となったのは、2度目の職場の上司である常任顧問・岡崎嘉平太氏の影響が大き

い。私たちは月に1～2度、岡崎氏を囲んで昼食をとり、「勉強会」と称して雑談をするのが常であった。岡崎氏は年齢や地位の区別なく、若者の意見にも熱心に耳を傾けてくれた。また、日中両国の架け橋となる若者の養成に力を入れ、そのことを強く望んでおられた。著者が土曜日などの空いた時間に、大学の非常勤で中国関係の講座を担当することを喜び、熱心に応援してくれていた。著者は、岡崎氏が92歳という高齢であったが89年9月に突然の事故で逝去されたことや経済団体の役割も一段落したのを機に、1年余り熟慮したのち、大学で本格的に若者の教育に携わる決心をしたのであった。

　その大学での勤務も98年4月からは2校目の大阪産業大学にお世話になっている。関東圏に自宅があるので、新幹線通勤の出稼ぎ状態にあるが喜びもある。沿線の四季の景色を楽しみながら、感慨にふけることである。また、これまでに所属したゼミ卒業生の多くが中国に駐在したり、中国関係の仕事に携わっていて、いろいろと情報を提供してくれることもある。それも最近では、所属ゼミ生や大学院生のほとんどが中国からの留学生になってしまった特殊な研究室になっている。しかし、彼らと日中関係の現状や将来について意見交換できることも楽しみの1つである。このような道への転換を勧めてくれた岡崎氏にも、深く感謝している。

　本書は、いうまでもなく著者をこれまで支えてくれた多くの方々に負うところが大きい。また、中国の多くの友人たち、現在の職場同僚の暖かいご支援にも深く感謝しなければならない。本書を出版するにあたっては、幸運にも「大阪産業大学学会学術研究書出版助成」を受けることができた。さらに本書の刊行を快く引受けてくれた創土社の酒井武史氏はじめスタッフの方々には、編集上の細かいところまで配慮をいただいた。私事にわたって恐縮だが、田舎で92歳になっても息子を心配してくれている父親、家を留守にすることの多い著者を何かと支えてくれる家族にも、この場を借りて感謝したい。皆さん、ありがとうございました。

2005年2月
横田高明

事項索引

【アルファベット】

A株　112-116, 190
AD　182, 185, 188
AD税　188
APEC　184, 207
ASEAN　79, 170, 175, 198, 204, 205, 207, 214, 222, 224, 225, 231, 244, 245
B株　112-116, 190
DOE　122-125
DSR　197
DVDプレーヤー　177, 192
EU　85, 170, 171, 175, 184, 196, 198, 206, 214, 215, 241, 302
FTA　204, 205, 207
GATT →ガット
GDP　42, 43, 44, 73, 75, 114, 128, 131, 132, 141, 147, 150, 192, 194, 209, 210, 222, 241, 283-285, 303
GDP成長率　131, 141
GNP　268, 269, 276, 305
H株　113, 115, 190
HIV　206
IEA　122-124, 146
IMF　36, 83, 159, 168, 181, 182
IMF8条国　36, 83, 168
IRBD　181
IT　90, 181, 192, 196, 204, 218, 232
JICA　61, 62, 272, 273, 289
LT　130
M＆A　35, 193, 245
N株　113
NIEs　79, 222, 224, 225, 244, 245
ODA　152, 153, 265-270, 272-274, 277-279, 281, 288-291
OECD　123, 129, 147, 266, 290
OECF　273, 286, 289
OPEC　121, 122, 124, 127, 136
SPA　255, 256
TRIM　187
TRIPS　189, 206
WP　183, 184
WTO　32, 36, 83, 89-91, 167, 170, 172, 174, 177, 181-186, 189, 190, 192-195, 199-203, 205-207, 211, 212, 214-218, 226, 230, 240-242, 249, 300
WTO繊維協定　189, 240

【あ行】

赤字企業　75, 81, 99, 101, 102, 104
アジア太平洋経済協力会議→APEC
アジア通貨・金融危機　77, 122, 124, 168, 169
アジア途上国　123, 124
圧縮された工業化　146, 225, 230, 243
アパレル　87, 237, 240, 242-244, 248, 251-255
アルシュ・サミット　283
案件形成促進調査（SAPROF）　275
アンチダンピング→AD
イエメン　126, 304
硫黄酸化物　144, 285
イタリア　65, 105, 166, 243, 244, 246, 269
1次エネルギー　122, 123, 125, 128, 129, 134, 143, 146, 303, 306, 307
一時解雇者　238, 240
1次製品　196
医療　103, 239, 277, 278, 279, 289
医療保険　103, 239
イルクーツク　140, 152
インドネシア　126, 135, 141, 205, 244, 246, 265, 267, 268, 277, 281, 304
インフラ建設　151

インフラ整備　76, 80, 82, 116, 177, 276, 280, 282, 303
請負制導入　182
中外合資経営企業法実施条例　66
ウラン　121, 122
ウルグアイ・ラウンド　182, 206
エアコン　84, 187, 192, 230
営業税　86
英国　23, 50, 65, 105, 106, 126, 143, 173, 201, 236, 268, 299
エイズ治療薬　206
エネルギー効率　128, 132
エネルギー消費量　125, 128, 132, 303
エネルギー需給　121, 122, 125, 132, 146, 305
エネルギー多消費型経済　128, 285
エネルギー弾性値　131, 141
延安　14
沿海開放地区　79
沿海経済開放区　36
沿海地域　24, 35, 36, 80, 84, 91, 102, 108, 126, 129, 132, 139, 141, 150, 152, 210, 218, 239, 243, 248, 273, 275, 283, 284
円借款　152, 153, 265, 267, 269, 271, 273, 275, 279-286, 288, 289
円高　64, 165, 222, 228, 243, 250, 255, 282
オーストラリア　121, 126
オートバイ　192, 203, 228, 229
オイルショック　245
オマーン　126, 304
オルドス盆地　139, 140
温飽水準　28

【か行】

海外経済協力基金→OECF
会計士事務所　114
会社法　96, 114

海賊版　202
海南島　36, 140, 280
開発輸入　196, 220, 257
海洋油田　136
顔のない援助政策　291
価格自由化　134
化学工業　54, 63, 139, 140, 166, 223, 225, 243
化学繊維　223, 235
華僑・華人　36, 76, 81, 205, 210
核実験　274, 275, 286
確認可採埋蔵量　121, 129
確認埋蔵量　139
化合繊産業　245
カジュアル・ダイレクト　256
河川汚染　285, 286
各戸経営請負制（包乾到戸）　31
各戸（農家）生産請負制（包産到戸）　31
家電製品　84, 146, 212, 228
華東　132-135, 138, 139, 141, 142, 218, 260
過渡期の総路線　21, 22
華南　21, 81, 132-135, 138, 141, 142, 261
株式合作制　98, 107, 108
株式市場　107, 113-115
株式制　34-36, 75, 83, 104-107, 10-111, 114, 116, 191, 210
株式発行及び取引に関わる管理暫定条例　112
株式有限会社　97
カラーテレビ　88, 192, 220, 221
火力　128, 130, 135, 141-143, 177, 276, 280, 281, 298
為替レート　112, 156, 158-160, 166-168
環境アセスメント支援 SAPROF　275
環境美化都市　150
環境保護法　144, 145, 279
環境保全投資　147

環境問題　123, 126, 139, 143, 149, 150, 152, 285
韓国　69, 126, 135, 152, 164, 175, 193, 197, 201, 202, 204, 205, 225, 243, 244, 246, 247, 267, 268, 270, 295, 297, 302
関税　83, 89, 90, 91, 159, 166, 170, 172, 174, 177, 181-184, 186-189, 193, 197, 202, 214, 216, 230, 242
関税率　90, 91, 166, 170, 172, 174, 177, 181, 183, 184, 187, 197, 214, 216
カントリー・リスク　92
旱魃　149
外貨準備高　161, 163, 166, 169, 173, 192, 213
外貨調整センター　167
外貨取引センター　167
外貨留保制度　158, 161, 167
外国銀行　91, 190
外国投資管理委員会　155
外国投資者の投資奨励に関する規定　78
外資系企業　35, 36, 38, 64, 70, 76-78, 81-84, 86-89, 91, 93-95, 171, 182, 185, 186, 191-196, 198-201, 209, 210, 211, 215-218, 225, 226, 228, 229, 235, 241-243, 249, 250, 284, 302
外資系繊維企業　241
外資出資上限　190
外資導入　44, 82, 86, 87, 136, 143, 199, 200, 202
外資目録　84
外資優遇措置　83
合作企業　36, 83, 217, 249
ガット　89, 167, 170, 181-184, 192, 214
生糸　235
機械・機器工業　242
機械・電気製品　198
企業改革　42, 95, 100-103, 108, 116, 191, 239, 242
企業技術改造協力　62
北朝鮮　129, 296, 299, 301
機電製品　86, 162, 170, 171, 196, 214, 215, 219, 240
9・30事件　267
教育　23, 24, 26, 39, 43, 46, 49, 51, 52, 88, 151, 221, 222, 277
教科書問題　271
共産主義　13, 23, 29, 30
共同綱領　20
貴陽　144, 286
近代化　30, 40, 43, 49, 50, 51, 52, 55, 58, 60, 64, 71, 93, 94, 166, 271, 273, 276
技術移転　63, 67-70, 91, 92, 188, 289
技術協力　265, 267, 269, 272, 276, 278, 279, 289
技術導入　64-70, 94, 136, 143, 220, 226, 227
ギャップ社　255
銀行　36, 59, 60, 75, 91, 100, 109, 113, 147, 150, 158, 168, 181, 182, 190, 191, 194, 201, 222, 238, 265, 273, 276, 281, 299
グラント・エレメント　269, 288
軍事支出　205, 272, 274
経営請負責任制　75, 191
経営管理手法　93, 94, 226
計画単列都市　79, 163
計画的商品経済　30
軽工業　24, 53, 59, 65, 211, 235-238
軽工業総会　238
軽工業部　236-238
経済改革　30, 40, 73-76, 79, 110, 182, 190-192, 209, 236, 243, 273, 276, 295
経済活動　14, 49, 52, 146
経済関係　15, 16, 52

索引　333

経済協力　152, 184, 205, 265-269, 271-273, 276, 285, 286, 288, 291, 295
経済協力開発機構→OECD
経済圏　52, 302
経済制度改革　59
経済特別区　36, 76, 77, 79, 80, 82, 156, 192, 210
携帯電話　88, 192, 217, 230
瓊東南盆地　139
軽紡工業　235
契約関係法規　91
建築業　242
原始共同体所有　18
原子力　121, 122, 130, 141-143, 177
原子力発電所　141, 177
原単位　132
原炭生産量　134
現代企業制度　96, 97
原油　22, 122-127, 129-133, 135-138, 165, 170, 172, 177, 178, 186, 214, 216, 303
原油生産量　129, 135
原油バース　304
原油輸入量　125, 126, 127, 130, 131, 170, 178, 214, 303, 304, 306
光華寮問題　271
黄河　149, 150
公害　144-146, 149, 278
高級合作社　22
工業化率　128, 285
工業近代化　49, 55, 64, 71, 93, 94
工業生産総額　53, 76, 81, 95, 132
公司（会社）法　76
工商統一税　86
工場長（社長）責任制　75, 98, 191
公定レート　112, 159, 162, 163, 167, 168
黄島　138
公平貿易活動　200

公有制経済　38, 95
港湾　266, 280, 282, 301, 302
国営企業　22, 53, 75, 182
国債　114, 115
国際エネルギー機関→IEA
国際開発金融機関　269, 289
国際協力事業団→JICA
国際決済銀行　36
国際通貨基金→IMF
国際復興開発銀行→IRBD
国際貿易憲章　181
国際旅客列車　302
国内総生産→GDP
国民総生産→GNP
国民党　14, 183
国務院機構改革　238
国有企業　35, 41, 75-77, 87-89, 91, 95, 96, 98-107, 113-116, 133, 171, 186, 191, 194-196, 199, 215, 216, 237, 238, 239, 242, 248, 249
国有企業改革　95, 98, 100-104, 106, 116, 239, 242
国有工業企業　42, 95, 99, 101
国有重点炭鉱　126, 134
黒龍江省国営農場農業総合開発事業　275
個人企業　35, 38, 75, 76, 95
国家経済委員会　57-60, 63
国家経済貿易委員会　101, 185, 201, 238
国家発展計画委員会　201, 242, 305-307
国家紡織工業局　238
国家輸出入管理委員会　155
国共合作　14
固定資産投資　60, 199, 237
コロンボ・プラン　265
郷鎮企業　35, 75-77, 182, 191, 237
郷鎮炭鉱　126, 134

合弁企業　36, 53, 64, 66, 67, 70, 83, 113, 156, 186, 190, 195, 212, 217, 222, 223, 227, 246, 249
合弁法　66, 76, 78, 209, 247
5ヵ年計画
　―第1次　22
　―第6次　56, 57, 60
　―第9次　148, 281, 283, 284, 305
　―第10次　43
五味一体　23

【さ行】

サービス産業　80, 86, 103, 194, 218, 242
最恵国待遇　187, 205
再就職サービスセンター　238
再生産過程　17
作業部会→WP
砂漠化　149, 151
三沿開発政策　36
三峡ダム　142, 150
三資企業　36, 79, 81, 95, 247
酸性雨　144, 149, 285, 286, 388
三線建設　24, 25
三大戦役　14
三同時の原則　144
三農　46
ザルビノ港　301
私営企業　34, 35, 38, 95, 199, 249
市場経済化　33, 42, 44, 95, 169, 178, 181, 190, 195, 238, 240, 272, 284, 285, 295
市場レート　112, 167, 168
四川盆地　139, 140, 286
失業者　194, 242
失業保険　103
指導価格　134
シベリア　140, 304
資本主義的所有　18

社員個人株　108
社会科学　15, 55, 146
社会主義市場経済　31, 33, 34, 37, 38, 41-45, 95, 104, 106, 111, 116, 192
社会主義初級段階　33, 34, 38, 98, 106, 191, 210
社会主義体制　13, 20, 52, 98, 116, 192, 210
社会主義的現代化　52
社会主義的所有　18
社会主義の総路線　23
社会発展の一般法則　16
社会保険制度　103
社隊企業　35, 75
上海　36, 60, 63, 65, 79, 80, 81, 88, 100, 102, 109, 110, 112, 113-116, 132, 135, 139, 140, 141, 152, 167, 184, 192, 199, 200, 210, 211, 218, 237, 253, 260, 261, 280, 282, 284
上海証券取引所　109, 112, 113, 115, 116
集団所有工業　76
集団所有制企業　53, 95, 99
珠海　36, 76, 110, 211
珠江口盆地　139
出産保険　103
私有化　105-107
省エネルギー　121, 122, 132, 141, 145, 277, 305, 307
松花江　149, 150, 286
証券管理機構　116
証券業　114, 190
証券法　76, 116
小康社会　42-44
小康水準　28, 43
商社　230, 248, 253, 257, 258, 261
消費税　86
商標権侵害　203

商品生産　19
勝利油田　14, 111, 129, 135-138, 304
松遼盆地　138, 140
初級合作社　21, 22
食品　59, 87, 150, 196, 242, 285
食品加工業　242
食糧自給率　32
食糧の安定的供給　277
所得格差　38, 150, 191, 209, 218, 283
指令価格　134
シンガポール　114, 193, 201, 207, 299, 303, 304
秦山発電所　143
深圳　36, 76, 80, 110, 112-116, 192, 203, 210, 211, 280
深圳証券取引所　110, 112, 113, 115, 116
新民主主義　21
新ユーラシア・ランドブリッジ　298
重慶　14, 65, 100, 139, 144, 149
重工業化路線　22
重点プロジェクト　146-148, 235
ジュンガル盆地　137, 139, 140
自由貿易協定→FTA
乗用車　87, 172, 177, 187, 188, 216, 296, 297, 303
人権問題　271, 282, 292
人材養成　151, 221, 277, 278, 289
人民元　77, 83, 91, 112, 142, 156-160, 162, 163, 167-170, 173, 190, 213, 214, 299, 300
人民元切り上げ　170, 173, 214
人民元業務　190
人民公社　23-25, 30, 31, 35, 75, 191
水力　125, 126, 129, 130, 141, 142, 280, 282, 298
汕頭　36, 76, 192
セーフガード　91, 171, 189, 193, 201, 215, 229, 230, 240

「西気東輸」プロジェクト　152
生産請負制　24, 31, 52, 95, 191, 210, 236
生産関係　13, 15-20
生産責任制　182
生産の三要素　16-18
生産力　13, 14, 17-20, 28-30, 32, 33, 37, 38, 42, 43, 45, 52, 74, 84, 106, 107, 190, 192, 210
政社合一　23
生態環境保護　150, 151
青年海外協力隊　289
製品油　128, 131-133, 136, 178, 303, 304
製品油輸入量　303
政府開発援助→ODA
政府開発援助大綱（ODA大綱）　274
政府開発援助（ODA）4指針　272
政府貸付　269, 279
西部大開発　43, 150-153, 202
精密機械産業　242
世界銀行　60, 147, 181, 182, 265, 276, 281
世界の工場　192, 225
世界貿易機関→WTO
石炭　22, 53, 54, 121, 123, 125, 126, 128-135, 139, 141-143, 145, 149, 157, 161, 186, 275, 285, 302, 303
石炭依存度　129, 145, 285, 303
石炭ガス　139
石炭輸出量　135
石炭輸送力　135, 285
石油　25, 65, 82, 121-125, 127-129, 131-133, 135-139, 141, 142, 157, 170, 172, 186, 214, 216, 223, 282, 303, 305
石油価格　121, 122
石油化学　65, 82, 136, 223, 282
石油危機　121, 122, 125
石油備蓄　127
石油輸出国機構→OPEC

繊維産業　　68, 223, 225, 235, 236, 240,
　　243, 245, 247, 248, 254
繊維製品　　172, 177, 178, 188, 189, 192,
　　212, 216, 223, 235, 236, 239, 241, 243,
　　244, 251
専業銀行　　100
戦後処理　　265, 270
洗濯機　　61, 84, 192
先富論　　32, 228
ゼネラル・エレクトリック（GE）　　200, 220
全国人民代表大会
　─第9期　　91
全人民所有制　　53, 95, 96
総合収支　　169, 213
双十協定　　14
ソフト　　62, 63, 64, 66, 67, 87, 226
ソ連崩壊　　32, 295
村民委員会　　31, 75
増値税　　86, 170, 171, 173, 174, 202, 214,
　　215, 239, 241
贈与　　267, 269, 270, 288, 289

【た行】
対中技術協力　　279
対外経済貿易部　　68, 155, 160, 163, 166
対外債務残高　　197
対外貿易経済合作部　　85, 185, 192, 200,
　　201, 202, 217, 286
大気汚染　　143-146, 148, 149, 152, 275,
　　276, 285, 286, 288
大気汚染防止対策　　276
大気環境基準　　148
太湖　　146-148
対中経済協力3原則　　271
対日貿易　　175, 196, 249
対日輸出　　171, 198, 215, 230, 249
対日輸入　　198, 230, 249, 250

多国間援助　　289
タリム　　126, 127, 136-140, 152, 305, 306
単一為替レート　　159
炭鉱　　54, 126, 134, 135, 302
炭素繊維　　246
大亜湾発電所　　143
第1次産業　　75, 128, 285
大慶油田　　25, 26, 126, 129, 130, 136-138,
　　177, 178, 282, 304
大港油田　　129
第3次産業　　75, 128, 285
大同優良混炭　　135
第2次産業　　75, 128, 285
第2次世界大戦　　13, 181, 219, 243
大躍進　　23, 24, 53
大連　　36, 80, 135, 143, 200, 253, 286
大連経済技術開発区　　80
弾性値→エネルギー弾性値
ダンピング　　91, 182, 185, 188, 201
ダンピング防止条例　　201
地域経済格差　　209, 273, 284
窒素酸化物　　144, 148, 149
知的財産権　　181, 182, 194, 202, 203
知的財産権侵害　　202, 203
知的財産法制　　189
中華民国　　14, 183
中国アジェンダ21　　279
中国脅威論　　204
中国共産党
　─第8期6中全会　　24
　─第8期11中全会　　26
　─第8期12中全会　　27
　─第9回全国代表大会（党大会）　　27
　─第11期3中全会　　30, 42, 155, 191
　─第12回全国代表大会　　53
　─第12期3中全会　　30, 34, 40, 75, 109,
　　191

索引　　337

―第13回全国代表大会　33, 40, 109, 191
　―第13期4中全会　40
　―第14回全国代表大会　31, 41, 111, 192
　―第14期3中全会　41, 44, 95, 107
　―第15回全国代表大会　34, 36, 42, 104
　―第15期3中全会　42
　―第16期3中全会　44, 45
中国銀行　60, 109
中国人民銀行　113, 158, 168, 299
中国石油化工総公司（SINOPEC）　136
中国石油天然ガス総公司（CNPC）　136
中ソ対立　22, 24
中東依存　124, 125, 304
中東原油　124, 304
長江　14, 36, 139, 142, 149, 150, 284, 286
朝鮮戦争　20, 267
直接投資　66, 76-83, 85, 92, 93, 155, 156, 168, 192-195, 199, 201, 202, 210-212, 217-219, 223, 225, 243, 244, 248, 300
通信　65, 78, 82, 87-90, 151, 172, 176, 190, 193, 201, 216, 218, 276, 282, 285, 296-300
低開発社会主義国家　13, 190
テキスタイル　251, 252
鉄鋼　23, 25, 50, 54, 129, 171, 172, 177, 192, 194, 215, 216, 223, 243
鉄道貨物輸送量　135
天安門事件（第1次）　27
天安門事件（第2次）　34, 36, 64, 73, 79, 109, 131, 166, 183, 191, 205, 271, 272, 277, 282
天然ガス　121, 123, 125, 127, 129, 130, 133, 136, 138-140, 151, 152, 303, 304, 307
天然ガス生産量　138, 139
天然ガス田　133

天然ガス埋蔵量　139
デッドコピー　203
電化　280
電子産業　88, 223, 225
電力開発　141
電力不足　128, 141, 177
電話交換設備　65
東海盆地　139
東京ラウンド　182
鄧小平理論　36, 45
塔中―4油田　138
東南アジア　198, 203, 210, 251, 265-268, 270, 277, 278
東南アジア開発10億ドル構想　267
東北　126, 133
東北地域　133
東龍海運（ソウル）　302
途上国配慮規定　206
土地改革　14, 20
図們江　298, 299
トルファン・ハミ　136, 140
ドイツ　65, 105, 106, 173, 201, 227, 266, 268
独資企業　36, 79, 83, 95, 97, 193, 195, 217
独立採算制　156
奴隷制的所有　18

【な行】

内部決済レート　159, 167
内陸地域　24, 91, 152, 218, 275, 276, 283-285, 288
南巡講話　31, 33, 36, 41, 77, 192, 211, 248
2国間ODA　266-269, 277, 289
二重為替相場制　158
ニセモノ　202, 203
日台経済協力協定　266
日中環境保護協定　275

日中関係　271
日中経済シンポジウム　55
日中国交回復　270
日中長期貿易取決め→LT
日中平和友好条約　270, 279
日中貿易　165, 171, 176, 178, 198, 215, 249, 250
日中友好環境保全センター　277-279
ニット　64, 142, 251, 252
日本　14, 50, 51, 60-64, 67-80, 85, 88, 105, 106, 124, 126-130, 132, 135, 137, 143, 145, 147-149, 152, 153, 158, 163, 169, 170-173, 175-178, 185, 192, 193, 196, 198, 201-209, 211-217, 219-223, 225-232, 241, 243-248, 250-255, 257-259, 261, 265-286, 289-292, 298, 299, 301-303
日本野鳥の会　275
農業　19, 22-25, 30-35, 40, 42, 46, 50, 52, 53, 65, 74-76, 82-84, 86, 89, 146, 148, 151, 152, 166, 188, 191, 194, 202, 242, 275-279, 281, 283, 285, 286, 288, 289, 303, 305
農業合作化の問題について　22
農業は大寨に、工業は大慶に学ぶ　25
農産物　42, 87, 90, 187, 191, 197, 230
納税制　75, 95, 191
農村　14, 20, 21, 23, 26, 30-35, 38, 41-46, 74-77, 108, 134, 150, 182, 191, 210, 225, 236, 248, 276, 277, 289
農村金融体制改革　46
「農村による都市の包囲」作戦　14

【は行】

ハイテク製品　170, 198, 214
破産　75, 96, 98-101
破産法　75, 99
破産モデル都市　100

発展法則　14-16
発電設備　128, 141, 280
発電設備容量　141, 280
バージン諸島　86, 201
賠償　145, 189, 265, 267, 270
煤塵　144, 148, 275, 285
パイプライン　138-140, 151, 152
パソコン　177, 192, 217, 218, 228, 261
東アジア　140, 265, 267, 271, 277, 278, 295, 302, 305
東シナ海　139
1人当たり国民所得　128, 297
一人っ子政策　38
肥料プラント　65
貧困地域　151, 276
貧富の差　284
フィリピン　244, 265, 267
服飾品貿易　243
複線化　138, 280
不動産　84
フランス　65, 105, 143, 173, 201, 244, 266, 299
ブルジョア自由化反対運動　109
文化大革命　24, 26, 53
分業　18, 19, 23, 160, 209, 225, 253, 254
プラザ合意　159, 222, 243, 255
プラント　56, 64, 65, 67, 70, 93, 130, 166, 226, 282
プロジェクト方式技術協力　289
平均可処分所得　44
平湖ガス田　139
米国　14, 22, 23, 65, 79, 80, 85, 86, 89, 90, 106, 122-126, 128, 129, 135, 145, 147, 159, 166, 170, 171, 173, 175, 177, 178, 181, 183, 184, 193, 195-198, 200, 201, 204-206, 214, 215, 218, 220-222, 227, 228, 231, 241, 246, 255, 258, 265-269,

索引　339

271, 272, 290, 298, 299
米国エネルギー省→DOE
米中関係　272
米中首脳会談　89, 91
米ドル・ペッグ制　168
ベトナム　24, 203, 244, 257, 265, 271
ベトナム戦争　24, 265
北京市　63, 80, 109, 199, 280, 282, 297
放権譲利　190
封建的所有　18
縫製工業　235
北東アジア　140, 295-297, 302, 305
北東アジア経済圏　302
保険　89, 90, 99, 103, 104, 194, 201, 239, 277
補助金防止条例　201
ホテル業　84
浦東ビバンディ水道有限公司　200
香港　34, 36, 76, 79, 80, 86, 88, 112-116, 135, 140, 143, 164, 165, 168, 170, 171, 176, 184, 190, 193, 197, 201, 210, 214, 215, 226, 241, 244, 250, 251, 253, 255, 257, 260, 284, 298, 303
香港株式市場　115
貿易関連知的財産制度　189
貿易関連知的財産制度→TRIPS
貿易関連投資措置　187
貿易関連投資措置→TRIM
貿易外収支　169, 213
貿易自由化　182
貿易総額　77, 164, 169, 170, 171, 175, 176, 192, 194, 196-199, 210, 213-215, 217
貿易体制改革　155-158, 160, 163, 164, 169
紡機廃棄　238
紡織工業　235-239, 242
紡織工業総会　238
紡織工業部　236-238

紡績設備削減　239
ボストーチヌイ　302
渤海湾盆地　138, 139
ポリエステル長繊維　245

【ま行】

マカオ　36, 76, 79, 80, 112, 164
マラケシュ協定　182
マルクス・レーニン主義　26, 30
マレーシア　244, 267
ミシン　61, 261
水不足　284
密輸入　128
ミナス原油　304
民営化　89, 105
民工潮　35
民族産業保護　87, 88
無償資金協力　269, 272, 275-279, 289
メキシコ　175, 184, 199, 246
メコン川流域開発計画　205
メジャー　137
綿織物　186, 235, 244
綿花　166, 186, 235-237, 239, 240, 248
免税措置　82
毛沢東思想　20, 30
模倣品　200, 202, 203
モンゴル　27, 134, 140, 273, 285, 286, 295

【や行】

野菜　171, 172, 196, 215, 216, 230
靖国神社公式参拝　271
有限責任会社　97
有償資金協力　269, 276, 278, 279, 286
輸出基地開発計画　282
輸出入許可制度　155, 156
輸出入品目　157
輸出戻し税率　86

輸出割当制度　155
輸送能力　134, 140, 276
油田　25, 126, 127, 129, 135-138
ユニクロ　253-259, 261, 262
輸入制限措置（セーフガード）条例　201
輸入設備免税措置　82
揚子江→長江
羊毛　157, 235
養老保険　103, 104
横向き経済連合　237
余剰労働力　46, 75, 182, 191, 236, 242
4つの基本原則　30, 39
4つの現代化　30, 40
四人組　27

【ら行】

羅津　301, 302
蘭新鉄道　138
利潤上納制　75, 95, 191
利潤留保制度　75, 95, 191
離土不離郷　35, 75
流通株　115, 116
流通税　86
遼河油田　129, 135, 146
レイオフ　238
冷蔵庫　61, 84, 192
ローカル・コンテント　91
労災保険　103
労働集約的産業　194, 212, 223, 225, 236, 243, 247
労働手段　16-19
労働生産性　58, 97, 102, 108
労働対象　16-18
労働法　76
労働力人口　74
ロシア　135, 152, 198, 199, 203, 273, 295-297, 300-302

【わ行】

淮河　146, 148, 152, 286

人名索引

稲山嘉寛　34
袁木　87
王丑　106
大平正芳　271
海部俊樹　283
華国鋒　27
魏杰　106
江沢民　34, 36, 42, 43, 100, 105, 107, 111, 275
谷牧　281
ゴルバチョフ　32, 295
周恩来　22, 27
朱徳　14
朱鎔基　58, 89, 107, 204, 275
スカラピーノ　296
蘇星　34
竹下登　282
趙紫陽　33, 34, 36, 56, 79, 109, 156
張蔵蔵　271
陳雲　22, 30
鄧小平　24, 27-34, 36, 37, 40-42, 45, 77, 110, 191, 211, 248
土光敏夫　60
中曽根康弘　282
馬儀　60
彭真　26
細川護熙　275
マルクス　13, 26, 30
毛沢東　14, 20-30, 34, 37, 183
楊啓先　106
葉剣英　27
李伯勇　103

李富春　22
李鵬　275
劉少奇　24, 26, 27
林彪　24, 26-28

横田　高明（よこた　たかあき）

1944年埼玉県生まれ。中央大学経済学部卒業、関東学院大学大学院経済学研究科修士課程修了。財団法人日中経済協会調査研究課長、中部大学国際関係学部教授などを経て、1998年から大阪産業大学経済学部教授・博士（経済学）。近著に『中国産業の興隆と日本の試練―日中共生の可能性を探る』（編著、エルコ、2003年）、『対中ビジネスの経営戦略―中堅・中小企業への提言』（共著、蒼蒼社、2003年）などがある。

中国における市場経済移行の理論と実践

2005年4月30日第1刷
2007年4月30日第2刷

著者

横田　高明

発行人

酒井　武史

発行所　株式会社　創土社
〒165-0031 東京都中野区上鷺宮5-18-3
電話 03-3970-2669　FAX 03-3825-8714
http://www.soudosha.com

印刷　モリモト印刷株式会社

ISBN4-7893-0036-6 C0036

定価はカバーに印刷してあります。

創土社刊行目録

書名	著者	判型・頁・価格	内容
中国年鑑 2006	中国研究所編	B5 上製・524 頁 本体 16000 円	全ジャンルにわたる現代中国情報のスタンダード。変わらぬ密度、変わらぬ信頼。質量ともに他に類を見ない唯一の中国関連年鑑。日本図書館協会選定図書。特集：重大化する中国の環境問題
現代中国の労働経済 1949～2000	山本恒人	A5 上製・536 頁 本体 6000 円	人民中国建国以来の労働政策の変遷、労働市場の形成過程をたどり、現在、中国の労働経済が抱えるさまざまな問題を浮き彫りにする。この分野の第一人者の長年にわたる研究成果の集大成。
抗日戦争と民衆運動	内田知行	A5 上製・346 頁 本体 2400 円	日中戦争のさなか、延安を中心とする根拠地で、国民政府統治地区で、あるいは日本軍占領地区で、中国の民衆はさまざまな形で抗日運動を展開した。それらの民衆運動は新中国誕生を強力に後押しした。
中国上場企業 内部者支配のガバナンス	川井伸一	A5 上製・280 頁 本体 2800 円	高度成長下の中国経済をリードする民間企業、特に証券市場に上場されている株式会社はどのように形成され、だれがどのように支配しているのか。中国型株式会社の経営構造を他方面から分析。
現代中国の「人材市場」	日野みどり	A5 上製・450 頁 本体 7000 円	中国では若年高学歴者を「人材」と総称。「人材」のための就転職制度・組織（「人材市場」）が今一つの社会変動といえるほど大きく変貌しつつある。綿密な実地調査に基づき、生の声も豊富に収める。
黄土の村の性暴力 大娘（ダーニャン）たちの戦争は終わらない	石田米子・内田知行編	A5 上製・416 頁 本体 2800 円	戦後半世紀を経て、日本軍による性暴力被害者たちはようやく、重い口を開き始めた。本書は現地での8年間にわたる聞き取り調査の成果をまとめたもの。2004年度山川菊栄賞受賞。
中華新経済システムの形成	高橋 満	A5 上製・320 頁 本体 3000 円	19世紀中華帝国から21世紀中華新経済システムにいたるおよそ200年の推転過程をダイナミックに分析し、改革・開放過程を総合的に把握する。社会主義の母斑を残す、画期的な現代中国像を提起。

創土社刊行目録

シュムペーターと東アジア経済のダイナミズム	愛知大学東アジア研究会編	A5 上製・360 頁 本体 3800 円	シュムペーター的諸概念は、東アジア経済の発展のなかでどのような役割を果たしたか。理論篇・実証篇の2部構成。シュムペーター経済学理論の最新の入門ともなっている。
中国は大丈夫か？ 社会保障制度のゆくえ	中国研究所編	四六並製・186 頁 本体 1800 円	中国が今後も安定して成長を続けていくためには、従来の国家保障制度にかわり、近代的な老齢年金制度、医療保障制度、労災保険、出産育児保険など社会保障制度の拡充が急務となっている。
黄土の大地 1937〜1945 山西省占領地の社会経済史	内田知行	A5 上製・310 頁 本体 2400 円	日中戦争の時代、華北大平原の西に位置する山西省は、汪精衛の南京傀儡政権が統治する地域であると同時に、日本軍の強権的軍事占領地であり、また最も強固な抗日運動が展開された地域でもあった。
中国における合弁契約書作成完全マニュアル	沙　銀華	A5 上製・230 頁 本体 3200 円	中国では契約関連の条文が簡単で、あいまいな用語が多用されているため、契約をめぐるトラブルが多発している。失敗しないための合弁契約書の作成方法を詳しく解説。
グローバル化時代のアジア経済 持続的成長の可能性	長谷川啓之編	A5 上製・352 頁 本体 3000 円	アセアン、韓国・台湾・中国・シンガポール・タイ・インドネシア・フィリピン・ベトナムの成長の軌跡を分析するとともに、今後の持続的発展の可能性を展望する。
摩擦と合作 新四軍 1937〜1941	三好　章	A5 上製・496 頁 本体 4800 円	戦う相手は誰か？中国共産党の軍隊であると同時に抗日民族統一戦線の軍隊―ヤヌスの頭を持った新四軍。日中戦争の時期、華中を舞台に繰り広げられた壮絶なドラマ。
ＥＵ社会政策と市場経済	中野　聡	A5 並製・320 頁 本体 2800 円	統一通貨ユーロの発足により、ＥＵの経済統合は新段階に入った。今後の課題は域内全体の社会的平等・公正の実現である。域内企業における情報制度の形成をとおして新たな社会モデルを模索する。

創土社刊行目録

徳王の研究	森　久男	A5 上製・386 頁 本体 3800 円	徳王は日本の傀儡だったのか？ ジンギスカン第30代目の子孫、ドムチョクドンロプが内蒙古近現代史、日中関係史の中で果たした役割を解明。
屠場文化 ―語られなかった世界	桜井　厚・岸　衞編	A5 上製・256 頁 本体 2400 円	差別と偏見に満ちた現実。そこにありながら見ることを避けてきた【屠場】。肉食文化を支える人びとの多彩な技術、伝統、生活史の全体像を、人びとの濃密な語りから描きだす。
黒坂愛衣の　とちぎ発《部落と人権のエスノグラフィー》PART1　部落へ飛び込む	黒坂愛衣 福岡安則	四六並製・312 頁 本体 1800 円	「おじさん」の差別発言がきっかけに部落解放同盟栃木県連でアルバイトをすることになった大学院生・黒坂愛衣と指導教官・福岡安則とのメールのやりとりそのまま活字にした、部落問題入門書。
黒坂愛衣の　とちぎ発《部落と人権のエスノグラフィー》PART2　出会い、ふれあい、語らい	黒坂愛衣 福岡安則	四六並製・295 頁 本体 1800 円	「部落へ飛び込み」だあと、そこで出会った人びと、学んだこと。さまざまな研修活動に参加することを通じて、黒坂の部落問題についての認識はますます深まっていき、福岡がそれを暖かく見守る。
黒坂愛衣の　とちぎ発《部落と人権のエスノグラフィー》PART3　部落と出会う	黒坂愛衣 福岡安則	四六並製・295 頁 本体 1800 円	師弟間のメールのやりとりをそのまま本にした、新言文一致体の部落入門書、全三部作の最終巻。ライブ感が伝わる異色の部落問題入門書。
激動期・終焉期のドイツ民主共和国労働法	宮崎鎮雄 大橋範雄	A5 上製・428 頁 本体 5000 円	ベルリンの壁崩壊以前、東ドイツの労働法規は労働者の働く権利、雇用機会の確保という点で世界で最も先進的といわれた。本書はそれらの法規の変遷過程を逐条的に解説。
身体・メディア・権力	亘　明志	四六上製・228 頁 本体 2200 円	現代社会を分析・解読するためにはどのような解読格子が必要か。著者は身体・メディア（あるいは言語）・権力という3つの解読格子を用いて、現代社会における権力の作用を日常性のなかに探る。